全国导游资格考试轮

QUANGUO DAOYOU ZIGE KAOSHI FU

U0627965

TOURISM

全国导游资格考试
应考冲刺秘籍

（上册）科目1+科目2 \\\\

全国导游资格考试统编教材专家编写组　编

QUANGUO DAOYOU ZIGE KAOSHI
YINGKAO CHONGCI MIJI

中国旅游出版社

目 录
CONTENTS

下 篇　　　　　　　　　　　　**导游业务**

政策与法律法规

上 篇

ZHENGCE YU FALÜ FAGUI

第一章

全面推进法治中国建设

1. 考试大纲

了解《中共中央关于全面推进依法治国若干重大问题的决定》所提出的全面依法治国的重大意义、指导思想和总目标；熟悉全面依法治国的"五大体系、六大任务"。

2. 大纲解读

序号	主要内容	考纲要求	考试频率
1	全面依法治国的重大意义	了解	★★☆☆☆
2	全面依法治国的指导思想	了解	★★☆☆☆
3	全面依法治国的总目标	了解	★★★★★
4	全面依法治国的五大体系	熟悉	★★★☆☆
5	全面依法治国的六大任务	熟悉	★★★★☆

3. 2019 年考点分析

今年删减"熟悉党的十九大关于新时代深化依法治国实践的内容"，主要考虑到与党的十九大报告《决胜全面建成小康社会　夺取新时代中国特色社会主义伟大胜利》内容重复，将该内容调整到党的十九大报告中考察。

2019 年预计考点为全面依法治国的总目标和六大任务。

考 点 精 讲

考点一

全面依法治国的重大意义（了解）

1. 是坚持和发展中国特色社会主义的<u>本质要求</u>和重要保障
2. 是实现国家治理体系和治理能力现代化的<u>必然要求</u>
3. 是确保党和国家长治久安的<u>根本要求</u>

考点二

全面依法治国的指导思想（了解）

1. 把中国特色社会主义理论体系作为长期坚持的行动指南
2. 把坚持党的领导、人民当家做主、依法治国有机统一作为唯一的正确路径
3. 把"四个维护"作为永远的价值追求
4. 把实现中华民族伟大复兴的中国梦作为崇高使命和奋斗目标

注解：

（1）中国特色社会主义理论体系：①马克思列宁主义；②毛泽东思想；③邓小平理论；④"三个代表"重要思想；⑤科学发展观；⑥习近平总书记系列重要讲话精神。

（2）党的领导、人民当家做主和依法治国三者之间的联系

①党的领导是核心，是人民当家做主和依法治国的<u>根本政治保证</u>
②人民当家做主，是社会主义民主政治的<u>本质要求和基本目标</u>
③依法治国是党领导人民治理国家的<u>基本方略</u>

（3）"四个维护"：①坚决维护宪法法律权威；②依法维护人民利益；③维护社会公平正义；④维护国家安全稳定。

考点三

全面依法治国的总目标（了解）

{ 1. 建设中国特色社会主义法治体系（全面推进依法治国的总抓手）
2. 建设社会主义法治国家

注解：

（1）中国特色社会主义法治道路的核心要义：①坚持党的领导；②坚持中国特色社会主义制度；③贯彻中国特色社会主义法治理论。

（2）全国推进依法治国的工作布局：①坚持依法治国、依法执政、依法行政共同推进；②坚持法治国家、法治政府、法治社会一体建设。

（3）全面推进依法治国的基本原则：①坚持中国共产党的领导；②坚持人民主体地位；③坚持法律面前人人平等；④坚持依法治国和以德治国相结合；⑤坚持从中国实际出发。

考点四

全面依法治国的五大体系（熟悉）

{ 1. 完备的法律规范体系
2. 高效的法治实施体系
3. 严密的法治监督体系
4. 有力的法治保障体系
5. 完善的党内法规体系

考点五

全面依法治国的六大任务（熟悉）

序号	任务	内容	考点
1	完善中国特色社会主义法律体系	（1）健全宪法实施和监督制度	①坚持依法治国首先要坚持依宪治国 ②坚持依法执政首先要坚持依宪执政
		（2）完善立法体制	①加强党对立法工作的领导 ②健全人大主导的立法体制机制
		（3）深入推进科学立法、民主立法	无
		（4）加强重点领域立法	①完善市场经济法律制度 ②推进社会主义民主政治法治化 ③建立健全文化法律制度 ④加强社会建设领域法制制度建设 ⑤用严格的法律制度保护生态环境
2	加快建设法治政府	（1）依法全面履行政府职能	无
		（2）健全依法决策机制	①明确重大行政决策的法定程序（公众参与、专家论证、风险评估、合法性审查和集体讨论决定） ②积极推行政府法律顾问制度 ③建立重大决策终身责任追究制度及责任倒查机制
		（3）深化行政执法体制改革	①推行综合执法，完善市县两级政府行政执法管理 ②健全行政执法和刑事司法衔接机制，坚决制止以罚代刑
		（4）坚持严格规范公正文明执法	建立健全行政裁量权基准制度
		（5）强化对行政权力的制约和监督	①监督形式：党内监督、人大监督、民主监督、行政监督、司法监督、审计监督、社会监督、舆论监督 ②加强对政府内部权力的制约，这是强化对行政权力制约的重点
		（6）全面推行政务公开	公开形式：决策公开、执行公开、管理公开、服务公开、结果公开
3	提高司法公信力	（1）完善确保司法机关依法独立公正行使审判权和检察权的制度	无

续表

序号	任务	内容	考点
3	提高司法公信力	（2）优化司法职权配置	①完善司法体制，推动实行审判权和执行权相分离的体制改革试点 ②最高人民法院设立巡回法庭，审理跨行政区域重大行政和民事案件 ③改革法院案件受理制度，变立案审查制为立案登记制
		（3）推进严格司法	①推进以审判为中心的诉讼制度改革 ②实行办案质量终身负责制和错案责任倒查问责制
		（4）保障人民群众参与司法	①完善人民陪审员制度，把完善人民陪审员制度作为深入推进司法民主的基本立足点 ②构建开放、动态、透明、便民的阳光司法机制 ③推进审判公开、检务公开、警务公开和狱务公开
		（5）加强人权司法保障	①强化诉讼过程中当事人和其他诉讼参与人的知情权、陈述权、辩护辩论权、申请权、申诉权的制度保障 ②健全落实罪刑法定、疑罪从无、非法证据排除等法律原则的法律制度
		（6）加强对司法活动的监督	①完善人民监督员制度 ②依法规范司法人员与当事人、律师、特殊关系人、中介组织的接触、交往行为
4	推进法治社会建设	（1）推动全社会树立法治意识	无
		（2）推进多层次多领域依法治理	①坚持系统治理、依法治理、综合治理、源头治理，提高社会治理法治化水平 ②发挥人民团体和社会组织在法治社会建设中的积极作用
		（3）建设完备的法律服务体系	无
		（4）健全依法维权和化解纠纷机制	无
5	加强法治工作队伍建设	（1）建设高素质法治专门队伍	①把思想政治建设放在首位 ②把善于运用法治思维和法治方式推动工作的人选拔到领导岗位上来 ③推进法治专门队伍正规化、专业化、职业化，提高职业素养和专业水平

续表

序号	任务	内容	考点
5	加强法治工作队伍建设	（2）加强法律服务队伍建设	①加强律师行业党的建设 ②发展公证员、基层法律服务工作者、人民调解员队伍，推动法律服务志愿者队伍建设
		（3）创新法治人才培养机制	无
6	加强和改进党对全面推进依法治国的领导	（1）坚持依法执政	①依法执政是依法治国的关键 ②政法委员会是党委领导政法工作的组织形式
		（2）加强党内法规制度建设	无
		（3）提高党员干部法治思维和依法办事能力	①提高党员干部法治思维，即党员干部要自觉提高运用法治思维和法治方式深化改革、推动发展、化解矛盾、维护稳定的能力 ②提升党员干部依法办事能力，即党员干部要带头遵守法律、运用逻辑推理解决问题、依法进行重大决策
		（4）推进基层治理法治化	①充分发挥基层党组织在全面推进依法治国中的战斗堡垒作用 ②建立重心下移、力量下沉的法治工作机制，推进上级法治干部下基层活动
		（5）深入推进依法治军从严治军	党对军队绝对领导是依法治军的核心和根本要求
		（6）依法保障"一国两制"实践和推进祖国统一	无
		（7）加强涉外法律工作	无

1. 考试大纲

熟悉《宪法》的序言和总纲,《宪法》的指导思想、基本原则、基本国策、基本制度和根本任务,国家机构的组成、任期和职权,国旗、国歌、国徽和首都;掌握公民的基本权利和基本义务。

2. 大纲解读

序号	主要内容	考纲要求	考试频率
1	宪法的序言和总纲	熟悉	★★★☆☆
2	宪法的指导思想和根本任务	熟悉	★★★☆☆
3	宪法的基本原则	熟悉	★★★★☆
4	宪法的基本国策和基本制度	熟悉	★★★★☆
5	国家机构的组成、任期和职权	熟悉	★★★★★
6	国旗、国歌、国徽和首都	熟悉	★★★☆☆
7	公民的基本权利和基本义务	掌握	★★★★★

3. 2019 年考点分析

今年将原考点"熟悉《宪法》规定的国家机构"调整为"熟悉《宪法》规定的国家机构的组成、任期和职权",进一步明确"国家机构"考点的考查内容。

2019 年预计考点为宪法的基本国策和基本制度、国家机构的组成、任期和职权、公民的基本权利和基本义务。

考点精讲

考点一

宪法的序言和总纲（熟悉）

1. 序言部分

（1）爱国统一战线包括：①全体社会主义劳动者；②社会主义事业的建设者；③拥护社会主义的爱国者；④拥护祖国统一的爱国者；⑤致力于中华民族伟大复兴的爱国者。

（2）《宪法》的效力：本宪法以法律的形式确认了中国各族人民奋斗的成果，规定了国家的根本制度和根本任务，是国家的根本法，具有最高的法律效力。全国各族人民、一切国家机关和武装力量、各政党和各社会团体、各企业事业组织，都必须以宪法为根本的活动准则，并且负有维护宪法尊严、保证宪法实施的职责。

2. 总纲部分

总纲部分见考点四：宪法的基本国策和基本制度。

考点二

宪法的指导思想和根本任务（熟悉）

1. 宪法的指导思想：①马克思列宁主义；②毛泽东思想；③邓小平理论；④"三个代表"重要思想；⑤科学发展观；⑥习近平新时代中国特色社会主义思想。

2. 国家的根本任务：①坚持人民民主专政，坚持社会主义道路，坚持改革开放，不断完善社会主义的各项制度；②发展社会主义市场经济，发展社会主义民主，健全社会主义法治，贯彻新发展理念，自力更生，艰苦奋斗；③逐步实现工业、农业、国防和科学技术的现代化，推动物质文明、政治文明、精神文明、社会文明、生态文明协调发展，把我国建设成为富强民主文明和谐美丽的社会主义现代化强国，实现中华民族伟大复兴。

考点三

宪法的基本原则（熟悉）

> 1. 人民主权原则
> 2. 基本人权原则
> 3. 法治原则
> 4. 权力制约原则

注解：

（1）人民主权原则。《宪法》第 2 条第 1 款规定：中华人民共和国的一切权力属于人民。

（2）基本人权原则。2004 年 3 月 14 日第十届全国人民代表大会第二次会议通过的《宪法修正案》第 24 条明确规定"国家尊重和保障人权"。

（3）法治原则。《宪法》第 5 条规定：①中华人民共和国实行依法治国，建设社会主义法治国家；②国家维护社会主义法制的统一和尊严；③一切法律、行政法规和地方性法规都不得同宪法相抵触；④一切国家机关和武装力量、各政党和各社会团体、各企业事业组织都必须遵守宪法和法律；⑤一切违反宪法和法律的行为，必须予以追究；⑥任何组织或者个人都不得有超越宪法和法律的特权。

（4）权力制约原则

> ①人民享有对人民代表、国家机关及其工作人员的监督权
> ②人民代表机关对其他国家机关的监督
> ③行政机关和司法机关在本系统内实行监督和制约

考点四

宪法的基本国策和基本制度（熟悉）

1. 国家基本政治制度

序号	内容	考点
1	人民民主专政制度（国体）	①中华人民共和国是工人阶级领导的、以工农联盟为基础的人民民主专政的社会主义国家 ②社会主义制度是中华人民共和国的根本制度 ③中国共产党领导是中国特色社会主义最本质的特征 ④禁止任何组织或者个人破坏社会主义制度
2	人民代表大会制度（政体）	①人民代表大会制度是坚持党的领导、人民当家做主、依法治国有机统一的根本政治制度安排，必须长期坚持、不断完善，要支持和保证人民通过人民代表大会行使国家权力（党的十九大报告） ②人民行使国家权力机关是全国人民代表大会和地方各级人民代表大会 ③人民依照法律规定，通过各种途径和形式，管理国家事务，管理经济和文化事业，管理社会事务
3	中国共产党领导的多党合作和政治协商制度	①中国共产党领导的多党合作和政治协商制度将长期存在和发展 ②多党合作的政治基础是坚持中国共产党的领导和坚持四项基本原则 ③多党合作的基本方针是"长期共存、互相监督、肝胆相照、荣辱与共" ④在长期的革命、建设、改革过程中，已经结成由中国共产党领导的，有各民主党派和各人民团体参加的，包括全体社会主义劳动者、社会主义事业的建设者、拥护社会主义的爱国者、拥护祖国统一和致力于中华民族伟大复兴的爱国者的广泛的爱国统一战线，这个统一战线将继续巩固和发展 ⑤中国人民政治协商会议是有广泛代表性的统一战线组织 **注解** 政协不是国家机关，也不同于一般的人民团体，它是我国政治体制中具有重要地位和影响的政治性组织，是我国政治生活中发扬社会主义民主和实现各党派之间互相监督的重要形式。
4	选举制度	①普遍性原则：中华人民共和国年满18周岁的公民，不分民族、种族、性别、职业、家庭出身、宗教信仰、教育程度、财产状况、居住期限，都有选举权和被选举权，但是依照法律被剥夺政治权利的人除外 ②直接选举和间接选举并用原则：省、直辖市、设区的市的人民代表大会代表由下一级的人民代表大会选举；县、不设区的市、市辖区、乡、民族乡、镇的人民代表大会代表由选民直接选举

续表

序号	内容	考点
5	地方自治制度	①中华人民共和国的行政区域划分如下：全国分为省、自治区、直辖市；省、自治区分为自治州、县、自治县、市；县、自治县分为乡、民族乡、镇。直辖市和较大的市分为区、县。自治州分为县、自治县、市。自治区、自治州、自治县都是民族自治地方（序言：中华人民共和国是全国各族人民共同缔造的统一的多民族国家） ②各少数民族聚居的地方实行区域自治，设立自治机关，行使自治权；各民族自治地方都是中华人民共和国不可分离的部分 ③国家在必要时得设立特别行政区；在特别行政区内实行的制度按照具体情况由全国人民代表大会以法律规定 ④全国人民代表大会授权香港特别行政区依照《中华人民共和国香港特别行政区基本法》的规定实行高度自治，享有行政管理权、立法权、独立的司法权和终审权；对特区直接行使权力的机关有全国人民代表大会、全国人民代表大会常委会和中央人民政府 ⑤城市和农村按居民居住地区设立的居民委员会或者村民委员会是基层群众性自治组织
6	国家标志	①中华人民共和国国旗是五星红旗；国旗中的大五角星代表中国共产党，四颗小五角星分别代表工人、农民、小资产阶级和民族资产阶级四个阶级 ②中华人民共和国国歌是《义勇军进行曲》；田汉作词、聂耳作曲，诞生于抗击日本帝国主义侵略的战争年代；2004年3月14日第十届全国人民代表大会第二次会议正式将《义勇军进行曲》作为国歌写入《中华人民共和国宪法》 ③中华人民共和国国徽，中间是五星照耀下的天安门，周围是谷穗和齿轮；齿轮和谷穗象征工人阶级领导下的工农联盟；天安门表现中国人民自"五四运动"以来进行民主主义革命斗争的胜利，同时又标志着人民民主专政的中华人民共和国的诞生 ④中华人民共和国首都是北京

2. 国家基本经济制度

序号	内容	考点
1	基本经济制度	①国家实行社会主义市场经济 ②国家在社会主义初级阶段，坚持公有制为主体、多种所有制经济共同发展的基本经济制度，坚持按劳分配为主体、多种分配方式并存的分配制度 ③禁止任何组织或者个人破坏社会主义制度

续表

序号	内容	考点
2	社会主义经济制度组成	①中华人民共和国的社会主义经济制度的基础是生产资料的社会主义公有制，即全民所有制和劳动群众集体所有制 ②社会主义公有制消灭人剥削人的制度，实行各尽所能、按劳分配的原则 ③在法律规定范围内的个体经济、私营经济等非公有制经济，是社会主义市场经济的重要组成部分 ④国家保护个体经济、私营经济等非公有制经济的合法的权利和利益。国家鼓励、支持和引导非公有制经济的发展，并对非公有制经济依法实行监督和管理

3. 国家基本文化制度

序号	内容	考点
1	发展教育事业	①国家发展社会主义的教育事业，提高全国人民的科学文化水平 ②国家举办各种学校，普及初等义务教育，发展中等教育、职业教育和高等教育，并且发展学前教育 ③国家发展各种教育设施，扫除文盲，对工人、农民、国家工作人员和其他劳动者进行政治、文化、科学、技术、业务的教育，鼓励自学成才 ④国家鼓励集体经济组织、国家企业事业组织和其他社会力量依照法律规定举办各种教育事业 ⑤国家推广全国通用的普通话
2	发展科学事业	国家发展自然科学和社会科学事业，普及科学和技术知识，奖励科学研究成果和技术发明创造
3	发展文学艺术及其他文化事业	①国家发展为人民服务、为社会主义服务的文学艺术事业、新闻广播电视事业、出版发行事业、图书馆博物馆文化馆和其他文化事业，开展群众性的文化活动 ②国家保护名胜古迹、珍贵文物和其他重要历史文化遗产 ③国家发展体育事业，开展群众性的体育活动，增强人民体质
4	开展公民道德教育	①国家通过普及理想教育、道德教育、文化教育、纪律和法制教育，通过在城乡不同范围的群众中制定和执行各种守则、公约，加强社会主义精神文明的建设 ②国家倡导社会主义核心价值观，提倡爱祖国、爱人民、爱劳动、爱科学、爱社会主义的公德，在人民中进行爱国主义、集体主义和国际主义、共产主义的教育，进行辩证唯物主义和历史唯物主义的教育，反对资本主义的、封建主义的和其他的腐朽思想 ③社会主义核心价值观：富强、民主、文明、和谐；自由、平等、公正、法治；爱国、敬业、诚信、友善

4. 国家基本社会制度

序号	内容	考点
1	社会保障制度	①国家建立健全同经济发展水平相适应的社会保障制度 ②国家依照法律规定实行企业事业组织的职工和国家机关工作人员的退休制度；退休人员的生活受到国家和社会的保障 ③中华人民共和国公民在年老、疾病或者丧失劳动能力的情况下，有从国家和社会获得物质帮助的权利；国家发展为公民享受这些权利所需要的社会保险、社会救济和医疗卫生事业；国家和社会保障残废军人的生活，抚恤烈士家属，优待军人家属；国家和社会帮助安排盲、聋、哑和其他有残疾的公民的劳动、生活和教育 ④中华人民共和国妇女在政治的、经济的、文化的、社会的和家庭的生活等各方面享有同男子平等的权利；国家保护妇女的权利和利益，实行男女同工同酬，培养和选拔妇女干部 ⑤婚姻、家庭、母亲和儿童受国家的保护
2	医疗卫生事业	国家发展医疗卫生事业，发展现代医药和我国传统医药，鼓励和支持农村集体经济组织、国家企业事业组织和街道组织举办各种医疗卫生设施，开展群众性的卫生活动，保护人民健康
3	劳动保障制度	①国家通过各种途径，创造劳动就业条件，加强劳动保护，改善劳动条件，并在发展生产的基础上，提高劳动报酬和福利待遇 ②国家提倡社会主义劳动竞赛，奖励劳动模范和先进工作者 ③国家提倡公民从事义务劳动 ④国家对就业前的公民进行必要的劳动就业训练 ⑤国家发展劳动者休息和休养的设施，规定职工的工作时间和休假制度
4	人才培养制度	国家培养为社会主义服务的各种专业人才，扩大知识分子的队伍，创造条件，充分发挥他们在社会主义现代化建设中的作用
5	计划生育制度	国家推行计划生育，使人口的增长同经济和社会发展计划相适应
6	社会秩序及安全维护制度	①中国坚持独立自主的对外政策，坚持互相尊重主权和领土完整、互不侵犯、互不干涉内政、平等互利、和平共处的五项原则，坚持和平发展道路，坚持互利共赢开放战略，发展同各国的外交关系和经济、文化交流，推动构建人类命运共同体；坚持反对帝国主义、霸权主义、殖民主义，加强同世界各国人民的团结，支持被压迫民族和发展中国家争取和维护民族独立、发展民族经济的正义斗争，为维护世界和平和促进人类进步事业而努力 ②国家维护社会秩序，镇压叛国和其他危害国家安全的犯罪活动，制裁危害社会治安、破坏社会主义经济和其他犯罪的活动，惩办和改造犯罪分子 ③中华人民共和国的武装力量属于人民。它的任务是巩固国防，抵抗侵略，保卫祖国，保卫人民的和平劳动，参加国家建设事业，努力为人民服务；国家加强武装力量的革命化、现代化、正规化的建设，增强国防力量

考点五

国家机构的组成、任期和职权（熟悉）

1.国家机构包括：全国人民代表大会及其常务委员会、中华人民共和国主席、中华人民共和国国务院、中华人民共和国中央军事委员会、地方各级人民代表大会和地方各级人民政府、民族自治地方的自治机关、监察委员会、人民法院和人民检察院。

2.组织和活动原则包括：①民主集中制原则；②密切联系群众、为人民服务原则；③社会主义法治原则；④责任制原则；⑤精简与效率原则。

注解：

（1）《宪法》第3条第1款规定，中华人民共和国的国家机构实行民主集中制原则。

（2）依据《宪法》，各级人民代表大会及其常务委员会、人民法院和人民检察院等实行集体负责制；国务院及其各部委、中央军委以及地方各级人民政府等实行个人负责制。

序号	机构名称	组成与任期	职权
1	全国人民代表大会	①中华人民共和国全国人民代表大会是最高国家权力机关，它的常设机关是全国人民代表大会常务委员会；全国人民代表大会和全国人民代表大会常务委员会行使国家立法权 ②全国人民代表大会由省、自治区、直辖市、特别行政区和军队选出的代表组成。各少数民族都应当有适当名额的代表	①修宪与立法权：修改宪法，监督宪法实施；制定和修改刑事、民事、国家机构的和其他的基本法律 ②选举权：选举产生全国人大常委会委员长、副委员长、秘书长和委员，国家主席、副主席，中央军委主席，国家监察委员会主任，最高人民法院院长和最高人民检察院检察长 ③决定权：根据国家主席的提名，决定国务院总理的人选；根据国务院总理的提名，决定国务院副总理、国务委员、各部部长、各委员会主任、审计长和秘书长的人选；全国人大根据中央军事委员会主席的提名，决定中央军事委员会其他组成人员的人选

续表

序号	机构名称	组成与任期	职权
1	全国人民代表大会	③全国人民代表大会代表的选举由全国人民代表大会常务委员会主持 ④全国人民代表大会每届任期五年，委员长、副委员长连续任职不得超过两届	④罢免权：有权罢免中华人民共和国主席、副主席，国务院总理、副总理、国务委员、各部部长、各委员会主任、审计长、秘书长；中央军事委员会主席和中央军事委员会其他组成人员；国家监察委员会主任；最高人民法院院长；最高人民检察院检察长 ⑤重大事项决定权：审批国民经济和社会发展计划和计划执行情况的报告，以及预算和预算执行情况的报告；批准省、自治区、直辖市的建置；决定特别行政区的设立及其制度；决定战争和和平问题；应当由最高国家权力机关行使的其他职权
2	中华人民共和国主席	①中华人民共和国主席、副主席由全国人民代表大会选举 ②有选举权和被选举权的年满四十五周岁的中华人民共和国公民可以被选为中华人民共和国主席、副主席 ③中华人民共和国主席、副主席每届任期同全国人民代表大会每届任期相同 ④中华人民共和国主席缺位时，由副主席继任主席的职位。副主席缺位时，由全国人民代表大会补选。主席、副主席都缺位的时候，由全国人大补选；在补选以前，由全国人大常委会委员长暂时代理主席职位	①公布法律，发布命令：根据全国人民代表大会的决定和全国人民代表大会常务委员会的决定，公布法律，发布特赦令，宣布进入紧急状态，宣布战争状态，发布动员令 ②任免国务院组成人员和驻外全权代表：根据全国人大的决定和全国人大常委会的决定，任免国务院总理、副总理、国务委员、各部部长、各委员会主任、审计长、秘书长；根据全国人大常委会的决定，派遣和召回驻外全权代表，批准和废除同外国缔结的条约和重要协定 ③外交权：根据全国人大常委会的决定，批准和废除同外国缔结的条约和重要协定 ④荣典权：根据全国人大的决定和全国人大常委会的决定，授予国家的勋章和荣誉称号

续表

序号	机构名称	组成与任期	职权
3	国务院	①中华人民共和国国务院，即中央人民政府，是最高国家权力机关的执行机关，是最高国家行政机关	①法规制定权：根据宪法和法律，规定行政措施，制定行政法规，发布决定和命令
		②国务院由下列人员组成：总理；副总理若干人；国务委员若干人；各部部长；各委员会主任；审计长；秘书长	②提案权：向全国人大或者全国人大常委会提出议案 ③编制和执行预算权：编制和执行国民经济和社会发展计划和国家预算 ④改变或撤销权：改变或者撤销各部、各委员会发布的不适当的命令、指示和规章；改变或者撤销地方各级国家行政机关的不适当的决定和命令
		③国务院实行总理负责制；各部、各委员会实行部长、主任负责制	⑤区域建置和划分权：批准省、自治区、直辖市的区域划分，批准自治州、县、自治县、市的建置和区域划分 ⑥紧急状态决定权：依照法律规定决定省、自治区、直辖市的范围内部分地区进入紧急状态
		④国务院每届任期五年；总理、副总理、国务委员连续任职不得超过两届	⑦其他职权：全国人民代表大会和全国人民代表大会常务委员会授予的其他职权
4	中央军事委员会	①中央军事委员会由下列人员组成：主席；副主席若干人；委员若干人 ②中央军事委员会实行主席负责制 ③中央军事委员会每届任期同全国人民代表大会每届任期相同 ④中央军事委员会主席对全国人民代表大会和全国人民代表大会常务委员会负责	中华人民共和国中央军事委员会领导全国武装力量
5	民族自治机关	①各少数民族聚居的地方实行区域自治，设立自治机关，行使自治权。各民族自治地方都是中华人民共和国不可分离的部分	①变通自治权：民族自治地方的人民代表大会有权依照当地民族的政治、经济和文化的特点，制定自治条例和单行条例。自治区的自治条例和单行条例，报全国人民代表大会常务委员会批准后生效。自治州、自治县的自治条例和单行条例，报省或者自治区的人民代表大会常务委员会批准后生效，并报全国人民代表大会常务委员会备案

续表

序号	机构名称	组成与任期	职权
5	民族自治机关	②民族自治地方的自治机关是自治区、自治州、自治县的人民代表大会和人民政府 ③自治区、自治州、自治县的人民代表大会常务委员会中应当有实行区域自治的民族的公民担任主任或者副主任 ④自治区主席、自治州州长、自治县县长由实行区域自治的民族的公民担任	②地方财政自治权：民族自治地方的自治机关有管理地方财政的自治权。凡是依照国家财政体制属于民族自治地方的财政收入，都应当由民族自治地方的自治机关自主地安排使用 ③经济建设自治权：民族自治地方的自治机关在国家计划的指导下，自主地安排和管理地方性的经济建设事业 ④文化建设自治权：民族自治地方的自治机关自主地管理本地方的教育、科学、文化、卫生、体育事业，保护和整理民族的文化遗产，发展和繁荣民族文化 ⑤其他自治权：民族自治地方的自治机关依照国家的军事制度和当地的实际需要，经国务院批准，可以组织本地方维护社会治安的公安部队；民族自治地方的自治机关在执行职务的时候，依照本民族自治地方自治条例的规定，使用当地通用的一种或者几种语言文字
6	监察委员会	①中华人民共和国各级监察委员会是国家的监察机关；中华人民共和国设立国家监察委员会和地方各级监察委员会 ②监察委员会由下列人员组成：主任；副主任若干人；委员若干人 ③监察委员会主任每届任期五年；国家监察委员会主任连续任职不得超过两届 ④中华人民共和国国家监察委员会是最高监察机关；国家监察委员会领导地方各级监察委员会的工作，上级监察委员会领导下级监察委员会的工作 ⑤国家监察委员会对全国人民代表大会和全国人民代表大会常务委员会负责；地方各级监察委员会对产生它的国家权力机关和上一级监察委员会负责	监察委员会依照法律规定独立行使监察权，不受行政机关、社会团体和个人的干涉

续表

序号	机构名称	组成与任期	职权
7	人民法院和人民检察院	①人民法院：中华人民共和国设立最高人民法院、地方各级人民法院和军事法院等专门人民法院；最高人民法院是最高审判机关，最高人民法院监督地方各级人民法院和专门人民法院的审判工作，上级人民法院监督下级人民法院的审判工作；最高人民法院院长每届任期五年，连续任职不得超过两届	①人民法院：人民法院依照法律规定独立行使审判权，不受行政机关、社会团体和个人的干涉
		②人民检察院：中华人民共和国设立最高人民检察院、地方各级人民检察院和军事检察院等专门人民检察院；最高人民检察院是最高检察机关，最高人民检察院领导地方各级人民检察院和专门人民检察院的工作，上级人民检察院领导下级人民检察院的工作；最高人民检察院检察长每届任期五年，连续任职不得超过两届	②人民检察院：人民检察院依照法律规定独立行使检察权，不受行政机关、社会团体和个人的干涉

考点六

国旗、国歌、国徽和首都（熟悉）

见考点四：国家基本政治制度中的国家标志。

考点七

公民的基本权利和基本义务（掌握）

《宪法》第 33 条规定，凡具有中华人民共和国国籍的人都是中华人民共和国公民；中华人民共和国公民在法律面前一律平等；国家尊重和保障人权；任何公民享有宪法和法律规定的权利，同时必须履行宪法和法律规定的义务。

1. 基本权利

序号	权利名称	权利内容	考点
1	平等权	（1）守法平等	任何公民享有宪法和法律规定的权利，同时必须履行宪法和法律规定的义务
		（2）司法平等	①人民法院审理案件，除法律规定的特别情况外，一律公开进行。被告人有权获得辩护 ②各民族公民都有用本民族语言文字进行诉讼的权利。人民法院和人民检察院对于不通晓当地通用的语言文字的诉讼参与人，应当为他们翻译
		（3）无法外特权	任何组织或者个人都不得有超越宪法和法律的特权
		（4）法律地位平等	①妇女在政治的、经济的、文化的、社会的和家庭的生活等各方面享有同男子平等的权利 ②国家保护妇女的权利和利益，实行男女同工同酬，培养和选拔妇女干部 ③国家保护华侨正当的权利和利益，保护归侨和侨眷合法的权利和利益
		（5）允许合理差别	①公民在年老、疾病或者丧失劳动能力的情况下，有从国家和社会获得物质帮助的权利。国家发展为公民享受这些权利所需要的社会保险、社会救济和医疗卫生事业 ②国家和社会保障残废军人的生活，抚恤烈士家属，优待军人家属 ③国家和社会帮助安排盲、聋、哑和其他有残疾的公民的劳动、生活和教育
2	政治权利和自由	（1）选举权和被选举权	中华人民共和国年满18周岁的公民，不分民族、种族、性别、职业、家庭出身、宗教信仰、教育程度、财产状况、居住期限，都有选举权和被选举权；但是依照法律被剥夺政治权利的人除外
		（2）政治自由	中华人民共和国公民有言论、出版、集会、结社、游行、示威的自由
3	宗教信仰自由	宗教信仰自由	①中华人民共和国公民有宗教信仰自由 ②任何国家机关、社会团体和个人不得强制公民信仰宗教或者不信仰宗教，不得歧视信仰宗教的公民和不信仰宗教的公民 ③国家保护正常的宗教活动。任何人不得利用宗教进行破坏社会秩序、损害公民身体健康、妨碍国家教育制度的活动 ④宗教团体和宗教事务不受外国势力的支配

续表

序号	权利名称	权利内容	考点
4	人身自由	（1）人身自由权	①中华人民共和国公民的人身自由不受侵犯
			②任何公民，非经人民检察院批准或者决定或者人民法院决定，并由公安机关执行，不受逮捕
			③禁止非法拘禁和以其他方法非法剥夺或者限制公民的人身自由，禁止非法搜查公民的身体
		（2）人格尊严权	中华人民共和国公民的人格尊严不受侵犯。禁止用任何方法对公民进行侮辱、诽谤和诬告陷害
		（3）住宅不受侵犯	①中华人民共和国公民的住宅不受侵犯
			②禁止非法搜查或者非法侵入公民的住宅
		（4）通信自由和通信秘密权	①中华人民共和国公民的通信自由和通信秘密受法律的保护
			②除因国家安全或者追查刑事犯罪的需要，由公安机关或者检察机关依照法律规定的程序对通信进行检查外，任何组织或者个人不得以任何理由侵犯公民的通信自由和通信秘密
5	监督权和获得赔偿权	（1）监督权	①中华人民共和国公民对于任何国家机关和国家工作人员，有提出批评和建议的权利
			②中华人民共和国公民对于任何国家机关和国家工作人员的违法失职行为，有向有关国家机关提出申诉、控告或者检举的权利，但是不得捏造或者歪曲事实进行诬告陷害
		（2）获得赔偿权	由于国家机关和国家工作人员侵犯公民权利而受到损失的人，有依照法律规定取得赔偿的权利
6	社会经济权	（1）财产权	公民的合法的私有财产不受侵犯
		（2）劳动权	中华人民共和国公民有劳动的权利和义务
		（3）劳动者休息权	①中华人民共和国劳动者有休息的权利
			②国家发展劳动者休息和休养的设施，规定职工的工作时间和休假制度
		（4）退休人员生活保障权	①国家依照法律规定实行企业事业组织的职工和国家机关工作人员的退休制度
			②退休人员的生活受到国家和社会的保障
		（5）获得物质帮助权	①中华人民共和国公民在年老、疾病或者丧失劳动能力的情况下，有从国家和社会获得物质帮助的权利
			②国家发展为公民享受这些权利所需要的社会保险、社会救济和医疗卫生事业

续表

序号	权利名称	权利内容	考点
6	社会经济权	（5）获得物质帮助权	③国家和社会保障残废军人的生活，抚恤烈士家属，优待军人家属 ④国家和社会帮助安排盲、聋、哑和其他有残疾的公民的劳动、生活和教育
7	文化教育权	（1）受教育权	①中华人民共和国公民有受教育的权利和义务 ②国家培养青年、少年、儿童在品德、智力、体质等方面全面发展
		（2）科学研究、文学艺术创作和其他文化活动自由	①中华人民共和国公民有进行科学研究、文学艺术创作和其他文化活动的自由 ②国家对于从事教育、科学、技术、文学、艺术和其他文化事业的公民的有益于人民的创造性工作，给予鼓励和帮助

2. 基本义务

序号	义务名称	义务内容（考点）
1	维护国家统一和各民族团结	中华人民共和国公民有维护国家统一和全国各民族团结的义务
2	遵纪守法和尊重社会公德	中华人民共和国公民必须遵守宪法和法律，保守国家秘密，爱护公共财产，遵守劳动纪律，遵守公共秩序，尊重社会公德
3	维护祖国安全、荣誉和利益	中华人民共和国公民有维护祖国的安全、荣誉和利益的义务，不得有危害祖国的安全、荣誉和利益的行为
4	保卫祖国，依法服兵役和参加民兵组织	①保卫祖国、抵抗侵略是中华人民共和国每一个公民的神圣职责 ②依照法律服兵役和参加民兵组织是中华人民共和国公民的光荣义务
5	依法纳税	中华人民共和国公民有依照法律纳税的义务

第三章

夺取新时代中国特色社会主义伟大胜利

1. 考试大纲

　　了解中国特色社会主义进入新时代的重大意义；中国特色社会主义经济建设、政治建设、文化建设、社会建设、生态文明建设的重大部署；国防和军队建设、港澳台工作、外交工作的重大部署；全面从严治党的重大部署；熟悉习近平新时代中国特色社会主义思想的历史地位、核心要义；新时代中国共产党的历史使命；掌握新时代我国社会的主要矛盾；"两个一百年"奋斗目标的任务要求。

2. 大纲解读

序号	主要内容	考纲要求	考试频率
1	中国特色社会主义进入新时代的重大意义	了解	★★☆☆☆
2	中国特色社会主义经济建设、政治建设、文化建设、社会建设、生态文明建设的重大部署	了解	★★★☆☆
3	国防和军队建设、港澳台工作、外交工作的重大部署	了解	★★★☆☆
4	全面从严治党的重大部署	了解	★★★☆☆
5	习近平新时代中国特色社会主义思想的历史地位、核心要义	熟悉	★★★★☆
6	新时代中国共产党的历史使命	熟悉	★★★★☆
7	新时代我国社会的主要矛盾	掌握	★★★★★
8	"两个一百年"奋斗目标的任务要求	掌握	★★★★★

3. 2019 年考点分析

　　今年删减部分为："熟悉习近平新时代中国特色社会主义思想的丰富内涵""掌握党的十九大大会主题"和"了解十八大以来党和国家事业发生的历史性变革"；调整部分为："熟悉习近平新时代中国特色社会主义思想的历史地位和丰富内涵"改为"熟悉习近平新时代中国特色社会主义思想的历史地位、核心要义"，"熟悉社会主义经济建设、政治建设、文化建设、社会建设、生态文明建设等方面的重大部署"改为"了解中国特色社会主义经济建设、政治建设、文化建设、社会建设、生态文明建设的重大部署"。

　　2019 年预计考点为全面从严治党的重大部署、习近平新时代中国特色社会主义思想的历史地位和核心要义、新时代我国社会的主要矛盾和"两个一百年"奋斗目标的任务要求。

考点一

中国特色社会主义进入新时代的重大意义（了解）

　　中国特色社会主义进入新时代，在<u>中华人民共和国发展史上</u>、<u>中华民族发展史上</u>具有重大意义，在<u>世界社会主义发展史上</u>、<u>人类社会发展史上</u>也具有重大意义。

1. 意味着近代以来久经磨难的中华民族迎来了从站起来、富起来到强起来的伟大飞跃，迎来了实现中华民族伟大复兴的光明前景
2. 意味着科学社会主义在 21 世纪的中国焕发出强大生机活力，在世界上高高举起了中国特色社会主义伟大旗帜
3. 意味着中国特色社会主义道路、理论、制度、文化不断发展，拓展了发展中国家走向现代化的途径，给世界上那些既希望加快发展又希望保持自身独立性的国家和民族提供了全新选择，为解决人类问题贡献了中国智慧和中国方案

考点二

中国特色社会主义经济建设、政治建设、文化建设、社会建设、生态文明建设的重大部署（了解）

序号	建设领域	重大部署
1	经济建设	①我国经济已由高速增长阶段转向高质量发展阶段，正处在转变发展方式、优化经济结构、转换增长动力的攻关期，建设现代化经济体系是跨越关口的迫切要求和我国发展的战略目标 ②围绕建设现代化经济体系，报告提出了 6 个方面的重点任务：深化供给侧结构性改革，加快建设创新型国家，实施乡村振兴战略，实施区域协调发展战略，加快完善社会主义市场经济体制，推动形成全面开放新格局

续表

序号	建设领域	重大部署
2	政治建设	①长期坚持、不断发展我国社会主义民主政治，积极稳妥推进政治体制改革，推进社会主义民主政治制度化、规范化、程序化，保证人民依法通过各种途径和形式管理国家事务，管理经济文化事业，管理社会事务，巩固和发展生动活泼、安定团结的政治局面 ②围绕发展社会主义民主政治，报告从6个方面做出部署：坚持党的领导、人民当家做主、依法治国有机统一，加强人民当家做主制度保障，发挥社会主义协商民主重要作用，深化依法治国实践，深化机构和行政体制改革，巩固和发展爱国统一战线
3	文化建设	①发展中国特色社会主义文化，就是以马克思主义为指导，坚守中华文化立场，立足当代中国现实，结合当今时代条件，发展面向现代化、面向世界、面向未来的，民族的科学的大众的社会主义文化，推动社会主义精神文明和物质文明协调发展 ②围绕推动社会主义文化繁荣兴盛，报告提出了5个方面的重点任务：牢牢掌握意识形态工作领导权，培育和践行社会主义核心价值观，加强思想道德建设，繁荣发展社会主义文艺，推动文化事业和文化产业发展
4	社会建设	①保障和改善民生要抓住人民最关心最直接最现实的利益问题，坚持人人尽责、人人享有，坚守底线、突出重点、完善制度、引导预期，完善公共服务体系，保障群众基本生活，不断满足人民日益增长的美好生活需要 ②围绕保障和改善民生，报告从7个方面做出了部署：优先发展教育事业，提高就业质量和人民收入水平，加强社会保障体系建设，坚决打赢脱贫攻坚战，实施健康中国战略，打造共建共治共享的社会治理格局，有效维护国家安全
5	生态文明建设	①我们要建设的现代化是人与自然和谐共生的现代化，既要创造更多物质财富和精神财富以满足人民日益增长的美好生活需要，也要提供更多优质生态产品以满足人民日益增长的优美生态环境需要 ②围绕建设美丽中国，报告提出了4个方面的重点任务：推进绿色发展，着力解决突出环境问题，加大生态系统保护力度，改革生态环境监管体制

考点三

国防和军队建设、港澳台工作、外交工作的重大部署（了解）

序号	工作领域	重大部署
1	国防和军队建设	①适应世界新军事革命发展趋势和国家安全需求，提高建设质量和效益，确保到 2020 年基本实现机械化，信息化建设取得重大进展，战略能力有大的提升 ②同国家现代化进程相一致，全面推进军事理论现代化、军队组织形态现代化、军事人员现代化、武器装备现代化，力争到 2035 年基本实现国防和军队现代化，到 21 世纪中叶把人民军队全面建成世界一流军队 ③树立科技是核心战斗力的思想，推进重大技术创新、自主创新，加强军事人才培养体系建设，建设创新型人民军队 ④军队是要准备打仗的，一切工作都必须坚持战斗力标准，向能打仗、打胜仗聚焦
2	港澳台工作	①保持香港、澳门长期繁荣稳定，必须全面准确贯彻"一国两制""港人治港""澳人治澳"高度自治的方针，严格依照宪法和基本法办事，完善与基本法实施相关的制度和机制 ②一个中国原则是两岸关系的政治基础。体现一个中国原则的"九二共识"明确界定了两岸关系的根本性质，是确保两岸关系和平发展的关键。承认"九二共识"的历史事实，认同两岸同属一个中国，两岸双方就能开展对话，协商解决两岸同胞关心的问题，台湾任何政党和团体同大陆交往也不会存在障碍
3	外交工作	①中国将高举和平、发展、合作、共赢的旗帜，恪守维护世界和平、促进共同发展的外交政策宗旨，坚定不移在和平共处五项原则基础上发展同各国的友好合作，推动建设相互尊重、公平正义、合作共赢的新型国际关系 ②我们呼吁，各国人民同心协力，构建人类命运共同体，建设持久和平、普遍安全、共同繁荣、开放包容、清洁美丽的世界 ③中国坚持对外开放的基本国策，坚持打开国门搞建设，积极促进"一带一路"国际合作，努力实现政策沟通、设施联通、贸易畅通、资金融通、民心相通，打造国际合作新平台，增添共同发展新动力

考点四

全面从严治党的重大部署（了解）

1. 新时代党的建设总要求是：坚持和加强党的全面领导，坚持党要管党、全面从严治党，以加强党的长期执政能力建设、先进性和纯洁性建设为主线，以党的政治建设为统领，以坚定理想信念宗旨为根基，以调动全党积极性、主动性、创造性为着力点，全面推进党的政治建设、思想建设、组织建设、作风建设、纪律建设，把制度建设贯穿其中，深入推进反腐败斗争，不断提高党的建设质量，把党建设成为始终走在时代前列、人民衷心拥护、勇于自我革命、经得起各种风浪考验、朝气蓬勃的马克思主义执政党。

2. 新时代党的建设具体要求是：

①把党的政治建设摆在首位
②用新时代中国特色社会主义思想武装全党
③建设高素质专业化干部队伍
④加强基层组织建设
⑤持之以恒正风肃纪
⑥夺取反腐败斗争压倒性胜利
⑦健全党和国家监督体系
⑧全面增强执政本领

考点五

习近平新时代中国特色社会主义思想的历史地位、核心要义（熟悉）

1. 历史地位：习近平新时代中国特色社会主义思想，是对马克思列宁主义、毛泽东思想、邓小平理论、"三个代表"重要思想、科学发展观的继承和发展，是马克思主义中国化最新成果，是党和人民实践经验和集体智慧的结晶，是中国特色社会主义理论体系的重要组成部分，是全党全国人民为实现中华民族伟大复兴而奋斗的行动指南，必须长期坚持并不断发展。

2. 核心要义：习近平新时代中国特色社会主义思想的核心要义，就是坚持和发展中国特色社会主义。具体体现在：它从理论和实践结合上系统回答了新时代坚持和发展什么样的中国特色社会主义、怎样坚持和发展中国特色社会主义这个重大时代课题，回答了新时代坚持和发展中国特色社会主义的总目标、总任务、总体布局、战略布局和发展方向、发展方式、发展动力、战略步骤、外部条件、政治保证等基本问题，并且根据新的实践对经济、政治、法治、科技、文化、教育、民生、民族、宗教、社会、生态文明、国家安全、国防和军队、"一国两制"和祖国统一、统一战线、外交、党的建设等各方面做出理论分析和政策指导。

3. 这一重大思想的创立开辟了马克思主义新境界、中国特色社会主义新境界、党治国理政新境界、管党治党新境界，使马克思主义中国化实现了一次新的飞跃、达到了一个新的起点。

考点六

新时代中国共产党的历史使命（熟悉）

党的十九大把伟大斗争、伟大工程、伟大事业、伟大梦想作为一个统一整体提出来，是一个重大理论创新，明确了党在新时代治国理政的总方略、引领全局的总蓝图、谋划工作的总坐标。伟大斗争，伟大工程，伟大事业，伟大梦想，紧密联系、相互贯通、相互作用，其中起决定性作用的是党的建设新的伟大工程。

1. 实现伟大梦想，必须进行伟大斗争。我们党要团结带领人民有效应对重大挑战、抵御重大风险、克服重大阻力、解决重大矛盾，必须进行具有许多新的历史特点的伟大斗争，并且充分认识这场伟大斗争的长期性、复杂性、艰巨性，发扬斗争精神，提高斗争本领，不断夺取伟大斗争新胜利。

2. 实现伟大梦想，必须建设伟大工程。我们党要更加自觉地坚定党性原则，勇于直面问题，敢于刮骨疗毒，消除一切损害党的先进性和纯洁性的因素，清除一切侵蚀党的健康肌体的病毒，不断增强党的政治领导力、思想引领力、群众组织力、社会号召力，确保我们党永葆旺盛生命力和强大战斗力。

3. 实现伟大梦想，必须推进伟大事业。我们党要更加自觉地增强道路自信、理论自信、制度自信、文化自信，既不走封闭僵化的老路，也不走改旗易帜的邪路，保持政治定力，坚持实干兴邦，始终坚持和发展中国特色社会主义。

考点七

新时代我国社会的主要矛盾（掌握）

1. 新时代中国特色社会主义思想，明确新时代我国社会主要矛盾是人民日益增长的美好生活需要和不平衡不充分的发展之间的矛盾，必须坚持以人民为中心的发展思想，不断促进人的全面发展、全体人民共同富裕。

2. 我国社会主要矛盾的变化，没有改变我们对我国社会主义所处历史阶段的判断，我国仍处于并将长期处于社会主义初级阶段的基本国情没有变，我国是世界最大发展中国家的国际地位没有变。

考点八

"两个一百年"奋斗目标的任务要求（掌握）

从十九大到二十大，是"两个一百年"奋斗目标的历史交会期。我们既要全面建成小康社会、实现第一个百年奋斗目标，又要乘势而上开启全面建设社会主义现代化国家新征程，向第二个百年奋斗目标进军。综合分析国际国内形势和我国发展条件，从 2020 年到 21 世纪中叶可以分两个阶段来安排。

1. 第一个阶段（2020 ~ 2035）

在全面建成小康社会的基础上，再奋斗 15 年，基本实现社会主义现代化。

①经济：经济实力、科技实力将大幅跃升，跻身创新型国家前列
②政治：人民平等参与、平等发展权利得到充分保障，法治国家、法治政府、法治社会基本建成，各方面制度更加完善，国家治理体系和治理能力现代化基本实现
③文化：社会文明程度达到新的高度，国家文化软实力显著增强，中华文化影响更广泛深入

④社会：人民生活更为宽裕，中等收入群体比例明显提高，城乡区域发展差距和居民生活水平差距显著缩小，基本公共服务均等化基本实现，全体人民共同富裕迈出坚实步伐，现代社会治理格局基本形成，社会充满活力又和谐有序

⑤生态：生态环境根本好转，美丽中国目标基本实现

2. 第二个阶段（2035 至 21 世纪中叶）

在基本实现现代化的基础上，再奋斗 15 年，把我国建成富强民主文明和谐美丽的社会主义现代化强国。

①我国物质文明、政治文明、精神文明、社会文明、生态文明将全面提升

②实现国家治理体系和治理能力现代化

③成为综合国力和国际影响力领先的国家

④全体人民共同富裕基本实现，我国人民将享有更加幸福安康的生活

⑤中华民族将以更加昂扬的姿态屹立于世界民族之林

第四章
旅游方针政策

1. 考试大纲

　　了解《国务院办公厅关于加强旅游市场监管的通知》（国办发〔2016〕5号）的主要内容；熟悉《国务院办公厅关于促进全域旅游发展的指导意见》（国办发〔2018〕15号）、《文化和旅游部等17部门关于印发〈关于促进乡村旅游可持续发展的指导意见〉的通知》（文旅资源发〔2018〕98号）和《文化和旅游部关于实施旅游服务质量提升计划的指导意见》（文旅市场发〔2019〕12号）的主要内容。

2. 大纲解读

序号	主要内容	考纲要求	考试频率
1	《国务院办公厅关于加强旅游市场监管的通知》（国办发〔2016〕5号）	了解	★★★★★
2	《国务院办公厅关于促进全域旅游发展的指导意见》（国办发〔2018〕15号）	熟悉	★★★★★
3	《文化和旅游部等17部门关于印发〈关于促进乡村旅游可持续发展的指导意见〉的通知》（文旅资源发〔2018〕98号）	熟悉	★★★☆☆
4	《文化和旅游部关于实施旅游服务质量提升计划的指导意见》（文旅市场发〔2019〕12号）	熟悉	★★★★☆

3. 2019 年考点分析

　　今年新增考点为《文化和旅游部等17部门关于印发〈关于促进乡村旅游可持续发展的指导意见〉的通知》（文旅资源发〔2018〕98号）和《文化和旅游部关于实施旅游服务质量提升计划的指导意见》（文旅市场发〔2019〕12号），删减部分为《国民旅游休闲纲要（2013～2020年）》（国办发〔2013〕10号）、《国务院办公厅关于进一步促进旅游投资和消费的若干意见》（国办发〔2015〕62号），无调整部分。

　　上述政策的主要内容以及对我国旅游业发展的影响均为2019年预计考点。

考 点 精 讲

考点一

《国务院办公厅关于加强旅游市场监管的通知》(国办发〔2016〕5号)(了解)

主要内容

依法落实旅游市场监管责任
- 1. 强化政府的领导责任：国家与地方
- 2. 明确各相关部门的监管责任：原则
- 3. 落实旅游企业的主体责任：核心价值观
- 4. 发挥社会公众的监督作用：旅游服务热线和旅游投诉举报网络平台

创新旅游市场综合监管机制
- 1. 制定旅游市场综合监管责任清单：旅游部门、公安部门、工商部门、交通运输部门、文化部门、税务部门、质检部门、价格主管部门、商务部门、通信主管部门、网信部门（互联网信息办公室）、民航部门
- 2. 完善旅游法律规范体系：探索建立综合监管机构法律顾问、第三方评价等制度
- 3. 健全完善旅游市场监管标准：《全国旅游标准化发展规划（2016～2020年）》
- 4. 推进旅游市场监管随机抽查：建立旅游市场主体分类和异常对象名录库
- 5. 建立健全旅游诚信体系
- 6. 推进综合监管体制改革试点
- 7. 加强执法与司法相衔接

全面提高旅游市场综合监管水平
- 1. 加强《中华人民共和国旅游法》普法工作
- 2. 加强对旅游市场综合监管的监督
- 3. 严格规范旅游执法行为：建立健全旅游市场综合监管的长效机制，对重大处罚决定建立合法性审查机制，对旅游执法裁量权要有基准制度，进一步细化、量化行政裁量标准，合理规范裁量种类、幅度。对影响旅游市场秩序的重大事件要实行督办问责制度

提高旅游市场综合监管保障能力
- 1. 健全旅游市场综合监管协调机构
- 2. 加强旅游市场综合监管基础保障
- 3. 提升旅游市场综合监管能力

序号	部门	旅游市场综合监管责任清单
1	旅游部门	依法承担规范旅游市场秩序、监督管理服务质量、维护旅游消费者和经营者合法权益的责任；负责牵头组织对旅游市场秩序的整治工作；负责对组织"不合理低价游"、强迫和变相强迫消费、违反旅游合同等违法违规行为的监管和查处；负责联合相关部门组织查处"黑社""黑导"等非法经营行为；主动配合参与打击涉及旅游行业的"黑车""黑店"等非法经营行为；负责对涉及其他职能部门职责的投诉及案件进行转办等
2	公安部门	依法严厉打击在旅游景区、旅游交通站点等侵害旅游者权益的违法犯罪团伙，及时查处强迫消费、敲诈勒索等违法犯罪行为等
3	工商部门	依法查处旅游市场中的虚假广告、虚假或者引人误解的宣传、销售假冒伪劣商品、利用合同格式条款侵害消费者合法权益、垄断行为（价格垄断行为除外）、商业贿赂等不正当竞争行为及其他违法违规行为等
4	交通运输部门	负责道路、水路运输市场监管，依法查处违法违规行为；负责对交通运输部门在管养公路沿线范围内依法设置的景区、景点指示牌被遮挡的投诉处理等
5	文化部门	负责对旅游演出、娱乐场所文化经营活动等方面的投诉处理和案件查处等
6	税务部门	依法承担组织实施法律法规规定的税、费征收管理责任，力争税款应收尽收；依照法定职权和程序对从事旅游市场经营的纳税人偷逃税款、虚开发票等税收违法行为严厉查处，涉嫌犯罪的依法移送司法机关处理等
7	质检部门	依法对旅游场所大型游乐设施、客运索道等特种设备实施安全监察，对涉及特种设备安全的投诉举报及违法违规行为进行调查处理等
8	价格主管部门	负责旅游市场价格行为监管，严肃查处旅游行业经营者不执行政府定价和政府指导价、不按规定明码标价、欺诈宰客、低价倾销，以及达成垄断协议、滥用市场支配地位等问题。充分发挥"12358"价格举报系统的作用，依法受理游客对价格违法行为的投诉举报，切实保护消费者合法权益，整顿规范旅游市场价格秩序等 **解析** 牢记相关举报号码
9	商务部门	发挥打击侵犯知识产权和制售假冒伪劣商品工作领导小组办公室的职能作用，协调有关成员单位，针对旅游纪念品市场侵权假冒问题，加大市场监管力度，维护消费者合法权益等
10	通信主管部门	依法对电信和互联网等信息通信服务实行监管，承担互联网行业管理责任；督促电信企业和旅游互联网企业落实网络与信息安全管理责任，配合开展在线旅游网络环境和信息治理，配合处理网上虚假旅游广告信息等
11	网信部门（互联网信息办公室）	依法清理网上虚假旅游信息，查处发布各类误导、欺诈消费者等虚假旅游信息的违法违规网站和账号等
12	民航部门	依法承担航空运输和通用航空市场监管责任；依法查处民用航空企业侵害航空消费者权益的行为，维护旅游者机票退改签的合法权益；配合旅游部门共同治理旅游不文明行为等

考点二

《国务院办公厅关于促进全域旅游发展的指导意见》（国办发〔2018〕15 号）（熟悉）

主要内容
├─ 总体要求
│   ├─ 1. 指导思想：全面贯彻党的十九大精神，以习近平新时代中国特色社会主义思想为指导，认真落实党中央、国务院决策部署，统筹推进"五位一体"总体布局和协调推进"四个全面"战略布局，牢固树立和贯彻落实新发展理念，加快旅游供给侧结构性改革，着力推动旅游业从门票经济向产业经济转变，从粗放低效方式向精细高效方式转变，从封闭的旅游自循环向开放的"旅游＋"转变，从企业单打独享向社会共建共享转变，从景区内部管理向全面依法治理转变，从部门行为向政府统筹推进转变，从单一景点景区建设向综合目的地服务转变
│   ├─ 2. 基本原则
│   │   ├─ 统筹协调，融合发展
│   │   ├─ 因地制宜，绿色发展
│   │   └─ 改革创新，示范引导
│   │   （注重产品、设施与项目的特色，不搞一个模式，防止千城一面、千村一面、千景一面，推行各具特色、差异化推进的全域旅游发展新方式。牢固树立绿水青山就是金山银山理念，坚持保护优先，合理有序开发，防止破坏环境，摒弃盲目开发，实现经济效益、社会效益、生态效益相互促进，共同提升）
│   └─ 3. 主要目标：旅游发展全域化；旅游供给品质化；旅游治理规范化；旅游效益最大化
└─ 推进融合发展，创新产品供给
    ├─ 1. 推动旅游与城镇化、工业化和商贸业融合发展：依托风景名胜区、历史文化名城名镇名村、特色景观旅游名镇、传统村落，探索名胜名城名镇名村"四名一体"全域旅游发展模式
    ├─ 2. 推动旅游与农业、林业、水利融合发展：鼓励发展具备旅游功能的定制农业、会展农业、众筹农业、家庭农场、家庭牧场等新型农业业态，打造一二三产业融合发展的美丽休闲乡村
    └─ 3. 推动旅游与交通、环保、国土、海洋、气象融合发展

主要内容

4. 推动旅游与科技、教育、文化、卫生、体育融合发展

5. 提升旅游产品品质

6. 培育壮大市场主体

充分利用科技工程、科普场馆、科研设施等发展科技旅游。以弘扬社会主义核心价值观为主线发展红色旅游，积极开发爱国主义和革命传统教育、国情教育等研学旅游产品。科学利用传统村落、文物遗迹及博物馆、纪念馆、美术馆、艺术馆、世界文化遗产、非物质文化遗产展示馆等文化场所开展文化、文物旅游，推动剧场、演艺、游乐、动漫等产业与旅游业融合开展文化体验旅游。加快开发高端医疗、中医药特色、康复疗养、休闲养生等健康旅游。大力发展冰雪运动、山地户外运动、水上运动、汽车摩托车运动、航空运动、健身气功养生等体育旅游，将城市大型商场、有条件景区、开发区闲置空间、体育场馆、运动休闲特色小镇、连片美丽乡村打造成体育旅游综合体

加强旅游服务，提升满意指数

1. 以标准化提升服务品质
2. 以品牌化提高满意度
3. 推进服务智能化
4. 推行旅游志愿服务
5. 提升导游服务质量

加强基础配套，提升公共服务

1. 扎实推进"厕所革命"：第三卫生间
2. 构建畅达便捷交通网络
3. 完善集散咨询服务体系：继续建设提升景区服务中心，加快建设全域旅游集散中心，在商业街区、交通枢纽、景点景区等游客集聚区设立旅游咨询服务中心，有效提供景区、线路、交通、气象、海洋、安全、医疗急救等信息与服务
4. 规范完善旅游引导标识系统

加强环境保护，推进共建共享

1. 加强资源环境保护
2. 推进全域环境整治
3. 强化旅游安全保障
4. 大力推进旅游扶贫和旅游富民
5. 营造良好社会环境：加强旅游惠民便民服务，推动博物馆、纪念馆、全国爱国主义教育示范基地、美术馆、公共图书馆、文化馆、科技馆等免费开放。加强对老年人、残疾人等特殊群体的旅游服务

主要内容

实施系统营销，塑造品牌形象
1. 制定营销规划
2. 丰富营销内容
3. 实施品牌战略
4. 完善营销机制
5. 创新营销方式

加强规划工作，实施科学发展
1. 加强旅游规划统筹协调
2. 完善旅游规划体系
3. 做好旅游规划实施工作

创新体制机制，完善治理体系
1. 推进旅游管理体制改革
2. 加强旅游综合执法
3. 创新旅游协调参与机制：建立健全旅游联席会议、旅游投融资、旅游标准化建设和考核激励等工作机制
4. 加强旅游投诉举报处理：建立统一受理旅游投诉举报机制，积极运用"12301"智慧旅游服务平台、"12345"政府服务热线以及手机 App、微信公众号、咨询中心等多种手段
5. 推进文明旅游

强化政策支持，认真组织实施
1. 加大财政金融支持力度
2. 强化旅游用地用海保障：将旅游发展所需用地纳入土地利用总体规划、城乡规划统筹安排，年度土地利用计划适当向旅游领域倾斜，适度扩大旅游产业用地供给，优先保障旅游重点项目和乡村旅游扶贫项目用地。鼓励通过开展城乡建设用地增减挂钩和工矿废弃地复垦利用试点的方式建设旅游项目。农村集体经济组织可依法使用建设用地自办或以土地使用权入股、联营等方式开办旅游企业。城乡居民可以利用自有住宅依法从事民宿等旅游经营。在不改变用地主体、规划条件的前提下，市场主体利用旧厂房、仓库提供符合全域旅游发展需要的旅游休闲服务的，可执行在五年内继续按原用途和土地权利类型使用土地的过渡期政策。在符合管控要求前提下，合理有序安排旅游产业用海需求
3. 加强旅游人才保障："人才强旅、科教兴旅"战略
4. 加强旅游专业支持

考点三

《文化和旅游部等 17 部门关于印发〈关于促进乡村旅游可持续发展的指导意见〉的通知》（文旅资源发〔2018〕98 号）（熟悉）

1. 指导思想

全面贯彻党的十九大和十九届二中、三中全会精神，以习近平新时代中国特色社会主义思想为指导，牢固树立新发展理念，落实高质量发展要求，紧紧围绕统筹推进"五位一体"总体布局和协调推进"四个全面"战略布局，按照产业兴旺、生态宜居、乡风文明、治理有效、生活富裕的总要求，从农村实际和旅游市场需求出发，强化规划引领，完善乡村基础设施建设，优化乡村旅游环境，丰富乡村旅游产品，促进乡村旅游向市场化、产业化方向发展，全面提升乡村旅游的发展质量和综合效益，为实现我国乡村全面振兴做出重要贡献。

2. 基本原则

①生态优先，绿色发展
②因地制宜，特色发展
③以农为本，多元发展
④丰富内涵，品质发展
⑤共建共享，融合发展

3. 主要目标

到 2022 年，旅游基础设施和公共服务设施进一步完善，乡村旅游服务质量和水平全面提升，富农惠农作用更加凸显，基本形成布局合理、类型多样、功能完善、特色突出的乡村旅游发展格局。

4. 主要措施

主要措施	具体措施	重点内容
加强规划引领，优化区域布局	优化乡村旅游区域整体布局	①促进乡村旅游规模化、集群化发展 ②鼓励东部地区重点推进环都市乡村旅游度假带建设 ③鼓励中西部地区重点推动乡村旅游与新型城镇化有机结合，合理利用古村古镇、民族村寨、文化村镇，打造"三区三州"深度贫困地区旅游大环线，培育一批乡村旅游精品线路 ④鼓励东北地区依托资源优势，重点推进避暑旅游、冰雪旅游、森林旅游、康养旅游、民俗旅游等，探索开展乡村旅游边境跨境交流，打造乡村旅游新高地
	促进乡村旅游区域协同发展	①加强东、中西部旅游协作 ②加强供需求的对接，统筹城乡基础设施和公共服务，加大城市人才、智力资源对乡村旅游的支持，促进城乡间人员往来、信息沟通、资本流动，加快城乡一体化发展进程 ③注重旅游资源开发的整体性，统筹规划，协同发展 ④依托风景名胜区、历史文化名城名镇名村、特色景观旅游名镇、传统村落，探索名胜名城名镇名村"四名一体"全域旅游发展模式
	制定乡村旅游发展规划	①将乡村旅游发展作为重要内容纳入经济社会发展规划、国土空间规划以及基础设施建设、生态环境保护等专项规划 ②支持有条件的地区组织开展乡村旅游资源普查和发展状况调查，编制乡村旅游发展规划，鼓励突破行政区域限制，跨区域整合旅游资源，制定区域性乡村旅游发展规划 ③发展规划要符合当地实际，强化乡土风情、乡居风貌和文化传承，尊重村民发展意愿，落实国土空间规划有关要求，注重规划衔接与落地实施 ④严格保护耕地，落实永久基本农田控制线并实行特殊保护 ⑤独立编制的乡村旅游发展规划应符合镇规划、乡规划和村庄规划的有关要求
完善基础设施，提升公共服务	提升乡村旅游基础设施	①提升乡村景观，改善乡村旅游环境 ②加快道路交通建设，提升乡村旅游的可进入性 ③鼓励有条件的旅游城市与游客相对聚集乡村旅游区间开通乡村旅游公交专线、乡村旅游直通车，方便城市居民和游客到乡村旅游消费 ④完善农村公路网络布局，提高农村公路等级标准，鼓励因地制宜发展旅游步道、登山步道、自行车道等慢行系统 ⑤引导自驾车房车营地、交通驿站建设向特色村镇、风景廊道等重要节点延伸布点，定期发布乡村旅游自驾游精品线路产品 ⑥加强乡村旅游供水供电、垃圾污水处理以及停车、环卫、通信等配套设施建设

续表

主要措施	具体措施	重点内容
完善基础设施，提升公共服务	完善乡村旅游公共服务体系	①实施"厕所革命"新三年计划 ②深入开展游客、群众文明如厕教育 ③推动建立乡村旅游咨询服务体系 ④加快推动乡村旅游信息平台建设，完善网上预订、支付、交流等功能，推动乡村旅游智慧化
丰富文化内涵，提升产品品质	突出乡村旅游文化特色	①在保护的基础上，促进文物资源与乡村旅游融合发展 ②发挥文物资源对提高国民素质和社会文明程度、推动经济社会发展的重要作用 ③支持农村地区地域特色文化、民族民间文化、优秀农耕文化、传统手工艺、优秀戏曲曲艺等传承发展，创新表现形式，开发一批乡村文化旅游产品 ④依托乡村旅游创客基地，推动传统工艺品的生产、设计等和发展乡村旅游有机结合 ⑤鼓励乡村与专业艺术院团合作，打造特色鲜明、体现地方人文的文化旅游精品 ⑥大力发展乡村特色文化产业。支持在乡村地区开展红色旅游、研学旅游
	丰富乡村旅游产品类型	①对接旅游者多样化需求，促进传统乡村旅游产品升级，加快开发新型乡村旅游产品 ②结合现代农业发展，建设一批休闲农业精品园区、农业公园、农村产业融合发展示范园、田园综合体、农业庄园，探索发展休闲农业和乡村旅游新业态 ③结合乡村山地资源、森林资源、水域资源、地热冰雪资源等，发展森林观光、山地度假、水域休闲、冰雪娱乐、温泉养生等旅游产品 ④推进乡村旅游和中医药相结合，开发康养旅游产品 ⑤充分利用农村土地、闲置宅基地、闲置农房等资源，开发建设乡村民宿、养老等项目 ⑥依托当地自然和文化资源禀赋发展特色民宿 ⑦鼓励开发具有地方特色的服饰、手工艺品、农副土特产品、旅游纪念品等旅游商品
	提高乡村旅游服务管理水平	①制定完善乡村旅游各领域、各环节服务规范和标准，加强经营者、管理者、当地居民等技能培训，提升乡村旅游服务品质 ②提升当地居民旅游观念和服务意识，提升文明习惯、掌握经营管理技巧 ③鼓励先进文化、科技手段在乡村旅游产品体验和服务、管理中的运用，增加乡村旅游发展的知识含量 ④大力开展专业志愿者支援乡村行动 ⑤探索运用连锁式、托管式、共享式、会员制、分时制、职业经理制等现代经营管理模式，提升乡村旅游的运营能力和管理水平

续表

主要措施	具体措施	重点内容
创建旅游品牌，加大市场营销	培育构建乡村旅游品牌体系	①树立乡村旅游品牌意识，提升品牌形象，增强乡村旅游品牌的影响力和竞争力 ②鼓励各地整合乡村旅游优质资源，推出一批特色鲜明、优势突出的乡村旅游品牌，构建全方位、多层次的乡村旅游品牌体系 ③建立全国乡村旅游重点村名录，开展乡村旅游精品工程，培育一批全国乡村旅游精品村、精品单位 ④鼓励集群发展乡村旅游，打造有影响力的乡村旅游目的地 ⑤支持资源禀赋好、基础设施完善、公共服务体系健全的乡村旅游点申报创建 A 级景区、旅游度假区、特色小镇等品牌
	创新乡村旅游营销模式	①发挥政府积极作用，鼓励社会力量参与乡村旅游宣传推广和中介服务，鼓励各地开展乡村旅游宣传活动，拓宽乡村旅游客源市场 ②依托传统媒体资源，旅游推介会、博览会、节事活动等平台以及新媒体自媒体，扩大乡村旅游宣传
注重农民受益，助力脱贫攻坚	探索推广发展模式	①支持旅行社利用客源优势，最大限度宣传推介旅游资源并组织游客前来旅游，并通过联合营销等方式共同开发市场的"旅行社带村"模式 ②积极推进景区辐射带动周边发展乡村旅游，形成乡村与景区共生共荣、共建共享的"景区带村"模式 ③大力支持懂经营、善管理的本地及返乡能人投资旅游，以吸纳就业、带动创业的方式带动农民增收致富的"能人带户"模式 ④不断壮大企业主导乡村旅游经营，吸纳当地村民参与经营或管理的"公司＋农户"模式 ⑤引导规范专业化服务与规模化经营相结合的"合作社＋农户"模式 ⑥鼓励各地从实际出发，积极探索推广多方参与、机制完善、互利共赢的新模式新做法，建立定性定量分析的工作台账，总结推广旅游扶贫工作
	完善利益联结机制	①突出重点，做好深度贫困地区旅游扶贫工作 ②建立健全多元的利益联结机制，让农民更好分享旅游发展红利，提高农民参与性和获得感 ③探索资源变资产、资金变股金、农民变股东的途径，引导村集体和村民获得收益，鼓励企业实行保底分红 ④支持在贫困地区实施一批以乡村民宿改造提升为重点的旅游扶贫项目 ⑤支持当地村民和回乡人员创业，参与乡村旅游经营和服务 ⑥鼓励乡村旅游企业优先吸纳当地村民就业
整合资金资源，强化要素保障	完善财政投入机制	①加大对乡村旅游项目的资金支持力度 ②积极支持提升村容村貌，改善乡村旅游重点村道路、停车场、厕所、垃圾污水处理等基础服务设施 ③按规定统筹的相关涉农资金可以用于培育发展休闲农业和乡村旅游

续表

主要措施	具体措施	重点内容
整合资金资源，强化要素保障	加强用地保障	①将乡村旅游项目建设用地纳入国土空间规划和年度土地利用计划统筹安排 ②在符合生态环境保护要求和相关规划的前提下，盘活农村闲置建设用地资源，提高土地节约集约利用水平 ③鼓励通过流转等方式取得属于文物建筑的农民房屋及宅基地使用权，统一保护开发利用 ④在充分保障农民宅基地用益物权的前提下，探索农村集体经济组织以出租、入股、合作等方式盘活利用闲置宅基地和农房，按照规划要求和用地标准，改造建设乡村旅游接待和活动场所 ⑤支持历史遗留工矿废弃地再利用、荒滩等未利用土地开发乡村旅游
	加强金融支持	①鼓励金融机构为乡村旅游发展提供信贷支持，创新金融产品，降低贷款门槛，简化贷款手续，加大信贷投放力度，扶持乡村旅游龙头企业发展 ②依法合规推进农村承包土地的经营权、农民住房财产权抵押贷款业务，积极推进集体林权抵押贷款、旅游门票收益权质押贷款业务，扩大乡村旅游融资规模，鼓励乡村旅游经营户通过小额贷款、保证保险实现融资。鼓励保险业向乡村旅游延伸，探索支持乡村旅游的保险产品
	加强人才队伍建设	①加强对县、乡镇党政领导发展乡村旅游的专题培训 ②通过专题培训、送教上门、结对帮扶等方式，开展多层次、多渠道的乡村旅游培训 ③各级人社、农业农村、文化和旅游、扶贫等部门要将乡村旅游人才培育纳入培训计划，加大对乡村旅游的管理人员、服务人员的技能培训 ④开展乡村旅游创客行动，组织引导大学生、文化艺术人才、专业技术人员、青年创业团队等投身乡村旅游发展，促进人才向乡村流动，改善乡村旅游人才结构

考点四

《文化和旅游部关于实施旅游服务质量提升计划的指导意见（文旅市场发〔2019〕12号）》（熟悉）

序号	内容	要点	考点
1	总体要求	指导思想	以习近平新时代中国特色社会主义思想为指导，按照"创新、协调、绿色、开放、共享"的发展理念，着力解决影响广大游客旅游体验的重点问题和主要矛盾，推动旅游业高质量发展

续表

序号	内容	要点	考点
1	总体要求	基本原则	①坚持政府、市场主体、行业组织、个人四个层面协同推进 ②坚持加强和改进市场监管，完善旅游管理政策，支持、引导和规范市场主体健康发展 ③坚持落实市场主体责任，增强内生动力，提高旅游服务提供者提升旅游服务质量的自觉性 ④坚持发挥行业组织的协调作用和行业标准的引领作用，强化行业自律，提升旅游管理和服务水准 ⑤坚持提升从业人员专业素养和业务能力，调动广大从业人员提升旅游服务质量的积极性和主动性
		发展目标	到2020年，促进旅游服务质量提升的政策合力进一步增强，市场秩序进一步规范，旅游的舒适度进一步提升，旅游市场环境和消费环境进一步改善，旅游服务成为中国服务的重要代表，为质量强国建设做出积极贡献
2	主要任务	提升旅游区点服务水平	**政府行动** ①完善、细化、落实A级旅游景区复核和退出机制 ②全面落实景区流量控制制度，加快推广景区门票网上预约制度 ③严格实施旅游度假区和生态旅游示范区标准，加大复核工作力度 ④持续抓好全国红色旅游经典景区建设 **市场主体和行业组织行动** ①A级旅游景区要完善旅游引导标识，标识应布局合理、科学设置、制作精良 ②A级旅游景区应提升游客消费便利化程度 ③A级旅游景区和具备条件的行业组织应针对景区管理人员、一线服务人员开展管理实务、日常业务、应急处置等培训
		优化旅游住宿服务	**政府行动** ①加快修订星级饭店国家标准，强化星级饭店评定复核工作，建立动态监管机制 ②以星级饭店为基础，开展旅游住宿业监管试点工作 ③加强对旅游住宿新业态的引导和管理 **市场主体和行业组织行动** ①星级饭店应提升游客消费便利化程度，不得拒收现金 ②星级饭店要优化对一线服务人员的奖惩措施，进一步增强服务人员的职业责任感 ③民宿业主和从业人员要主动学习相关标准和规范，提升服务技能和管理能力 ④相关行业协会要切实增强凝聚行业共识和加强行业自律的能力

续表

序号	内容	要点		考点
2	主要任务	提升旅行社服务水平	政府行动	①完善旅行社退出机制 ②全面开展旅行社等级评定及复核行动 ③规范旅行社经营活动，推动服务信息透明化 ④探索建立优质旅游服务的承诺标识和管理制度
			市场主体和行业组织行动	①旅行社要完善内部管理、人员培训制度，不断规范服务流程 ②各级旅行社协会要加强旅行社行业自律，推动旅行社增强新产品研发能力，提升旅游综合服务技能
		规范在线旅游经营服务	政府行动	①制定在线旅游经营服务管理相关规定 ②建立符合在线旅游经营服务规律的市场检查制度 ③开展市场监督检查和联合执法，打击违法违规经营行为 ④引导和支持在线旅游企业成立行业组织
			市场主体和行业组织行动	①在线旅游企业应不断完善风险提示、信息披露、资质审核、应急管理等制度 ②在线旅游企业应全面排查境内外自助游产品，发现不合格自助游产品立即下架 ③在线旅游企业和行业组织可制定相关服务标准
		提高导游和领队业务能力	政府行动	①完善导游人员资格考试和等级考核制度，提升中高级导游员在导游队伍中的比重 ②实施导游和领队专业素养研培计划。（用五年左右的时间，实现对全国持证导游轮训一遍的目标，有条件的地方可由导游行业组织来承担导游培训任务。） ③加快推进导游体制机制改革工作 ④举办导游大赛，培育一批职业素养好、服务技能强的先进典型
			市场主体和行业组织行动	①市场主体和导游行业组织应加强对专职和兼职导游人员的管理，完善导游和领队的培训和管理制度 ②导游等行业组织要维护导游和领队的合法权益，加强对先进人物和典型事迹的宣传推广

续表

序号	内容	要点	考点
2	主要任务	增强旅游市场秩序治理能力	政府行动：①提升发现问题的能力；②按照"谁审批、谁监管，谁主管、谁监管"的原则，强化旅游市场综合监管；③畅通旅游投诉渠道，制定旅游市场"诉转案"工作规范；④加强执法队伍建设，强化法制宣传教育，完善执法培训体系，提高执法办案量，提升执法程序规范化水平；⑤创新监管方式，提高监管能力。全面推广使用全国旅游监管服务平台，运用大数据实现精准监管和分类监管
			市场主体和行业组织行动：①市场主体须自觉遵守旅游法等相关法律法规，增强依法规范经营意识；②旅游协会等行业组织应创新活动形式，通过活动、培训、研讨会、行业评奖等多种形式，大力倡导依法规范经营
		建立完善旅游信用体系	政府行动：①建立"黑名单"制度。出台旅游市场黑名单管理办法；②建立"重点关注名单"制度。出台旅游市场重点关注名单管理办法；③支持和鼓励社会力量积极参与旅游行业信用建设，推进征信、评信与用信
			市场主体和行业组织行动：①旅游市场主体和从业人员应将诚信作为服务的基本理念和自觉行为，不断提升企业诚信口碑；②行业组织应完善行规行约，组织开展行业诚信建设、质量评议等活动，促进行业规范诚信经营
3	保障措施	加强组织领导	①地方各级文化和旅游行政部门要将旅游服务质量提升工作纳入地方各级政府质量提升工作总体部署；②结合本地实际情况，研究制订具体落实方案，可适当扩展相关内容，突出创新和地方特色；③将任务分解和统筹协调结合起来，分阶段、分步骤组织实施
		加强标准建设	①要以标准实施促进质量提升，重点加强旅游新业态和产业融合类旅游服务标准的制定修订工作；②加大旅游服务标准的宣传贯彻和培训力度，尤其要对游客宣传旅游标准；③要开展旅游标准化试点工作，创新旅游服务标准化管理体制

续表

序号	内容	要点	考点
3	保障措施	加强政策保障	①围绕旅游服务质量发展目标，加大对旅游服务质量提升的政策扶持力度 ②将旅游服务质量教育纳入旅游教育培训体系，引导建立高等院校、科研院所、行业协会和旅游企业共同参与的旅游服务质量教育网络 ③各地可结合实际，对在旅游服务质量提升方面取得突出成绩的单位和个人给予奖励
		加强效果评估	①要加强对旅游服务质量提升计划落实情况的跟踪评估，逐步建立和完善旅游服务质量评价体系 ②文化和旅游部将对各地落实情况开展第三方评估

第五章

"十三五"旅游业发展规划

1. 考试大纲

了解《中华人民共和国"十三五"旅游业发展规划》(以下简称《规划》)的主要内容。

2. 大纲解读

序号	主要内容	考纲要求	考试频率
1	"十二五"旅游业发展成就	了解	★★☆☆☆
2	"十三五"旅游业发展机遇	了解	★★★☆☆
3	"十三五"旅游业发展趋势	了解	★★★☆☆
4	"十三五"旅游业发展的指导思想	了解	★★★☆☆
5	"十三五"旅游业发展的基本原则	了解	★★★☆☆
6	"十三五"旅游业发展的主要目标	了解	★★★★☆
7	"十三五"旅游业发展的主要任务	了解	★★★★☆

3. 2019 年考点分析

与 2018 年大纲相比，2019 年大纲基本没有变化，要求了解《规划》的主要内容，也即 2018 年大纲中要求的了解《规划》的发展趋势、指导思想、基本原则、主要目标、规划指标和主要任务，删除了制定背景。

2019 年预计考点为《规划》的指导思想、基本原则、主要目标和主要任务。

考 点 精 讲

考点一

"十二五"旅游业发展成就（了解）

1. 战略性支柱产业基本形成
2. 综合带动功能全面凸显
3. 现代治理体系初步建立
4. 国际地位和影响力大幅提升

→ 2015 年，旅游业对国民经济的综合贡献度达到 10.8%，已成为世界第一大出境旅游客源国和全球第四大入境旅游接待国。旅游业成为社会投资热点和综合性大产业

考点二

"十三五"旅游业发展机遇（了解）

1. 全面建成小康社会有利于大众旅游消费持续快速增长
2. 贯彻五大发展理念有利于旅游业成为优势产业
3. 推进供给侧结构性改革有利于促进旅游业转型升级
4. 旅游业被确立为幸福产业有利于优化旅游发展环境
5. 良好外部环境有利于我国旅游业发展

考点三

"十三五"旅游业发展趋势（了解）

1. 消费大众化
2. 需求品质化
3. 竞争国际化
4. 发展全域化
5. 产业现代化

→ 自助游、自驾游成为主要的出游方式

考点四

"十三五"旅游业发展的指导思想（了解）

高举中国特色社会主义伟大旗帜，全面贯彻党的十八大和十八届三中、四中、五中、六中全会精神，深入贯彻习近平总书记系列重要讲话精神，落实党中央、国务院决策部署，按照"五位一体"总体布局和"四个全面"战略布局，牢固树立和贯彻落实创新、协调、绿色、开放、共享发展理念，以转型升级、提质增效为主题，以推动全域旅游发展为主线，加快推进供给侧结构性改革，努力建成全面小康型旅游大国，将旅游业培育成经济转型升级重要推动力、生态文明建设重要引领产业、展示国家综合实力的重要载体、打赢脱贫攻坚战的重要生力军，为实现中华民族伟大复兴的中国梦做出重要贡献。

考点五

"十三五"旅游业发展的基本原则（了解）

1. 坚持市场主导 → 发挥市场在资源配置中的决定性作用
2. 坚持改革开放
3. 坚持创新驱动
4. 坚持绿色发展
5. 坚持以人为本 → 把人民群众满意作为旅游业发展的根本目的

考点六

"十三五"旅游业发展的主要目标（了解）

1. 旅游经济稳步增长 → 城乡居民出游人数年均增长 10% 左右，旅游总收入年均增长 11% 以上，旅游直接投资年均增长 14% 以上。到 2020 年，旅游市场总规模达到 67 亿人次，旅游投资总额 2 万亿元，旅游业总收入达到 7 万亿元

2. 综合效益显著提升 → 旅游业对国民经济的综合贡献率达到 12%，对餐饮、住宿、民航、铁路客运业的综合贡献率达到 85% 以上，年均新增旅游就业人数 100 万人以上

3. 人民群众更加满意

4. 国际影响力大幅提升 → 入境旅游持续增长，出境旅游健康发展，与旅游业发达国家的差距明显缩小，在全球旅游规则制定和国际旅游事务中的话语权和影响力明显提升

考点七

"十三五"旅游业发展的主要任务（了解）

主要任务	具体举措	重点内容
创新驱动，增强旅游业发展新动能	理念创新，构建发展新模式	"十三五"时期，加快由景点旅游发展模式向全域旅游发展模式转变，促进旅游发展阶段演进，实现旅游业发展战略提升。创建 500 个左右全域旅游示范区
	产品创新，扩大旅游新供给	①推动精品景区建设 ②加快休闲度假产品开发 ③大力发展乡村旅游 ④提升红色旅游发展水平 ⑤加快发展自驾车、旅居车旅游 ⑥大力发展海洋及滨水旅游 ⑦大力发展冰雪旅游 ⑧加快培育低空旅游
	业态创新，拓展发展新领域	实施"旅游+"战略，推动"旅游＋城镇化""旅游＋新型工业化""旅游＋农业现代化""旅游＋现代服务业"的融合发展，拓展旅游发展新领域

续表

主要任务	具体举措	重点内容
创新驱动，增强旅游业发展新动能	技术创新，打造发展新引擎	①建设"12301"智慧旅游公共服务平台 ②建设旅游行业监管综合平台 ③建设旅游应急指挥体系 ④建设旅游信息化标准体系 ⑤建设国家旅游基础数据库
	主体创新，提高发展新效能	①依托有竞争力的旅游骨干企业，促进规模化、品牌化、网络化经营，发展知名旅游品牌 ②大力发展旅游电子商务 ③支持中小微旅游企业特色化、专业化发展 ④培育具有世界影响力的旅游院校和科研机构，鼓励校企共建旅游创新创业学院或企业内部办学；支持旅游规划、设计、咨询、营销等旅游相关智力型企业发展；构建产学研一体化平台
协调推进，提升旅游业发展质量	优化空间布局，构建新型旅游功能区	按照分类指导、分区推进、重点突破的原则，构筑新型旅游功能区，构建旅游业发展新格局 ①做强跨区域旅游城市群 （京津冀旅游城市群、珠三角旅游城市群、成渝旅游城市群、长江中游旅游城市群） ②培育跨区域特色旅游功能区 ③打造国家精品旅游带 ④重点建设国家旅游风景道 ⑤推进特色旅游目的地建设
	加强基础设施建设，提升公共服务水平	①大力推进"厕所革命" 重点抓好乡村旅游厕所整体改造，推进厕所无障碍化，积极倡导文明如厕。新建、改扩建10万座旅游厕所，主要旅游景区、旅游场所、旅游线路和乡村旅游点的厕所全部达到A级标准，实现数量充足、干净无味、实用免费、管理有效，中西部地区旅游厕所建设难题得到初步解决 ②加强旅游交通建设 做好旅游交通发展顶层设计、改善旅游通达条件、推进乡村旅游公路建设、优化旅游航空布局、提升铁路旅游客运能力 ③完善旅游公共服务体系
	提升旅游要素水平，促进产业结构升级	①提升餐饮业发展品质 ②构建新型住宿业 ③优化旅行社业 ④积极发展旅游购物 ⑤推动娱乐业健康发展

续表

主要任务	具体举措	重点内容
绿色发展，提升旅游生态文明价值	倡导绿色旅游消费	践行绿色旅游消费观念，大力倡导绿色消费方式，发布绿色旅游消费指南。鼓励酒店实施客房价格与水电、低值易耗品消费量挂钩，逐步减少一次性用品的使用。引导旅游者低碳出行，大力推广绿色生态出行方式
	实施绿色旅游开发	①推动绿色旅游产品体系建设 ②以水利风景区为重点，推出一批生态环境优美、文化品位较高的水利生态景区和旅游产品 ③拓展森林旅游发展空间 ④加大对能源节约、资源循环利用、生态修复等重大生态旅游技术的研发和支持力度 ⑤推进生态旅游技术成果的转化与应用，推进旅游产业生态化、低碳化发展
	加强旅游环境保护	①坚持保护优先、开发服从保护的方针，对不同类型的旅游资源开发活动进行分类指导，强化环境影响评价约束作用，规范旅游开发行为 ②推进旅游业节能减排
	创新绿色发展机制	①实施绿色认证制度 建立健全以绿色景区、绿色饭店、绿色建筑、绿色交通为核心的绿色旅游标准体系，推行绿色认证制度，统一绿色旅游认证标识，开展绿色发展教育培训，引导企业执行绿色标准 ②建立旅游环境监测预警机制 ③健全绿色发展监管制度
	加强宣传教育	开展绿色旅游公益宣传，推出绿色旅游形象大使。加强绿色旅游教育和培训工作，制定绿色消费奖励措施，引导全行业、全社会树立绿色旅游价值观，形成绿色消费自觉
开放合作，构建旅游开放新格局	实施旅游外交战略	①开展"一带一路"国际旅游合作 ②拓展与重点国家旅游交流 ③创新完善旅游合作机制
	大力提振入境旅游	①实施中国旅游国际竞争力提升计划 ②完善旅游推广体系，塑造"美丽中国"形象
	深化与港澳台旅游合作	①支持港澳地区旅游发展 ②深化对台旅游交流 ③扩大对港澳台开放 ④规范港澳台旅游市场秩序

续表

主要任务	具体举措	重点内容
开放合作，构建旅游开放新格局	有序发展出境旅游	推动出境旅游目的地国家和地区简化签证手续、缩短签证申办时间，扩大短期免签证、口岸签证范围。将中文电视广播等媒体落地、改善中文接待环境、中文报警服务、中国公民安全保障措施和游客合法权益保障等纳入中国公民出境旅游目的地管理体系。完善出境旅游服务保障体系，加强境外旅游保险、旅游救援合作。推动建立与有关国家和地区旅游安全预警机制和突发事件应急处理合作机制。加强与友好国家客源互送合作
	提升旅游业国际影响力	①实施旅游业"走出去"战略 ②制订实施国家旅游援外计划 ③积极参与国际旅游规则制定
共建共享，提高人民群众满意度	实施乡村旅游扶贫工程	通过发展乡村旅游带动2.26万个建档立卡贫困村实现脱贫 ①实施乡村旅游扶贫重点村环境整治行动。规划启动"六小工程"，确保每个乡村旅游扶贫重点村建好一个停车场、一个旅游厕所、一个垃圾集中收集站、一个医疗急救站、一个农副土特产品商店和一批旅游标识标牌。到2020年，完成50万户贫困户"改厨、改厕、改客房、整理院落"的"三改一整"工程 ②开展旅游规划扶贫公益行动 ③实施旅游扶贫电商行动 ④开展万企万村帮扶行动 ⑤实施金融支持旅游扶贫行动 ⑥实施旅游扶贫带头人培训行动 ⑦启动旅游扶贫观测点计划
	实施旅游创业就业计划	建设面向旅游创新创业的服务平台
	规范旅游市场秩序	①创新旅游监管机制 ②建立健全旅游诚信体系 ③开展专项治理行动 ④引导旅游者理性消费
	大力推进文明旅游	①加强宣传教育，建立文明旅游法规体系，落实旅游文明行为公约和行动指南 ②开展文明旅游主题活动 ③选树旅游行业文明单位、青年文明号，评选文明旅游公益大使，培养一批能够讲好中国故事的导游人员 ④完善旅游不文明行为记录制度，建立信息通报机制，加大惩戒力度 ⑤加强旅游志愿者队伍建设

续表

主要任务	具体举措	重点内容
共建共享，提高人民群众满意度	构筑旅游安全保障网	①加强旅游安全制度建设 ②强化重点领域和环节监管 ③加快旅游紧急救援体系建设 ④深化旅游保险合作机制
	实施旅游服务质量提升计划	①推进旅游标准化建设 ②加大对旅游标准化的宣传推广力度，加强旅游标准实施绩效评估 ③深入实施《旅游质量发展纲要（2013～2020年）》，加快建立以游客评价为主的旅游目的地评价机制 ④建立优质旅游服务商目录，推出优质旅游服务品牌
深化改革，完善旅游发展保障体系	推进旅游综合管理体制改革	①鼓励各地成立由地方政府牵头的旅游业发展领导协调机构 ②推动旅游综合管理体制改革，增强旅游部门综合协调和行业统筹能力 ③加强旅游执法队伍和市场监管、司法仲裁等机构建设 ④推进旅游业改革创新先行区发展 ⑤建立健全统一规范的全国旅游业数据采集平台，建立旅游业统计数据共建共享机制 ⑥加强旅游业统计国际合作，积极参与旅游业统计国际标准和规范制定
	优化景区服务管理机制	①建立景区旅游开放备案制度、景区旅游建设与经营项目会商制度、景区建设经营负面清单制度等 ②推动景区旅游实现特许经营管理，推进经营决策、劳动用工、薪酬制度等去行政化改革 ③完善景区建设经营活动事中事后监管制度，建立健全景区安全风险评估制度、景区预约预报预订机制
	推进导游旅行社体制改革	①以市场主导、执业灵活、服务规范、社会监督为目标，推进导游体制改革，建立适应市场需求的导游准入制度 ②改革导游注册制度，明确导游资格证终身有效 ③依法开展导游自由执业改革试点，完善旅行社委派执业制度，打破导游异地执业的区域壁垒 ④建立导游社会化评价与监督体系 ⑤改革导游保险保障体系 ⑥建立导游品牌制度，完善导游等级评定制度 ⑦完善旅行社监管服务平台，健全旅行社退出机制，优化完善旅行社分社网点设立、旅行社质量保证金、旅行社委托招徕、出境旅游保险等方面政策

续表

主要任务	具体举措	重点内容
深化改革，完善旅游发展保障体系	强化政策扶持	①落实职工带薪休假制度 ②加大投入力度 ③完善土地供给政策 ④创新金融支持政策 ⑤完善旅游财税政策
	加强法治建设	①适应旅游业发展要求，修订完善《中国公民出国旅游管理办法》《旅行社条例》《导游人员管理条例》等法规和旅游安全监管、发展规划、宣传推广、公共服务等方面规章制度 ②落实旅游行政处罚、旅游违法行为法律适用指引，推动研究旅行社、导游收取"佣金""小费"法律适用问题 ③积极参与旅游国际规则的研究制定 ④推动重点地区开展旅游立法试点，健全地方旅游法规体系 ⑤加强旅游执法队伍建设，加大旅游执法检查力度，推进依法行政、严格执法
	加强人才队伍建设	①实施重点人才开发计划 ②发展现代旅游职业教育 ③加强旅游相关学科专业建设 ④加强人才培养国家合作 ⑤加强旅游基础研究

第六章

旅游法的基本知识

1. 考试大纲

了解《旅游法》的框架及其修正的内容；熟悉《旅游法》的立法目的、适用范围和发展原则；掌握《旅游法》的主要法律制度，《旅游法》关于旅游者权利和义务的规定。

2. 大纲解读

序号	主要内容	考纲要求	考试频率
1	《旅游法》的框架及其修正的内容	了解	★★★☆☆
2	《旅游法》的立法目的	熟悉	★★★★☆
3	《旅游法》的适用范围	熟悉	★★★★☆
4	《旅游法》的发展原则	熟悉	★★★★☆
5	《旅游法》的主要法律制度	掌握	★★★★★
6	《旅游法》关于旅游者权利的规定	掌握	★★★★★
7	《旅游法》关于旅游者义务的规定	掌握	★★★★★

3. 2019 年考点分析

今年新增考点：了解《旅游法》修正的内容。删减部分：了解《旅游法》的立法背景，掌握《旅游法》的基本内容及其相关法律责任。

2019 年预计考点：《旅游法》的框架及其修正的内容；《旅游法》的立法目的、适用范围和发展原则；《旅游法》的主要法律制度，《旅游法》关于旅游者权利和义务的规定。

考 点 精 讲

考点一

《旅游法》的框架及其修正的内容（了解）

1.《旅游法》的框架（10章，112条）

序号	章（条款）	主要内容
1	第一章　总则（8条）	规定了立法目的、适用范围、原则等
2	第二章　旅游者（8条）	规定了旅游者的权利和义务
3	第三章　旅游规划和促进（11条）	规定了旅游规划的编制、与相关规划的衔接、旅游促进与保障等
4	第四章　旅游经营（29条）	规定了旅行社的设立和经营业务范围、旅游经营的规则、旅游经营者和履行辅助人的权利义务和责任等
5	第五章　旅游服务合同（19条）	规定了旅游服务合同的类别，包价旅游合同的内容和形式，合同当事人的权利、义务和责任等
6	第六章　旅游安全（7条）	确立了旅游安全的责任主体，旅游安全的事前、事中、事后的全过程制度等
7	第七章　旅游监督管理（8条）	确立了旅游综合监管制度，规定了行业组织自律规范
8	第八章　旅游纠纷处理（4条）	规定了旅游投诉统一受理制度、纠纷处理途径和方法等
9	第九章　法律责任（16条）	规定了违反本法应当承担的法律责任
10	第十章　附则（2条）	规定了相关用语的含义、法律的生效

2.《旅游法》修正的内容

　　2016年11月7日，国家主席习近平签署中华人民共和国主席令（第57号），公布了第十二届全国人民代表大会常务委员会第二十四次会议于同日通过并生效的对《旅游法》关于领队的规定做出的修改。2018年10月26日第十三届全国人民代表大会常务委员会第六次会议《关于修改〈中华人民共和国野生动物保护法〉等十五部法律的决定》第二次修正。对《旅游法》作出修改：将第83条中的"工商行政管理、产品质量监督"修改为"市场监督管理"；将第95条、第104条中的"工商行政管理部门"修改为"市场监督管理部门"。

考点二

《旅游法》的立法目的（熟悉）

立法目的 { 1. 保障旅游者和旅游经营者的合法权益，规范旅游市场秩序
2. 保护和合理利用旅游资源
3. 促进旅游业持续健康发展

考点三

《旅游法》的适用范围（熟悉）

适用范围 {

1. 地域范围 {
①我国公民在境内的旅游活动和外国旅游者的入境旅游活动
②在我国境内，通过旅行社等经营者组织的，由我国境内赴境外的团队旅游活动
③根据属地管辖原则，我国旅游者前往旅游目的地国参加旅游活动，应当遵守所在国或地区的法律
④根据属人管辖原则，《旅游法》是我国公民在境外参加旅游活动的行为规范；我国其他出境入境管理法律、法规，出境旅游者也应当遵守

2. 主体行为范围 {
①《旅游法》的调整对象，一是从事游览、休闲、度假等形式的旅游活动；二是为这些活动提供相关服务的经营活动
②主体范围，由于《旅游法》未对适用主体做出限制，则凡从事上述活动的单位和个人都应遵守本法
③行为范围，由于旅游包括食、住、行、游、购、娱各环节，涉及面广，行为范围既包括观光、休闲、度假等有特定目的的旅游活动和经营行为，也包括为旅游活动提供相关服务的其他行业的经营行为

考点四

《旅游法》的发展原则（熟悉）

基本原则
- 1. 发展旅游事业、完善旅游公共服务的原则
- 2. 依法保护旅游者在旅游活动中权利的原则
- 3. 社会、经济、生态效益相统一的原则
- 4. 国家鼓励全社会参与旅游业发展的原则

考点五

《旅游法》的主要法律制度（掌握）

序号	制度	主要内容
1	旅游综合管理制度	《旅游法》第 7 条规定，国务院建立健全旅游综合协调机制，对旅游业发展进行综合协调。县级以上地方人民政府应当加强对旅游工作的组织和领导，明确相关部门或者机构，对本行政区域的旅游业发展和监督管理进行统筹协调。该制度的内容包括：国务院建立健全旅游综合协调机制；确立了地方政府统筹协调旅游业发展和管理的职能；旅游市场综合监管机制；整合投诉受理机构、投诉受理部门间转办、处理结果告知的旅游投诉统一受理制度
2	旅游者权益保护制度	设旅游者专章，规定了旅游者的权利、义务和权利保障措施；对政府旅游公共服务及基础设施建设提出明确要求；对旅游经营者及其从业人员设定较为严格的行为规范和义务；在遵循《中华人民共和国消费者权益保护法》（以下本书简称《消费者权益保护法》）和《中华人民共和国合同法》（以下本书简称《合同法》）一般性原则的基础上，根据旅游活动的特点，规定了针对性强的、特殊的旅游者的权利及其救助途径
3	旅游促进和公共服务制度	对各级政府安排资金提出要求，并明确了资金用途；规定政府将旅游业发展纳入国民经济和社会发展规划，制定有利于旅游业持续健康发展的产业扶持政策；完善旅游基础设施建设；政府无偿向旅游者提供旅游景区、线路、交通、气象、住宿等必要的信息和咨询服务；建立统一的旅游形象宣传推广；鼓励和支持发展旅游职业教育和培训
4	资源保护和旅游利用制度	规定编制完整的规划体系，明确了编制主体和内容；明确旅游规划与其他规划的关系；规定了旅游资源事前、事中、事后保护利用的制度，资源的旅游利用的原则；规定了景区流量控制制度，完善了景区门票价格制度

续表

序号	制度	主要内容
5	旅游服务合同制度	规范了旅游服务合同的类别、内容、形式；规范了旅游经营者与旅游者的合同权利与义务；规定特殊情况下对旅游者保护的规则，诸如告知、说明义务，协助返程义务，无正当理由不得拒绝旅游者替换的义务，规定时间内无条件退货、退费的义务等；规范了特殊的责任承担，包括旅行社与旅游者之间，诸如采取安全措施费用的合理分担，滞留安置返程费用的分担，自行安排活动期间的责任承担，旅游者自身原因导致责任的承担，委托社和代理社之间、组团社和地接社之间、旅行社和旅行辅助人之间的特殊责任的承担；规定了特殊的合同变更、解除制度，诸如不能成团的特殊处理、单方解除合同、旅游者的任意解除合同权、旅行社的法定解除合同权、因不可抗力等影响行程的处理等
6	规范旅游市场、提高服务质量制度	在平衡旅游者与旅游经营者权益的基础上，设立了相关民事法律规范，规范旅游经营者的经营行为；对旅游行业全链条重点领域的经营行为进行规范，尤其对旅行社规定了"五不得"的要求，对从业人员提出了"三不得"的要求，对其他经营者提出了"一不得"的要求；规范了旅游综合监管机制；明确了旅游行业组织的自律规范
7	旅游安全保障制度	明确了包括政府统一负责、部门依法履职，旅游经营者主体责任，旅游者的自我保护义务的主体责任制度；规定了旅游安全的全程责任制度，诸如政府风险提示、流量控制、旅游经营者安全评估、说明警示和培训、高风险旅游项目许可、购买责任保险和提示旅游者购买意外保险、旅游者掌握相关信息和告知相关信息的事前预防，政府安全监管和救助、旅游经营者的报告和救助、旅游者遵守安全规定的义务的事中管理，政府、旅游经营者的事后处置，旅游者的配合和依法承担费用的义务

考点六

《旅游法》关于旅游者权利的规定（掌握）

序号	权利	主要内容
1	自主选择权	①能够自主选择价格合理的旅游产品和服务 ②有权拒绝旅游经营者的强制交易行为 ③为保护旅游者的自主选择权，《旅游法》第35条明确规定，旅行社以低价组织旅游活动，诱骗旅游者，并通过安排购物或者另行付费旅游项目获取回扣等不正当利益；旅行社未与旅游者协商一致或未经旅游者要求，指定购物场所、安排旅游者参加另行付费项目的，旅行者有权在旅游行程结束后30日内，要求旅行社为其办理退货并先行垫付退货货款，或者退还另行付费旅游项目的费用

续表

序号	权利	主要内容
2	知悉真情权	①有权要求宣传信息真实 ②有权要求旅游经营者作为合同一方主体的情况真实 ③有权获得旅游产品和服务的真实详情
3	要求履约权	①有权要求旅游经营者按照约定提供旅游产品和服务，无论约定是口头的还是书面的。包价旅游合同必须采用书面形式，该合同附随的旅游行程单是合同的重要组成部分 ②有权要求旅游经营者根据诚信原则，严格按照合同约定的旅游行程单的安排全面履行合同义务 ③有权要求旅游经营者不得任意解除合同。旅游者有任意解除合同的权利，除旅游者自己提出的、出现《旅游法》第66条规定的旅行社法定解除合同情形的、出现《旅游法》第67条规定的发生不可抗力或者旅游经营者已尽合理注意义务仍不能避免的事件等可以解除合同的法定情形外，旅游经营者不得擅自解除合同
4	被尊重权	①人格尊严得到尊重 ②民族风俗习惯得到尊重 ③宗教信仰得到尊重
5	特殊群体的便利和优惠权	①重视对特殊群体的保护，满足其对精神文化生活的需求 ②本规定使用"等旅游者"的表述方式，为实践中各地方、景区对诸如在校学生、现役军人、教师等身份的旅游者给予的优惠予以认可
6	救助请求权	①请求救助和保护 ②依法获得赔偿。旅游者的人身、财产受到侵害时，有依法获得赔偿的权利。由于其他原因造成旅游者人身、财产损害的，旅游者还可以依据民法、侵权责任法等法律请求赔偿、维护其权利
7	其他权利	旅游者的安全保障权、合同的任意解除权、合同的替换权、协助返程权、投诉举报权等权利

考点七

《旅游法》关于旅游者义务的规定（掌握）

序号	义务	主要内容
1	遵纪守法、文明旅游的义务	①遵守社会公共秩序和社会公德 ②尊重当地风俗习惯、文化传统和宗教信仰 ③爱护资源、保护生态 ④遵守旅游文明行为规范

续表

序号	义务	主要内容
2	不得损害他人合法权益	①不得损害当地居民的利益 ②不得干扰他人的旅游活动 ③不得损害旅游经营者和从业人员的合法权益。为使旅游者更好地履行该项义务，《旅游法》第66条规定，旅游者从事严重影响其他旅游者权益的活动，且不听劝阻、不能制止的，旅行社可以解除合同；给旅行社造成损失的，旅游者应当依法承担赔偿责任。第72条规定，旅游者在旅游活动中或者在解决纠纷时，损害旅行社、履行辅助人、旅游从业人员或者其他旅游者的合法权益的，依法承担赔偿责任
3	安全配合义务	①如实告知健康信息、遵守安全警示规定 ②对相关措施予以配合的义务 ③不履行配合义务应承担相应责任
4	不得非法滞留、擅自分团或脱团	①出境旅游者前往其他国家或者地区参加旅游活动，应当按照证件载明的期限、从国家开放的口岸出入国边境，依据许可的期限在旅游目的地停留，按照旅游行程的安排参加旅游活动。不得非法滞留、擅自分团或脱团。同样，入境旅游者在我国境内参加旅游活动，也应当遵守本规定 ②旅游经营者组织、接待出入境旅游，发现有非法滞留和擅自分团、脱团情形的，应当依法及时向公安机关、旅游主管部门或者我国驻外机构报告，未履行报告义务的，根据《旅游法》第99条的规定，由旅游主管部门对其及其直接负责的主管人员和其他责任人员依法追究责任

第七章

合同与旅游服务合同法律制度

1. 考试大纲

了解《合同法》的基本原则、合同的订立、合同的内容与形式；熟悉合同的效力，合同的履行，合同的变更、转让、解除和终止，合同违约责任的构成要件和承担方式；掌握《合同法》关于防止损失扩大义务的规定，《旅游法》关于旅游服务合同的规定。

2. 大纲解读

序号	主要内容	考纲要求	考试频率
1	合同的基本原则	了解	★★★☆☆
2	合同的订立	了解	★★★☆☆
3	合同的内容与形式	了解	★★★☆☆
4	合同的效力	熟悉	★★★★★
5	合同的履行	熟悉	★★★★★
6	合同的变更、转让、解除和终止	熟悉	★★★★★
7	合同违约责任的构成要件和承担方式	熟悉	★★★★★
8	防止损失扩大义务	掌握	★★★★★
9	旅游服务合同	掌握	★★★★★

3. 2019 年考点分析

本章考点无新增、删减和调整。

2019 年预计考点为合同的效力，合同的变更、转让、解除和终止，合同的履行和违约责任，旅游服务合同。

考 点 精 讲

考点一

合同的基本原则（了解）

合同
- 1. 概念：合同是平等主体的自然人、法人、其他组织之间设立、变更、终止民事权利义务关系的协议
- 2. 基本原则：平等、自愿、公平、诚实信用、合法

考点二

合同的订立（了解）

当事人	包括自然人、法人和其他组织			
	订立合同的当事人应当具有相应的民事权利能力和民事行为能力			
订约资格	民事权利能力	民事权利能力是民事法律赋予民事主体从事民事活动，从而享受民事权利和承担民事义务的资格		
		自然人从出生时起到死亡时止，具有民事权利能力，依法享有民事权利，承担民事义务。自然人的民事权利能力一律平等		
		法人的民事权利能力，从法人成立时产生，到法人终止时消灭		
		民事行为能力是指民事主体能以自己的行为取得民事权利、承担民事义务的资格		
	民事行为能力	法人	法人的民事行为能力，从法人成立时产生，到法人终止时消灭	
			法人以全部财产独立承担民事责任	
			依照法律或者法人章程的规定，代表法人从事民事活动的负责人，为法人的法定代表人。法定代表人以法人的名义从事民事活动，其法律后果由法人承担	
		自然人	完全民事行为能力人	18周岁以上，可以独立实施民事法律行为，为完全民事行为能力人
				16周岁以上的未成年人，以自己的劳动收入为主要生活来源的，视为完全民事行为能力人

续表

订约资格	民事行为能力	自然人	限制民事行为能力人	8周岁以上的未成年人、不能完全辨认自己行为的成年人为限制民事行为能力人，实施民事法律行为由其法定代理人代理或者经其法定代理人同意、追认
				8周岁以上的未成年人可以独立实施纯获利益的民事法律行为或者与其年龄、智力相适应的民事法律行为，而不能完全辨认自己行为的成年人可以独立实施纯获利益的民事法律行为或者与其智力、精神健康状况相适应的民事法律行为
			无民事行为能力人	不满8周岁的未成年人、不能辨认自己行为的成年人是无民事行为能力人，由他的法定代理人代理实施民事法律行为
				8周岁以上的未成年人不能辨认自己行为的，是无民事行为能力人，由他的法定代理人代理实施民事法律行为
委托代订合同	当事人可以委托代理人代其订立合同			
	代理的特征	①代理是由代理人以被代理人的名义所进行的行为 ②代理人必须在代理权限内进行代理活动 ③代理人在代理活动中独立进行意思表示 ④代理行为的法律后果由被代理人承担		
	代理人订立合同时，一般应向对方出具其委托人签发的授权委托书			
	旅游服务合同的委托	旅行社委托其他旅行社代理销售包价旅游产品，并与旅游者订立包价旅游合同的，应当在包价旅游合同中载明委托社和代理社的基本信息；旅行社将包价旅游合同中的接待义务委托给地接社履行的，应当在包价旅游合同中载明地接社的基本信息		
		旅行社因未达到约定人数不能出团的，组团社征得旅游者书面同意，可以委托其他旅行社履行合同。组团社对旅游者承担责任，受委托的旅行社对组团社承担责任		

考点三
合同的内容与形式（了解）

1. 合同的形式

口头形式	概念	指当事人只有口头语言而不用文字表现合同主要内容的形式
	优点	方便快捷
	缺点	没有凭证，容易发生争议，发生纠纷时难以取证，不易分清责任
	适用性	口头形式适用于能即时清结的合同关系
书面形式	概念	书面形式是指合同书、信件和数据电文（包括电报、电传、传真、电子数据交换和电子邮件）等可以有形地表现所载内容的形式
	优点	有利于交易的安全，是诉讼中的重要证据
	适用性	实践中，是当事人最为普遍采用的一种合同约定形式
其他形式		这为概括性的规定，是指可能存在的书面形式、口头形式之外的合同形式

2. 合同的内容

合同的条款	概念	即合同的内容，是确定合同当事人权利义务关系的基本依据、判断合同是否有效的客观依据
	内容	①当事人的名称或者姓名和住所 ②标的（即合同权利义务指向的对象） ③数量 ④质量 ⑤价款或者报酬 ⑥履行期限、地点和方式 ⑦违约责任 ⑧解决争议的方法
合同示范文本	概念	是由市场监督管理部门单独或与有关行业主管部门联合，在广泛听取各方面意见后，按照一定程序制定的具有规范性、指导性的合同文本格式
	内容与效力	一般都包含了合同的主要条款内容和样式，供当事人参考，不具有法律约束力
合同的格式条款	概念	是指当事人为了重复使用而预先拟定，并在合同订立时未与对方协商的条款 格式条款具有事先拟定的性质
	性质与特点	有利于减少交易成本，节约大量的人力、物力和时间，实践中应用较为广泛 格式条款由单方决定的特点，提供者在拟定格式条款时，可能更多地考虑一方利益，减轻自己的责任，从而对另一方合同当事人不利

续表

合同的格式条款	限制	①提供格式条款的一方应当遵循公平原则确定当事人之间的权利和义务，并采取合理的方式提请对方注意免除或者限制其责任的条款，并按照对方的要求对该条款予以说明 ②提供格式条款一方免除其责任、加重对方责任、排除对方主要权利的相应条款无效。另外，合同中出现无效合同情形以及下列免责条款也无效：因故意或者重大过失给对方造成财产损失的；造成对方人身伤害的 ③对格式条款的理解发生争议的，应当按照通常理解予以解释。对格式条款有两种以上解释的，应当做出不利于提供格式条款一方的解释。格式条款和非格式条款不一致的，应当采用非格式条款

考点四

合同的效力（熟悉）

合同订立的方式		当事人订立合同，采取要约、承诺方式。两个行为完成则标志着合同的成立	
有效合同	合同成立	指双方当事人成功完成签订合同的全过程，并达到订立合同的预期目的	
		承诺生效时合同成立	
		合同成立条件	①合同必须有双方当事人参加 ②合同必须依法订立 ③承诺的内容应当和要约的内容一致
	合同生效	指已经成立的合同在当事人之间产生法律约束力	
		依法成立的合同，自成立时生效。法律、行政法规规定应当办理批准、登记手续生效的，依照其规定	
效力待定合同	限制民事行为能力人订立的合同	限制民事行为能力人订立的合同，经法定代理人追认后，该合同有效	
		但纯获利益的合同或者与其年龄、智力、精神健康状况相适应而订立的合同，不必经法定代理人追认	
		相对人可以催告法定代理人在一个月内予以追认。法定代理人未做表示的，视为拒绝追认。合同被追认之前，善意相对人有撤销的权利。撤销应当以通知的方式做出	
	无权代理的行为人代订的合同	①无权代理人代订的合同对被代理人不发生效力 ②无权代理人代订合同行为有效的情形：行为人没有代理权、超越代理权或者代理权终止后以被代理人名义订立合同，相对人有理由相信行为人有代理权的，该代理行为有效 ③法人或者其他组织的法定代表人越权订立合同的效力：行为人没有代理权、超越代理权或者代理权终止后以被代理人名义订立合同，相对人有理由相信行为人有代理权的，该代理行为有效 ④无处分权人处分他人财产的合同效力：无处分权的人处分他人财产，经权利人追认或者无处分权的人订立合同后取得处分权的，该合同有效	

续表

无效合同	合同无效的法定情形	①一方以欺诈、胁迫的手段订立合同，损害国家利益 ②恶意串通，损害国家、集体或者第三人利益 ③以合法形式掩盖非法目的 ④损害社会公共利益 ⑤违反法律、行政法规的强制性规定	
	合同免责条款的无效	①造成对方人身伤害的 ②因故意或者重大过失造成对方财产损失的	
可变更、可撤销的合同	法定情形	①因重大误解订立的合同 ②显失公平的合同 ③一方以欺诈、胁迫或者乘人之危，使对方在违背真实意思的情况下订立的合同，受害方有权提出变更或撤销。当事人请求变更的，人民法院或者仲裁机构不得撤销	
	撤销权的消灭	①具有撤销权的当事人自知道或者应当知道撤销事由之日起一年内没有行使撤销权 ②具有撤销权的当事人知道撤销事由后明确表示或者以自己的行为放弃撤销权	
其他情况	当事人对合同效力的限制	附条件的合同	当事人对合同的效力可以约定附加条件 附生效条件的合同，自条件成就时生效 附解除条件的合同，自条件成就时失效 当事人为自己的利益不正当地阻止条件成就的，视为条件已成就；不正当地促成条件成就的，视为条件不成就
		附期限的合同	当事人对合同的效力可以约定附期限 附生效期限的合同，自期限届至时生效 附终止期限的合同，自期限届满时失效
	合同无效或者被撤销后的法律后果	无效的合同或者被撤销的合同自始没有法律约束力	
		合同部分无效，不影响其他部分效力的，其他部分仍然有效	
		合同无效、被撤销或者终止的，不影响合同中独立存在的有关解决争议方法的条款的效力	
		法律后果	①返还财产 ②赔偿损失 ③追缴财产

考点五
合同的履行（熟悉）

合同的履行	含义	是指合同生效以后，债务人通过完成合同规定的义务，使债权人的合同权利得以实现的行为
	意义	合同的履行既是订立合同的出发点，也是订立合同的最终目的，是整个合同制度的核心，对于保护合同当事人的合法权益、维护经济秩序有着重要的意义
	原则	①全面履行原则 ②遵循诚实信用原则
合同约定不明	补救	①合同生效后，当事人就质量、价款或者报酬、履行地点等内容没有约定或者约定不明确的，可以协议补充 ②不能达成补充协议的，按照合同有关条款或者交易习惯确定
	处理	①质量要求不明确的，按照国家标准、行业标准履行；没有国家标准、行业标准的，按照通常标准或者符合合同目的的特定标准履行 ②价款或者报酬不明确的，按照订立合同时履行地的市场价格履行；依法应当执行政府定价或者政府指导价的，按照规定履行 ③履行地点不明确，给付货币的，在接受货币一方所在地履行；交付不动产的，在不动产所在地履行；其他标的，在履行义务一方所在地履行 ④履行期限不明确的，债务人可以随时履行，债权人也可以随时要求履行，但应当给对方必要的准备时间 ⑤履行方式不明确的，按照有利于实现合同目的的方式履行 ⑥履行费用的负担不明确的，由履行义务一方负担

考点六
合同的变更、转让、解除和终止（熟悉）

合同的变更	含义	是指合同内容的变化，在合同成立以后至未履行或者未完全履行之前，当事人经过协商对合同的内容进行修改或补充
	条件	当事人协商一致，可以变更合同
		法律、行政法规规定变更合同应当办理批准、登记等手续的，依照其规定
		当事人对合同变更的内容约定不明确的，推定为未变更

续表

合同的转让	债权转让	含义	是合同主体的变更，是指合同的一方当事人将合同的全部或者部分权利义务转让给第三人，而合同的内容并不发生变化
		限制情形	①根据合同性质不得转让 ②按照当事人约定不得转让 ③依照法律规定不得转让
			债权人转让权利的，应当通知债务人 未经通知，该转让对债务人不发生效力 债权人转让债权的通知不得撤销，但经受让人同意的除外
		效力	债权人转让权利的，受让人取得与债权有关的从权利，但该从权利专属于债权人自身的除外
			债务人接到债权转让通知后，债务人对让与人的抗辩，可以向受让人主张
			债务人接到债权转让通知时，债务人对让与人享有债权，并且债务人的债权先于转让的债权到期或者同时到期的，债务人可以向受让人主张抵销
	债务转移	含义	是指债务人经债权人同意将合同的义务全部或者部分转让给第三人
		形式要件	债务人将合同的义务全部或者部分转移给第三人的，应当经债权人的同意
			法律、行政法规规定转让权利或者转让义务应当办理批准、登记手续的，依照其规定
		抗辩	债务人转移债务的，新债务人可以主张原债务人对债权人的抗辩
		从债务	债务人转移义务的，新债务人应当承担与主债务有关的从债务，但该从债务专属于原债务人自身的除外
	债权债务的概括转让	含义	是指将合同的权利和义务一并转移给第三人的行为
			当事人一方经对方同意，可以将自己在合同中的权利和义务一并转让给第三人。
		新当事人的概括承受	当事人订立合同后合并的，由合并后的法人或者其他组织行使合同权利，履行合同义务
			当事人订立合同后分立的，除债权人和债务人另有约定的以外，由分立的法人或者其他组织对合同的权利和义务享有连带债权，承担连带债务
合同的终止		含义	是指依法生效的合同，因具备法定情形或当事人约定的情形，使确立的权利义务关系消灭
		终止情形	①债务已经按照约定履行 ②合同解除 ③债务相互抵销 ④债务人依法将标的物提存 ⑤债权人免除债务 ⑥债权债务同归于一人 ⑦法律规定或者当事人约定终止的其他情形

续表

合同的终止	因解除而终止	含义	合同的解除，指合同有效成立后，当具备合同解除条件后，因当事人一方的意思表示或者由当事人双方协商，使合同关系归于消灭
		约定解除	根据合同自愿的原则，合同当事人在不违背法律和社会利益的条件下，可以在合同订立之前或订立之后，通过约定或协议使合同解除
			当事人协商一致，可以解除合同。当事人可以约定一方解除合同的条件。解除合同的条件成就时，解除权人可以解除合同
		法定解除	①因不可抗力致使不能实现合同目的
			②在履行期限届满之前，当事人一方明确表示或者以自己的行为表明不履行主要债务
			③当事人一方迟延履行主要债务，经催告后在合同期限内仍未履行
			④当事人一方迟延履行债务或者有其他违约行为致使不能实现合同目的
			⑤法律、法规规定的其他情形
合同的解除	合同解除的程序		①符合法律规定的解除条件
			②按照法律规定进行催告
			③一方主张解除合同的，必须通知对方，而且一般采取书面形式通知对方，合同自通知到达对方时解除
			④在法律规定或者当事人约定解除权限内行使解除权，否则该权利消灭。另外，法律没有规定或者当事人没有约定解除权的行使期限，经对方催告后在合理期限内不行使的，解除权消灭
			⑤依法办理批准登记手续，法律、行政法规规定解除合同应当办理登记手续的，未办理有关手续，合同关系不能终止
			⑥当事人行使解除权时，如果对方有异议的，可以请求人民法院或者仲裁机构确认合同效力
	合同解除的法律后果		合同解除后，尚未履行的，终止履行
			已经履行的，根据履行情况和合同性质，当事人可以要求恢复原状、采取其他补救措施，并有权要求赔偿损失
			合同的权利义务终止，不影响合同中结算和清理条款的效力

考点七

合同违约责任的构成要件和承担方式（熟悉）

含义	指合同当事人因违反合同义务所应承担的责任
特点	①违约责任以合同的有效存在为前提
	②是合同当事人不履行合同义务所产生的责任
	③具有相对性，即违约责任只能在合同关系的当事人之间发生
	④可以由当事人约定
性质	①补偿性
	②惩罚性

续表

构成要件	①当事人有违约行为	违约责任的归责原则为严格责任制	
		只要合同当事人有违约行为存在，无论导致违约的原因是什么、主观上是否有过错，除了法定的免责事由外，就要承担违约责任	
	②不存在法定和约定的免责事由		
类型	①预期违约：当事人一方明确表示或者以自己的行为表明不履行合同义务的，对方可以在履行期限届满之前要求其承担违约责任		
	②届期违约：在合同履行期限到来之后，当事人不履行或不完全履行合同义务的，构成届期违约		
承担方式	继续履行	当事人一方未支付价款或报酬的，对方可以要求其支付价款或者报酬。当事人一方不履行非金钱债务或者履行非金钱债务不符合约定的，对方可以要求履行	
		除外情形	①法律上或者事实上不能履行 ②债务的标的不适于强制履行或者履行费用过高 ③债权人在合理期限内未要求履行
	补救措施	受损害方根据标的的性质以及损失的大小，可以合理选择要求对方承担修理、更换、重做、退货、减少价款或者报酬等违约责任	
	赔偿损失	①赔偿损失	
		②支付违约金	
		③适用定金罚则	当事人可以约定一方向对方给付定金作为债权担保
			债务人履行债务后，定金应当抵作价款或者收回。给付定金的一方不履行约定的债权的，无权要求返还定金；收受定金的一方不履行约定的债务的，应当双倍返还定金
			当事人既约定违约金，又约定定金的，一方违约时，对方可以选择适用违约金或者定金条款
不可抗力	含义	不可抗力，是指不能预见、不能避免并不能克服的客观情况。通常包括自然灾害（例如地震、台风、洪水等）、政府行为、突发的社会事件（例如战争、罢工）。《合同法》规定的法定免责事由仅限于不可抗力	
	责任免除	因不可抗力不能履行合同的，根据不可抗力的影响，部分或者全部免除责任，但法律另有规定的除外。	
		当事人迟延履行后发生不可抗力的，不能免除责任	
	主张不可抗力人的义务	当事人一方因不可抗力的原因不能履行合同的，应当及时通知对方当事人，以减轻可能给对方造成的损失，并应当在合理期限内提供证明	
责任竞合	责任竞合是指同一行为符合民法规定的数种责任要件的情形		
	因当事人一方的违约行为，侵害对方人身、财产权益的，受损方有权选择依照本法要求其承担违约责任或者依照其他法律要求其承担侵权责任		
第三方原因造成的违约	当事人一方因第三人的原因造成违约的，应当向对方承担违约责任		
	当事人一方和第三人之间的纠纷，依照法律规定或者按照约定解决		

考点八

防止损失扩大义务（掌握）

意义	合同一方当事人违约给对方造成了损失尽管可以从违约方获得赔偿，但是如果可以采取适当措施防止和减轻损失却不采取，致损失扩大，再让违约方按照实际损失赔偿，则显失公平，于国家、于社会公共利益都是不利的。为此，该规定的立法目的在于彰显公平、防止损失的扩大
内容	①当事人一方违约后，对方应当采取适当措施防止损失的扩大 ②没有采取适当措施致使损失扩大的，不得就扩大的损失要求赔偿
费用承担	当事人因防止损失扩大而支出的合理费用，由违约方承担
	合理费用，是指因采取有关措施防止损失扩大而支出的必要费用
	由于费用因违约而产生，是违约损失的一部分，理应由违约方承担

考点九

旅游服务合同（掌握）

1. 旅游服务合同

概念	是指旅游经营者与旅游者约定旅游活动过程中旅行社和旅游者之间权利义务关系的协议	
法律特征	①是双务、有偿、诺成合同 ②合同标的具有特殊性，是一种旅游经历以及为获得这种经历所必需的食、住、行、游、购、娱等旅游服务条件 ③多为格式合同	
合同与旅游服务合同的关系	旅游服务合同属于典型的合同，具有合同的法律属性，又因为旅游服务的特殊性使旅游服务合同成为典型合同的一种。与旅游服务合同相关的当事人之间确立合同关系、明确权利义务，首先适用《旅游法》的规定,《旅游法》没有规定的，适用《合同法》总则的规定	
类型	包价旅游合同	
	旅游代订合同	旅游代订合同是指旅行社接受旅游者的委托，为其代订交通、住宿、餐饮、游览、娱乐等旅游服务，旅游者支付代办费用的合同，是《合同法》规定的委托合同的一种类型

续表

类型	旅游代订合同	旅行社接受旅游者的委托，为其代订交通、住宿、餐饮、游览、娱乐等旅游服务，收取代办费用的，应当亲自处理委托事务。因旅行社的过错给旅游者造成损失的，旅行社应当承担赔偿责任
		受托人应当亲自处理受托的事务，不经委托人同意，不能转托他人处理受托之事
		旅行社作为旅游者的受托人，其行为后果由旅游者承担，旅行社仅对其代订行为承担责任
		对旅行社而言，为旅游者提供代订相关服务是其经营活动，可以收取代办费用，二者之间成立的旅游代订合同属于有偿合同
	旅游设计咨询合同	是指旅行社接受旅游者的委托，为旅游者提供旅游行程设计、旅游信息咨询等服务，旅游者为此支付相应服务费用的合同
		旅行社接受旅游者的委托，为其提供旅游行程设计、旅游信息咨询等服务的，应当保证设计合理、可行，信息及时、准确

2. 包价旅游合同

概念	是指旅行社预先安排行程，提供或者通过履行辅助人提供交通、住宿、餐饮、游览、导游或领队等两项以上旅游服务，旅游者以总价支付旅游费用的合同
特征	①合同内容预先安排 ②服务的数量符合法律规定 ③合同价款以总价方式一揽子支付
订立形式	①书面形式 ②最常见的是采用国家或地方政府相关部门发布的示范文本
合同内容	①旅行社、旅游者的基本信息 ②旅游行程安排 ③旅游团成团的最低人数 ④交通、住宿、餐饮等旅游服务安排和标准 ⑤游览、娱乐等项目的具体内容和时间 ⑥自由活动时间安排 ⑦旅游费用及其交纳的期限和方式 ⑧违约责任和解决纠纷的方式 ⑨法律、法规规定和双方约定的其他事项
旅游行程单	旅行社应当在旅游行程开始前向旅游者提供旅游行程单。旅游行程单是包价旅游合同的组成部分
	旅游行程是对包价旅游合同的履行所做的承诺，是对包价旅游合同中旅行社义务的具体化
	旅行社不仅应当按照包价旅游合同履行合同义务，而且应当按照旅游行程单的规定履行合同；如果旅行社提供的实际旅游服务与旅游行程单载明的内容不一致，旅行社应承担相应的违约责任

续表

旅行社的说明告知义务	说明义务	①在订立包价旅游合同时，旅行社负有向旅游者详细说明旅游服务合同条款相关内容的义务 ②未履行该义务的，即可能因为违反说明义务而导致包价旅游合同不成立、被撤销等，因此造成旅游者损失的，应当承担赔偿损失的责任
	告知义务	①旅游者不适合参加旅游活动的情形 ②旅游活动中的安全注意事项 ③旅行社依法可以减免责任的信息 ④旅游者应当注意的旅游目的地相关法律、法规和风俗习惯、宗教禁忌，依照中国法律不宜参加的活动等 ⑤法律、法规规定的其他应当告知的事项
履行	履行原则	全面、适当履行
	履行规则	①组团社必须根据合同约定的内容、标准提供服务 ②组团社将接待业务必须委托给有资质的地接社履行 ③地接社必须按包价旅游合同履行义务

3. 包价旅游合同的转让、解除及法律后果

旅游者	转让		旅游行程开始前，旅游者可以将包价旅游合同中自身的权利义务转让给第三人，旅行社没有正当理由的不得拒绝，因此增加的费用由旅游者和第三人承担
		旅行社拒绝理由	①对应原报名者办理的相关服务、手续不能变更或者不能及时变更 ②旅游活动对于旅游者的身份、资格等有特殊要求的，第三人并不具备相应身份、资格等
		要求	①向旅行社提出转让的请求 ②在"旅游行程开始前"提出
	解除		旅游行程结束前，旅游者解除合同的，组团社应当在扣除必要的费用后，将余款退还旅游者
		必要费用包括	①组团社已向地接社或者履行辅助人支付且不可退还的费用 ②旅游行程中已实际发生的费用
			包价旅游合同因旅游者行使合同解除权而终止，合同规定的旅游服务已经提供的、旅游者已经享受其利益的，旅游者应当依据解除前的包价旅游合同支付相应的费用；对于尚未提供的旅游服务，旅游经营者无须继续提供，旅游者也无须就未提供的服务向旅游经营者给付报酬

续表

旅行社	因未达到约定成团人数不能出团	旅行社招徕旅游者组团旅游，因未达到约定人数不能出团的，组团社可以解除合同
		境内旅游应当至少提前7日通知旅游者，出境旅游应当至少提前30日通知旅游者
		组团社征得旅游者书面同意，可以委托其他旅行社履行合同。组团社对旅游者承担责任，受委托的旅行社对组团社承担责任。旅游者不同意的，可以解除合同
		因未达到约定的成团人数解除合同的，组团社应当向旅游者退还已收取的全部费用
	旅游者原因	情形：①患有传染病等疾病，可能危害其他旅游者健康和安全的 ②携带危害公共安全的物品且不同意交有关部门处理的 ③从事违法或者违反社会公德的活动的 ④从事严重影响其他旅游者权益的活动，且不听劝阻、不能制止的 ⑤法律规定的其他情形
		法律后果：①因上述情形解除合同的，组团社应当在扣除必要的费用后，将余款退还旅游者 ②给旅行社造成损失的，旅游者应当依法承担赔偿责任
旅行社的协助义务及费用承担	旅行社协助旅游者返回的义务	不论何种情形导致行程中合同解除、旅游者需要返程的，旅行社都必须协助其返程
	旅游者返程费用的承担	①旅游者因个人原因主动解除合同或者旅行社根据规定行使解除权的，返程费用由旅游者自己承担 ②因不可抗力或者旅行社、履行辅助人已尽合理注意义务仍不能避免的事件，导致合同不能继续履行，或者旅游者不同意调整行程而解除合同的，返程费用由旅行社与旅游者合理分担 ③由于旅行社或履行辅助人的原因导致合同解除的，返程费用由旅行社承担

4. 包价旅游合同的违约责任

旅游者的违约责任	旅行社在一般情形下应当承担的责任	①继续履行 ②采取补救措施 ③赔偿损失
	旅行社的惩罚性赔偿责任	旅行社具备履行条件，经旅游者要求仍拒绝履行合同，造成旅游者人身损害、滞留等严重后果的，旅游者还可以要求旅行社支付旅游费用一倍以上三倍以下的赔偿金。——甩团

续表

旅游者的违约责任	旅行社的惩罚性赔偿责任	构成要件	①旅行社具备履行条件但拒不履行合同 ②经旅游者要求仍然拒绝履行合同 ③旅游者发生人身损害、滞留等严重后果 ④拒绝履行与人身损害、滞留之间存在因果关系
	旅行社不承担违约责任的情形	由于旅游者自身原因导致包价旅游合同不能履行或者不能按照约定履行，或者造成旅游者人身损害、财产损失的，旅行社不承担责任	
	旅游者自行安排活动期间的旅行社责任	在旅游者自行安排活动期间，旅行社未尽到安全提示、救助义务的，应当对旅游者的人身损害、财产损失承担相应责任	
	旅游者在旅游活动中或者在解决纠纷时，损害旅行社、履行辅助人、旅游从业人员或者其他旅游者的合法权益的，依法承担赔偿责任		
	旅游者的不当行为	①影响行程，阻碍合同的正常履行 ②侵害他人的财产权 ③侵害他人的人身权	
	旅游者的侵权损害赔偿责任要件	①实施了侵害他人民事权益的行为 ②旅行社、履行辅助人、旅游从业人员或者其他旅游者遭受了损害 ③旅游者的行为与旅行社、履行辅助人、旅游从业人员或者其他旅游者所受损害之间存在因果关系 ④主观上存在过错	
地接社、履行辅助人的违约责任	①组团社应当为地接社、履行辅助人的违约行为承担责任		
	②组团社向地接社、履行辅助人行使追偿权		
	③人身损害、财产损失责任的承担	由于地接社、履行辅助人的原因造成旅游者人身损害、财产损失的，旅游者可以要求地接社、履行辅助人承担赔偿责任，也可以要求组团社承担赔偿责任	
		组团社承担责任后可以向地接社、履行辅助人追偿。但是，由于公共交通经营者的原因造成旅游者人身损害、财产损失的，由公共交通经营者依法承担赔偿责任，旅行社应当协助旅游者向公共交通经营者索赔	
	④旅行社协助旅游者索赔义务		
不可抗力或者其他原因	影响旅游行程的客观因素	①不可抗力 ②旅行社、履行辅助人已尽合理注意义务仍不能避免的事件	
	因客观原因解除包价旅游合同的法律后果	①合同尚未履行的部分，终止履行 ②不可抗力等客观原因解除合同，不可归责于旅行社和履行辅助人，旅行社因此不承担解除合同的违约责任 ③组团社应当在扣除已向地接社或者履行辅助人支付且不可退还的费用后，将余款退还旅游者	

续表

不可抗力或者其他原因	因客观原因变更包价旅游合同的法律后果	因为变更旅游行程，可能会因此导致旅游费用的增减，增加的费用由旅游者承担，对于减少的费用应当退还旅游者
	因客观原因需要采取的安全、安置措施与相关费用承担	旅行社和旅游者双方都无过错，按照公平原则，相关费用应主要由双方分担
		在造成旅游者滞留的情况下，旅行社应当采取相应的安置措施，因此增加的食宿费用，由旅游者承担
		增加的返程费用，由旅行社与旅游者分担

第八章
侵权责任法律制度

1. 考试大纲

了解《侵权责任法》关于一般规定的内容，不承担责任和减轻责任的情形；熟悉侵权的责任构成和责任方式，监护人责任和用人责任，机动车交通事故责任、高度危险活动致人损害责任、饲养动物致人损害责任和物件致人损害责任；掌握违反安全保障义务的责任。

2. 大纲解读

序号	主要内容	考纲要求	考试频率
1	侵权责任法的一般规定	了解	★★☆☆☆
2	不承担责任和减轻责任的情形	了解	★★★★☆
3	侵权的责任构成和责任方式	熟悉	★★★★☆
4	监护人责任和用人责任	熟悉	★★★☆☆
5	机动车交通事故责任、高度危险活动致人损害责任、饲养动物致人损害责任和物件致人损害责任	熟悉	★★★★☆
6	违反安全保障义务的责任	掌握	★★★★★

3. 2019 年考点分析

今年考试大纲无变化。

2019 年预计考点为不承担责任和减轻责任的情形、侵权的责任构成和责任方式、饲养动物致人损害责任和违反安全保障义务的责任。

考点一

侵权责任法的一般规定（了解）

1.《侵权责任法》第2条规定，侵害民事权益，应当依照本法承担侵权责任。本法所称民事权益，包括生命权、健康权、姓名权、名誉权、荣誉权、肖像权、隐私权、婚姻自主权、监护权、所有权、用益物权、担保物权、著作权、专利权、商标专用权、发现权、股权、继承权等人身、财产权益。

注解：债权不属于《侵权责任法》所称的民事权益。

2.《侵权责任法》第4条规定，侵权人因同一行为应当承担行政责任或者刑事责任的，不影响依法承担侵权责任。因同一行为应当承担侵权责任和行政责任、刑事责任，侵权人的财产不足以支付的，先承担侵权责任。

考点二

不承担责任和减轻责任的情形（了解）

序号	情形	考点
1	受害人故意	损害是因受害人故意造成的，行为人不承担责任
2	受害人过失	被侵权人对损害的发生也有过错的，可以减轻侵权人的责任
3	第三人的原因	损害是因第三人造成的，第三人应当承担侵权责任
4	不可抗力	因不可抗力造成他人损害的，不承担责任。法律另有规定的，依照其规定
5	正当防卫	①因正当防卫造成损害的，不承担责任 ②正当防卫超过必要的限度，造成不应有损害的，正当防卫人应当承担适当的责任
6	紧急避险	①因紧急避险造成损害的，由引起险情发生的人承担责任 ②如果危险是由自然原因引起的，紧急避险人不承担责任或者给予适当补偿 ③紧急避险采取措施不当或者超过必要的限度，造成不应有的损害，紧急避险人应当承担适当的责任

考点三

侵权的责任构成和责任方式（熟悉）

1. 侵权的责任构成

（1）《侵权责任法》第6条第1款规定，行为人因过错侵害他人民事权益，应当承担侵权责任。（过错责任原则）

（2）《侵权责任法》第6条第2款规定，根据法律规定推定行为人有过错，行为人不能证明自己没有过错的，应当承担侵权责任。（过错推定责任）

（3）《侵权责任法》第7条规定，行为人损害他人民事权益，不论行为人有无过错，法律规定应当承担侵权责任的，依照其规定。（无过错责任原则）

（4）《侵权责任法》第24条规定，受害人和行为人对损害的发生都没有过错的，可以根据实际情况，由双方分担损失。（公平责任）

2. 责任方式

《侵权责任法》第15条规定，承担侵权责任的方式主要有：①停止侵害；②排除妨碍；③消除危险；④返还财产；⑤恢复原状；⑥赔偿损失；⑦赔礼道歉；⑧消除影响、恢复名誉。以上承担侵权责任的方式，可以单独适用，也可以合并适用。

3. 损害赔偿类型

（1）**人身损害赔偿**：侵害他人造成人身损害的，应当赔偿医疗费、护理费、交通费等为治疗和康复支出的合理费用，以及因误工减少的收入。造成残疾的，还应当赔偿残疾生活辅助具费和残疾赔偿金。造成死亡的，还应当赔偿丧葬费和死亡赔偿金。

（2）**财产损害赔偿**：①侵害他人财产的，财产损失按照损失发生时的市场价格或者其他方式计算。②侵害他人人身权益造成财产损失的，按照被侵权人因此受到的损失赔偿；被侵权人的损失难以确定，侵权人因此获得利益的，按照其获得的利益赔偿；侵权人因此获得的利益难以确定，被侵权人和侵权人就赔偿数额协商不一致，向人民法院提起诉讼的，由人民法院根据实际情况确定赔偿数额。

（3）**精神损害赔偿**：侵害他人人身权益，造成他人严重精神损害的，被侵权人可以请求精神损害赔偿。

考点四

监护人责任和用人责任（熟悉）

考点五

机动车交通事故责任、高度危险活动致人损害责任、饲养动物致人损害责任和物件致人损害责任（熟悉）

考点六

违反安全保障义务的责任（掌握）

序号	特殊侵权责任类型	归责原则	考点
1	监护人责任	无过错责任原则	①无民事行为能力人、限制民事行为能力人造成他人损害的，由监护人承担侵权责任 ②监护人的责任范围是以被监护人能否承担责任、承担多大的责任为前提 ③监护人尽到监护责任的，可以减轻其侵权责任 ④有财产的无民事行为能力人、限制民事行为能力人造成他人损害的，从本人财产中支付赔偿费用；不足部分，由监护人赔偿 ⑤教唆、帮助无民事行为能力人、限制民事行为能力人实施侵权行为的，应当承担侵权责任；该无民事行为能力人、限制民事行为能力人的监护人未尽到监护责任的，应当承担相应的责任
2	用人责任	无过错责任原则	①用人单位的工作人员因执行工作任务造成他人损害的，由用人单位承担侵权责任 ②个人之间形成劳务关系，提供劳务一方因劳务造成他人损害的，由接受劳务一方承担侵权责任；提供劳务一方因劳务自己受到损害的，根据双方各自的过错承担相应的责任

续表

序号	特殊侵权责任类型	归责原则	考点
2	用人责任	无过错责任原则	③劳务派遣：劳务派遣期间，被派遣的工作人员因执行工作任务造成他人损害的，由接受劳务派遣的用工单位承担侵权责任；劳务派遣单位有过错的，承担相应的补充责任（雇员在从事雇佣活动中致人损害的，雇主应当承担赔偿责任；雇员因故意或者重大过失致人损害的，应当与雇主承担连带赔偿责任。雇主承担连带赔偿责任的，可以向雇员追偿）
3	机动车交通事故责任	无过错责任原则	①机动车发生交通事故造成损害的，依照道路交通安全法的有关规定承担赔偿责任
			②因租赁、借用等情形机动车所有人与使用人不是同一人时，发生交通事故后属于该机动车一方责任的，由保险公司在机动车强制保险责任限额范围内予以赔偿。不足部分，由机动车使用人承担赔偿责任；机动车所有人对损害的发生有过错的，承担相应的赔偿责任
			③盗窃、抢劫或者抢夺的机动车发生交通事故造成损害的，由盗窃人、抢劫人或者抢夺人承担赔偿责任。保险公司在机动车强制保险责任限额范围内垫付抢救费用的，有权向交通事故责任人追偿
			④机动车驾驶人发生交通事故后逃逸，该机动车参加强制保险的，由保险公司在机动车强制保险责任限额范围内予以赔偿；机动车不明或者该机动车未参加强制保险，需要支付被侵权人人身伤亡的抢救、丧葬等费用的，由道路交通事故社会救助基金垫付
4	高度危险活动致人损害责任	无过错责任原则	①从事高空、高压、地下挖掘活动或者使用高速轨道运输工具造成他人损害的，经营者应当承担侵权责任，但能够证明损害是因受害人故意或者不可抗力造成的，不承担责任。被侵权人对损害的发生有过失的，可以减轻经营者的责任
			②遗失、抛弃高度危险物造成他人损害的，由所有人承担侵权责任。所有人将高度危险物交由他人管理的，由管理人承担侵权责任；所有人有过错的，与管理人承担连带责任
			③承担高度危险责任，法律规定赔偿限额的，依照其规定
5	饲养动物致人损害责任	过错推定责任	①动物园的动物造成他人损害的，动物园应当承担侵权责任，但能够证明尽到管理职责的，不承担责任
			②因第三人的过错致使动物造成他人损害的，被侵权人可以向动物饲养人或者管理人请求赔偿，也可以向第三人请求赔偿。动物饲养人或者管理人赔偿后，有权向第三人追偿
		无过错责任原则	①饲养的动物造成他人损害的，动物饲养人或者管理人应当承担侵权责任，但能够证明损害是因被侵权人故意或者重大过失造成的，可以不承担或者减轻责任
			②违反管理规定，未对动物采取安全措施造成他人损害的，动物饲养人或者管理人应当承担侵权责任

续表

序号	特殊侵权责任类型	归责原则	考点
5	饲养动物致人损害责任	无过错责任原则	③禁止饲养的烈性犬等危险动物造成他人损害的，动物饲养人或者管理人应当承担侵权责任
			④遗弃、逃逸的动物在遗弃、逃逸期间造成他人损害的，由原动物饲养人或者管理人承担侵权责任
6	物件致人损害责任	过错推定责任	①建筑物及其搁置物、悬挂物发生脱落、坠落致人损害：建筑物、构筑物或者其他设施及其搁置物、悬挂物发生脱落、坠落造成他人损害，所有人、管理人或者使用人不能证明自己没有过错的，应当承担侵权责任。所有人、管理人或者使用人赔偿后，有其他责任人的，有权向其他责任人追偿
			②堆放物倒塌致人损害：堆放物倒塌造成他人损害，堆放人不能证明自己没有过错的，应当承担侵权责任
			③林木折断、果实坠落致人损害：因林木折断造成他人损害，林木的所有人或者管理人不能证明自己没有过错的，应当承担侵权责任
			④地面施工或窨井等地下设施致人损害：在公共场所或者道路上挖坑、修缮安装地下设施等，没有设置明显标志和采取安全措施造成他人损害的，施工人应当承担侵权责任。窨井等地下设施造成他人损害，管理人不能证明尽到管理职责的，应当承担侵权责任
		无过错责任原则	①建筑物倒塌致人损害：建筑物、构筑物或者其他设施倒塌造成他人损害的，由建设单位与施工单位承担连带责任。建设单位、施工单位赔偿后，有其他责任人的，有权向其他责任人追偿。因其他责任人的原因，建筑物、构筑物或者其他设施倒塌造成他人损害的，由其他责任人承担侵权责任
			②妨碍通行物致人损害责任：在公共道路上堆放、倾倒、遗撒妨碍通行的物品造成他人损害的，有关单位或者个人应当承担侵权责任
		公平责任原则	抛掷物或坠落致人损害责任：从建筑物中抛掷物品或者从建筑物上坠落的物品造成他人损害，难以确定具体侵权人的，除能够证明自己不是侵权人的外，由可能加害的建筑物使用人给予补偿
7	违反安全保障义务的责任	过错责任原则	①宾馆、商场、银行、车站、娱乐场所等公共场所的管理人或者群众性活动的组织者，未尽到安全保障义务，造成他人损害的，应当承担侵权责任
			注解 "公共场所"采用的是不完全列举方式，动物园、公园、游乐园等企业事业单位的营业场所以及运送旅客的交通工具的内部空间等也属于公共场所；是否属于群众性活动，不可以简单地以人数多少为标准，还应考虑该活动是否面向社会公众即不特定的人；如果某一群众性活动是在某公共场所内举办的，组织者和公共场所的管理人均为安全保障义务人。

续表

序号	特殊侵权责任类型	归责原则	考点
7	违反安全保障义务的责任	过错责任原则	②因第三人的行为造成他人损害的，由第三人承担侵权责任；管理人或者组织者未尽到安全保障义务的，承担相应的补充责任 **注解** 实施行为的第三人所承担的责任为第一顺序的责任，且是独立的责任；只有在受害人无法从第三人那里获得救济的情况下，才应当要求违反安全保障义务的人承担责任，即所谓的补充责任。

第九章
旅行社法律制度

1. 考试大纲

　　了解《旅行社条例》和《旅行社条例实施细则》关于旅行社（包括分支机构）设立与变更的规定；熟悉《旅游法》《旅行社条例》《旅行社条例实施细则》《旅游服务质量保证金存取管理办法（旅办发〔2013〕170号）》关于旅行社经营范围、经营原则、旅游服务质量保证金制度的规定，旅行社经营规范、旅行社权利和义务等法律制度及其相关法律责任；掌握《旅行社服务质量赔偿标准》关于旅游主管部门调解旅游纠纷时执行的赔偿依据的规定。

2. 大纲解读

序号	主要内容	考纲要求	考试频率
1	旅行社（包括分支机构）设立与变更的规定	了解	★★☆☆☆
2	旅行社经营范围、经营原则	熟悉	★★★☆☆
3	旅游服务质量保证金制度	熟悉	★★★☆☆
4	旅行社经营规范	熟悉	★★★☆☆
5	旅行社的权利和义务	熟悉	★★★☆☆
6	相关法律责任	熟悉	★★★☆☆
7	《旅行社服务质量赔偿标准》	掌握	★★★★★

3. 2019年考点分析

　　今年调整部分为旅行社经营规范、旅行社权利和义务等法律制度及其相关法律责任的要求由掌握调整为熟悉，旅游服务质量保证金制度由了解调整为熟悉。

　　2019年预计考点为《旅行社服务质量赔偿标准》关于旅游主管部门调解旅游纠纷时执行的赔偿依据的规定，旅行社（包括分支机构）设立与变更的规定，旅行社经营范围、经营原则的规定，旅游服务质量保证金制度，旅行社经营规范，旅行社的权利义务及相关法律责任。

考 点 精 讲

考点一

旅行社（包括分支机构）设立与变更的规定（了解）

旅行社设立
- 1. 设立条件
  - 有固定的经营场所
  - 有必要的营业设施
  - 有符合规定的注册资本
  - 有必要的经营管理人员和导游
  - 规定的其他条件
- 2. 提交文件
  - 设立申请书
  - 法定代表人及身份证明
  - 企业章程
  - 经营场所证明
  - 营业设施设备证明或说明
  - 工商行政管理部门出具的企业法人营业执照

登记与许可
- 1. 登记与许可
  - 营业执照的领取
  - 旅行社业务经营许可证的领取
  - 办理税务登记
- 2. 经营出境旅游业务的特别规定
  - 经营旅行社业务满两年，且连续两年未因侵害旅游者合法权益受到行政机关罚款以上处罚的承诺书
  - 经工商行政管理部门变更经营范围的企业法人营业执照

网络经营旅行社业务
- 1. 通过网络经营旅行社业务的，应当依法取得旅行社业务经营许可，并在其网站主页的显著位置标明其业务经营许可证信息
- 2. 发布旅游经营信息的网站，应当保证其信息真实、准确

登记事项变更及注销登记
- 1. 变更情况：变更名称、经营场所、法定代表人等登记事项或者终止经营
- 2. 变更程序：到工商行政管理部门办理相应的变更登记或者注销登记，并在登记办理完毕之日起10个工作日内，向原许可的旅游主管部门备案，换领或者交回旅行社业务经营许可证

分社设立
  1. 设立条件
    - 固定的经营场所
    - 必要的营业设施
    - 分社名称中应包含：设立社名称＋所在地地名＋"分社"/"分公司"
  2. 设立登记与备案登记
    - 设立登记：向分社所在地的工商行政管理部门办理设立登记
    - 备案登记：在设立登记之后持法定文件办理备案登记

服务网点的设立
  1. 设立条件
    - 应当设在方便旅游者认识和出入的公众场所
    - 名称、标牌应当包括设立社名称、服务网点所在地地名等
    - 应当在设立社的经营范围内，招徕旅游者、提供旅游咨询服务
  2. 设立登记与备案登记
    - 设立登记：向服务网点所在地的工商行政管理部门办理设立登记
    - 备案登记：在设立登记之后，3 个工作日之内持法定文件办理备案登记

考点二

旅行社经营范围、经营原则（熟悉）

经营范围
  1. 境内旅游
  2. 出境旅游
  3. 边境旅游
  4. 入境旅游
  5. 其他旅游业务

经营原则
  1. 自愿原则
  2. 平等原则
  3. 公平原则
  4. 诚信原则

考点三

旅游服务质量保证金制度（熟悉）

1. 使用
- 定义：由旅行社在指定银行缴存或由银行担保提供的一定数额用于旅游服务质量赔偿支付和团队旅游者人身安全遇有危险时紧急救助费用垫付的资金
- 使用范围：用于旅游者权益损害赔偿和垫付旅游者人身安全遇有危险时紧急救助

2. 交纳
- 期限：自取得旅行社业务经营许可证之日起 3 个工作日内
- 方法：将现金存入指定银行的专门账户；提交银行担保
- 存期：存期由旅行社确定，但不得少于 1 年
- 标准
  - 经营境内旅游业务和入境旅游业务
    - 旅行社：存入 20 万元
    - 分社：增存 5 万元 / 个
  - 经营出境旅游业务
    - 旅行社：增存 120 万元
    - 分社：增存 30 万元 / 个
  - 经营境内旅游业务、入出境旅游业务
    - 旅行社：存入 140 万元
    - 分社：增存 35 万元 / 个

3. 管理
- 所有权归属：保证金属于交纳的旅行社所有
- 动态管理
  - 标准降低和退还
  - 补足规定
  - 存入、续存、增存规定

考点四

旅行社经营规范（熟悉）

序号	经营规范	具体内容
1	依法从事旅游经营活动	①按照核定的业务范围开展经营活动，严禁超范围经营 **解析** 超范围经营包括未取得相应的旅行社业务经营许可，经营境内旅游、出境旅游、边境旅游、入境旅游及其他旅游业务；分社超出设立分社的旅行社的经营范围经营旅游业务的；旅行社服务网点从事招徕、咨询以外的旅行社业务经营活动的；外商投资旅行社违规经营中国内地居民出境、边境旅游业务及赴港、澳、台旅游业务；经营出境、边境旅游业务的旅行社组织旅游者到国务院旅游主管部门公布的中国公民出境、边境旅游目的地之外的国家和地区旅游。 ②安排的旅游活动不得含有违法或违反社会公德的内容 ③选择合格的供应商 ④依法委托旅游业务 **解析** 选择具有相应资质的旅行社；支付合理的费用。
2	依法提供诚信服务	①发布真实、准确的信息 **解析** 旅行社、网络经营旅行社业务的旅行社、代为发布线路或产品信息的互联网等，应当保证其信息真实、准确，不得虚假宣传。 ②合理报价 **解析** 旅行社不得以不合理的低价组织旅游活动，诱骗旅游者，并通过安排购物或者另行付费旅游项目获取回扣等不正当利益。旅行社组织、接待旅游者，不得指定具体购物场所，不得安排另行付费旅游项目。 ③安排持有效证件的领队或者导游全程陪同
3	依法规范内部管理	①维护导游、领队的合法权益 **解析** 旅行社应当与其聘用的导游、领队依法订立劳动合同；应当向其支付劳动报酬，不得低于当地最低工资标准，并且按照劳动合同约定和国家规定，进行及时足额的支付；应当为其缴纳社会保险费用；旅行社临时聘用导游为旅游者提供服务的，应当向导游全额支付在包价旅游合同中载明的导游服务费用；旅行社安排导游、领队为团队旅游提供服务的，不得要求导游、领队垫付或者向导游收取任何费用。 ②妥善保存旅游者信息

考点五

旅行社的权利和义务（熟悉）

序号	旅行社权利	旅行社义务
1	自主签订旅游合同	**警示、告知义务** **解析** 旅行社对可能危及旅游者人身、财产安全的事项，应当向旅游者做出真实的说明和明确的警示，并采取防止危害发生的必要措施。
2	收取合理旅游费用	**报告及协助义务** **解析** 旅游经营者组织、接待出入境旅游，发现旅游者从事违法活动；出境旅游者在境外非法滞留，随团出境的旅游者擅自分团、脱团；入境旅游者在境内非法滞留，随团入境的旅游者擅自分团、脱团的，应当及时向公安机关、旅游主管部门或者我国驻外机构报告。
3	**要求旅游者正确履行旅游合同** **解析** 要求旅游者如实提供旅游所必需的个人信息，按时提交相关证明文件；要求旅游者遵守旅游合同约定的旅游行程安排，妥善保管随身物品；要求旅游者配合处理防止扩大损失，以将损失降到最低；拒绝旅游者提出的超出旅游合同约定的不合理要求；制止旅游者违背旅游目的地的法律、风俗习惯的言行；对于损害其合法权益的旅游者，有权要求赔偿其合理损失。	**提示义务** **解析** 提示旅游意外险；提示文明旅游。

考点六

相关法律责任（熟悉）

序号	行为	处罚主体	法律责任
1	未经许可经营旅行社业务	旅游主管部门或者市场监督管理部门	责令改正，没收违法所得，并处 1 万元以上 10 万元以下罚款 违法所得 10 万元以上的，并处违法所得 1 倍以上 5 倍以下罚款 对有关责任人员，处 2000 元以上 2 万元以下罚款

续表

序号	行为	处罚主体	法律责任
2	未经许可经营出境旅游、边境旅游业务	旅游主管部门或者市场监督管理部门	除依照未经许可经营旅行社业务处罚外，并责令停业整顿 情节严重的，吊销旅行社业务经营许可证 对直接负责的主管人员，处2000元以上2万元以下罚款
3	旅行社及其分社、服务网点未悬挂旅行社业务经营许可证、备案登记证明	县级以上旅游主管部门	责令改正，可以处1万元以下的罚款
4	出租、出借旅行社业务经营许可证，或者以其他方式非法转让旅行社业务经营许可证	旅游主管部门或者市场监督管理部门	责令停业整顿，没收违法所得，并处1万元以上10万元以下罚款 违法所得10万元以上的，并处违法所得1倍以上5倍以下罚款 对有关责任人员，处2000元以上2万元以下罚款 情节严重的，吊销旅行社业务经营许可证；对直接负责的主管人员，处2000元以上2万元以下罚款
5	旅行社安排旅游者参观或者参与违反我国法律、法规和社会公德的项目或者活动	旅游主管部门	责令改正，没收违法所得，责令停业整顿，并处2万元以上20万元以下罚款 情节严重的，吊销旅行社业务经营许可证 对直接负责的主管人员和其他直接责任人员，处2000元以上2万元以下罚款，并暂扣或者吊销导游证
6	旅行社向不合格的供应商订购产品和服务	旅游主管部门或者有关部门	责令改正，没收违法所得，并处5000元以上5万元以下的罚款 违法所得5万元以上的，并处违法所得1倍以上5倍以下罚款 情节严重的，责令停业整顿或者吊销旅行社业务经营许可证 对直接负责的主管人员和其他直接责任人员，处2000元以上2万元以下罚款
7	旅行社将旅游业务委托给不具有相应资质的旅行社	旅游主管部门	责令改正，处2万元以上10万元以下罚款；情节严重的，责令停业整顿1个月至3个月
8	旅行社、接受委托的旅行社违反《旅行社条例》费用支付规定	旅游主管部门	责令改正，停业整顿1个月至3个月 情节严重的，吊销旅行社业务经营许可证

续表

序号	行为	处罚主体	法律责任
9	旅行社进行虚假宣传，误导旅游者	旅游主管部门或者有关部门	责令改正，没收违法所得，并处5000元以上5万元以下罚款 违法所得5万元以上的，并处违法所得1倍以上5倍以下罚款 情节严重的，责令停业整顿或者吊销旅行社业务经营许可证 对直接负责的主管人员和其他直接责任人员，处2000元以上2万元以下罚款
10	旅行社以不合理的低价组织旅游活动，诱骗旅游者，并通过安排购物或者另行付费旅游项目获取回扣等不正当利益	旅游主管部门	责令改正，没收违法所得，责令停业整顿，并处3万元以上30万元以下罚款 违法所得30万元以上的，并处违法所得1倍以上5倍以下罚款 情节严重的，吊销旅行社业务经营许可证 对直接负责的主管人员和其他直接责任人员，没收违法所得，处2000元以上2万元以下罚款，并暂扣或者吊销导游证
11	旅行社组织团队出境旅游或者组织、接待团队入境旅游，未按照规定安排领队或者导游全程陪同	旅游主管部门	责令改正，没收违法所得，并处5000元以上5万元以下罚款 情节严重的，责令停业整顿或者吊销旅行社业务经营许可证 对直接负责的主管人员和其他直接责任人员，处2000元以上2万元以下罚款
12	旅行社未履行报告义务	旅游主管部门	处5000元以上5万元以下罚款 情节严重的，责令停业整顿或者吊销旅行社业务经营许可证 对直接负责的主管人员和其他直接责任人员，处2000元以上2万元以下罚款，并暂扣或者吊销导游证
13	旅行社未向临时聘用的导游支付导游服务费用或要求导游垫付或者向导游收取费用	旅游主管部门	责令改正，没收违法所得，并处5000元以上5万元以下罚款 情节严重的，责令停业整顿或者吊销旅行社业务经营许可证 对直接负责的主管人员和其他直接责任人员，处2000元以上2万元以下罚款
14	未妥善保存各类旅游合同及相关文件、资料，保存期不够两年，或者泄露旅游者个人信息	县级以上旅游行政管理部门	责令改正，没收违法所得，处违法所得3倍以下但最高不超过3万元的罚款 没有违法所得的，处1万元以下的罚款

考点七

《旅行社服务质量赔偿标准》（掌握）

序号	旅游纠纷	赔偿依据
1	因旅行社的原因不能成行的	①境内旅游：提前 7 日（不含 7 日）通知旅游者，无赔偿责任；否则需要支付违约金如下： 出发前 7 日（含 7 日）至 4 日：旅游费用总额的 10% 出发前 3 日至 1 日：旅游费用总额的 15% 出发当日：旅游费用总额的 20% ②出境旅游（含赴台游）：提前 30 日（不含 30 日）通知旅游者，无赔偿责任；否则需要支付违约金如下： 出发前 30 日至 15 日：旅游费用总额的 2% 出发前 14 日至 7 日：旅游费用总额的 5% 出发前 6 日至 4 日：旅游费用总额的 10% 出发前 3 日至 1 日：旅游费用总额的 15% 出发当日：旅游费用总额的 20%
2	旅行社擅自转、拼团的	①未经旅游者同意擅自转团、拼团的，旅行社应向旅游者支付旅游费用总额 25% 的违约金 ②解除合同的，还应向未随团出行的旅游者全额退还预付旅游费用，向已随团出行的旅游者退还未实际发生的旅游费用
3	歧视性收费的	因旅游者的年龄、职业等差异增收费用的，旅行社应返还增收的费用
4	因旅行社的原因未乘坐交通工具的	旅行社应赔偿旅游者的直接经济损失，并支付直接经济损失 20% 的违约金
5	安排的旅游活动和服务不符合约定的	旅行社应退还旅游者合同金额与实际花费的差额，并支付同额违约金
6	提供的服务不符合标准的	影响旅游服务质量的，旅行社应向旅游者支付旅游费用总额 1%~5% 的违约金，本赔偿标准另有规定的除外
7	违反合同约定的	①擅自缩短游览时间、遗漏旅游景点、减少旅游服务项目的，旅行社应赔偿未完成约定旅游服务项目等合理费用，并支付同额违约金。遗漏无门票景点的，每遗漏一处旅行社向旅游者支付旅游费用总额 5% 的违约金 ②未经旅游者签字确认，擅自安排合同约定以外的用餐、娱乐、医疗保健、参观等另行付费项目的，旅行社应承担另行付费项目的费用 ③未经旅游者签字确认，擅自违反合同约定增加购物次数、延长停留时间的，每次向旅游者支付旅游费用总额 10% 的违约金 ④强迫或者变相强迫旅游者购物的，每次向旅游者支付旅游费用总额 20% 的违约金 ⑤旅游者在合同约定的购物场所所购物品系假冒伪劣商品的，旅行社应负责挽回或赔偿旅游者的直接经济损失 ⑥私自兜售商品，旅行社应全额退还旅游者购物价款
8	中止提供旅游服务的	应当负担旅游者在被中止旅游服务期间所订的同等级别的住宿、用餐、交通等必要费用，并向旅游者支付旅游费用总额 30% 的违约金

1. 考试大纲

　　熟悉《旅游法》《旅行社条例》《导游人员管理条例》《导游管理办法》等法律、行政法规和部门规章关于导游资格考试制度的规定；掌握导游执业许可和导游执业管理、导游执业保障与激励、导游从事领队服务的条件、导游的权利和义务及其相关法律责任的规定。

2. 大纲解读

序号	主要内容	考纲要求	考试频率
1	导游资格考试制度	熟悉	★★★☆☆
2	导游执业许可与管理	掌握	★★★★★
3	导游的权利	掌握	★★★★★
4	导游的职责与义务	掌握	★★★★★
5	导游执业保障与激励	掌握	★★★★★
6	相关法律责任	掌握	★★★★★

3. 2019 年考点分析

　　今年调整部分为将导游资格考试制度的要求由掌握调整为熟悉。

　　2019 年预计考点为导游执业许可制度、导游权利义务及相关法律责任、从事领队服务的条件、执业保障与激励制度。

考 点 精 讲

考点一

导游资格考试制度（熟悉）

报考条件
- 1. 具有中华人民共和国国籍
- 2. 具有高级中学、中等专业学校或者以上学历
- 3. 身体健康
- 4. 具有适应导游需要的基本知识和语言表达能力

监督管理
- 1. 国务院旅游主管部门：负责制定全国导游资格考试政策、标准，组织导游资格统一考试，以及对地方各级旅游主管部门导游资格考试实施工作进行监督管理
- 2. 省、自治区、直辖市旅游主管部门：负责组织、实施本行政区域内导游资格考试具体工作

资格证颁发
- 1. 经考试合格的，由国务院旅游主管部门或者国务院旅游主管部门委托省、自治区、直辖市人民政府旅游主管部门颁发导游人员资格证书
- 2. 导游资格证由国务院旅游主管部门统一印制，在中华人民共和国全国范围内使用

考点二

导游执业许可与管理（掌握）

从业条件
- 1. 从事导游服务
  - 参加导游资格考试成绩合格
  - 取得导游证
- 2. 从事领队服务
  - 取得导游证
  - 具有相应的学历、语言能力和旅游从业经历
    - 学历：大专以上学历
    - 语言能力：相关语言水平测试等级证书或通过外语语种导游资格考试 为赴港澳台地区旅游委派的领队除外
    - 旅游从业经历：两年以上旅行社业务经营、管理或导游等相关从业经历
  - 与旅行社订立劳动合同

导游证申领
- 1. 申领条件
  - 取得导游资格证书
  - 与旅行社订立劳动合同或者
  - 在相关旅游行业组织注册
- 2. 不予颁发情形
  - 无民事行为能力或者限制民事行为能力的
  - 患有甲类、乙类以及其他可能危害旅游者人身健康安全的传染性疾病的
    - 甲类：鼠疫、霍乱
    - 乙类：传染性非典型肺炎、艾滋病、病毒性肝炎、脊髓灰质炎、人感染高致病性禽流感、麻疹、流行性出血热、狂犬病、流行性乙型脑炎、登革热、炭疽、细菌性和阿米巴性痢疾、肺结核、伤寒和副伤寒、流行性脑脊髓膜炎、百日咳、白喉、新生儿破伤风、猩红热、布鲁氏菌病、淋病、梅毒、钩端螺旋体病、血吸虫病、疟疾
  - 受过刑事处罚的：过失犯罪的除外
  - 被吊销导游证之日起未逾3年的

导游证核发
- 1. 电子导游证
  - 导游证采用电子证件形式
  - 由国务院旅游主管部门制定格式标准
  - 由各级旅游主管部门通过全国旅游监管服务信息系统实施管理
- 2. 核发程序
  - 申请取得导游证：申请人应当通过全国旅游监管服务信息系统填写申请信息，并提交规定的材料
  - 申请电子导游证：可下载"全国导游之家"App申领电子导游证，也可登录网站"全国旅游监管服务平台"，进入"导游入口"在线申领电子导游证，旅游主管部门审核完毕后，导游可在App上获取电子导游证

资格证颁发
- 1. 姓名、身份证号、导游等级和语种等信息
- 2. 与旅行社订立的劳动合同解除、终止或者在旅游行业组织取消注册后，在3个月内与其他旅行社订立劳动合同或者在其他旅游行业组织注册的
- 3. 经常执业地区发生变化的
- 4. 其他导游身份信息发生变化的

导游证撤销
- 1. 对不具备申请资格或者不符合法定条件的申请人核发导游证的
- 2. 申请人以欺骗、贿赂等不正当手段取得导游证的
- 3. 依法可以撤销导游证的其他情形

导游证注销 {
1. 导游死亡的

2. 导游证有效期届满未申请换发导游证的

3. 导游证依法被撤销、吊销的

4. 导游与旅行社订立的劳动合同解除、终止或者在旅游行业组织取消注册后，超过 3 个月未与其他旅行社订立劳动合同或者未在其他旅游行业组织注册的

5. 取得导游证后出现无民事行为能力或限制行为能力，患有甲类、乙类以及其他可能危害旅游者人身健康安全的传染性疾病的，受过刑事处罚情形的

6. 依法应当注销导游证的其他情形。导游证被注销后，导游符合法定执业条件需要继续执业的，应当依法重新申请取得导游证
}

考点三

导游的权利（掌握）

序号	权利	具体内容
1	人身权	①其人格尊严应当受到尊重 ②人身安全不受侵犯 ③合法权益受到保障 **解析** 导游有权拒绝旅游者提出的侮辱其人格尊严、违反其职业道德、不符合我国民族风俗习惯或者危害其人身安全的不合理要求。旅行社等用人单位应当维护导游执业安全、提供必要的职业安全卫生条件，并为女性导游提供执业便利、实行特殊劳动保护。
2	劳动报酬权	①旅行社对与其明确了劳动合同关系的导游，应当支付劳动报酬、缴纳社会保险费用 ②旅行社对其临时聘用的导游，应当支付包价旅游合同约定的导游服务费 ③为确保导游获取劳动报酬的权利，旅行社不得要求导游垫付或者向导游收取费用
3	履行职务权	①要求旅游者如实提供旅游所必需的个人信息，按时提交相关证明文件 ②要求旅游者遵守旅游合同约定的旅游行程安排，妥善保管随身物品 ③出现突发公共事件或者其他危急情形，以及旅行社因违反旅游合同约定采取补救措施时，要求旅游者配合处理防止扩大损失，以将损失降到最低限度 ④拒绝旅游者提出的超出旅游合同约定的不合理要求 ⑤制止旅游者违背旅游目的地的法律、风俗习惯的言行
4	调整或变更接待计划权	①必须在引导旅游者旅行、游览的过程中 ②必须是遇到有可能危及人身安全的紧急情形 ③必须征得多数旅游者同意 ④必须立即报告旅行社 **解析** 导游人员在引导旅游者旅行、游览过程中，遇有可能危及旅游者人身安全的紧急情形时，经征得多数旅游者的同意，可以调整或者变更接待计划，但是应当立即报告旅行社。

续表

序号	权利	具体内容
5	诉权	①申请复议权。导游对旅游主管部门的具体行政行为不服的，依法享有申请复议权 ②起诉权。对旅游主管部门的具体行政行为不服的，享有向人民法院提起行政诉讼的权利 **解析** 权利主体是导游，指向对象是旅游主管部门，途径为申请复议和起诉权，具体行为是对罚款、吊销导游证、责令改正、暂扣导游证等行政处罚不服的；认为符合法定条件申领导游资格证书和导游证，旅游主管部门拒绝颁发或不予答复的；认为旅游主管部门违法要求导游履行义务的；认为旅游主管部门侵犯导游人身权、财产权的；法律、法规规定的其他可以申请复议的。

考点四

导游的职责与义务（掌握）

1. 导游的职责

序号	职责	具体内容
1	提高业务素质和职业技能	导游人员应当不断提高自身业务素质和职业技能
2	维护国家利益和民族尊严	导游进行导游活动时，应当自觉维护国家利益和民族尊严，不得有损害国家利益和民族尊严的言行
3	依约提供服务和讲解	导游在执业过程中应按照旅游合同提供导游服务，讲解自然和人文资源知识、风俗习惯、宗教禁忌、法律法规和有关注意事项 **解析** 包价旅游合同包含旅游行程安排，交通、住宿、餐饮等旅游服务安排和标准，游览、娱乐等项目的具体内容和时间，自由活动时间安排等内容，导游在执业过程中应当严格按照合同规定和旅行社确定的接待计划提供服务，安排旅游者的旅行、游览活动，不得擅自更改行程计划，不得诱导、欺骗、强迫或者变相强迫旅游者消费。
4	尊重旅游者的权利	导游人员进行导游活动时，应当遵守职业道德，着装整洁，礼貌待人，尊重旅游者的人格尊严、宗教信仰、民族风俗和生活习惯 **解析** 旅游者的权利包含自主选择权、知情权、获得诚信服务权、被尊重权、遭遇危险与损害时要求救助和赔偿的权利等。
5	引导文明旅游	导游、领队应当向旅游者告知和解释旅游文明行为规范，引导旅游者健康、文明旅游，劝阻旅游者违反社会公德的行为 **解析** 导游、领队在执业活动中，应当严格按照《导游领队引导文明旅游规范》（LB/T 039—2015）的规定，率先垂范遵守文明旅游行为，告知旅游者《中国公民国内旅游文明行为公约》和《中国公民出国（境）旅游文明行为指南》等所明确的旅游文明行为规范。

续表

序号	职责	具体内容
6	警示、处置风险及突发事件	导游人员在引导旅游者旅行、游览过程中，应当就可能发生危及旅游者人身、财物安全的情况，向旅游者做出真实说明和明确警示，并按照旅行社的要求采取防止危害发生的措施 **解析** 导游应当严格遵守《旅游安全管理办法》《导游管理办法》第24条规定的旅游突发事件报告制度、突发事件应急处置措施进行处理。

2. 导游的义务

序号	义务	具体内容
1	应当接受委派	导游为旅游者提供服务必须接受旅行社委派，不得私自承揽导游和领队业务
2	携带、佩戴有效执业证件	导游和领队从事业务活动，应当佩戴导游证 **解析** 导游证均采用电子导游证的形式，由国务院旅游主管部门制定格式标准，同时向导游发放导游身份标识。导游在执业过程中应当携带电子导游证、佩戴导游身份标识，并开启导游执业相关应用软件。
3	不安排违反法律和社会公德的旅游活动	旅行社及其从业人员组织、接待旅游者，不得安排参观或者参与涉及色情、赌博、毒品等违反我国法律、法规和社会公德的项目或者活动 **解析**《旅行社条例实施细则》第30条将旅行社不得安排的活动细化为含有损害国家利益和民族尊严内容的；含有民族、种族、宗教歧视内容的；含有淫秽、赌博、涉毒内容的；其他含有违反法律、法规规定内容的行为。
4	严格执行旅游行程安排	导游应当严格执行旅游行程安排，不得擅自变更旅游行程或者中止服务活动
5	不兜售物品及索要小费	导游不得向旅游者兜售物品或者购买旅游者的物品，不得向旅游者索要小费
6	不诱导、欺骗、强迫或变相强迫消费	导游不得诱导、欺骗、强迫或者变相强迫旅游者购物或者参加另付费旅游项目
7	其他义务	导游除了要遵守以上义务，还应遵守按期报告信息变更情况、申请变更导游证信息、申请更换导游身份标识、依规参加培训、提供真实材料及信息等法律法规规定的其他义务

考点五

导游执业保障与激励（掌握）

序号	制度	具体内容
1	劳动合同的签订	①旅行社应当与其聘用的导游依法订立劳动合同，并支付基本工资、带团补贴等劳动报酬，缴纳社会保险费用 ②旅行社临时聘用在旅游行业组织注册的导游为旅游者提供服务的，应当依照旅游和劳动相关法律、法规的规定足额支付导游服务费用 ③旅行社临时聘用的导游与其他单位不具有劳动关系或者人事关系的，旅行社应当与其订立劳动合同
2	执业安全保障	①旅行社等用人单位应当维护导游执业安全、提供必要的职业安全卫生条件，并为女性导游提供执业便利、实行特殊劳动保护 ②旅行社应当提供设置"导游专座"的旅游客运车辆，安排的旅游者与导游总人数不得超过旅游客运车辆核定乘员数
3	星级评价	①星级评价指标由技能水平、学习培训经历、从业年限、奖惩情况、执业经历和社会评价等构成 ②导游服务星级根据星级评价指标通过全国旅游监管服务信息系统自动生成，并根据导游执业情况每年度更新一次
4	教育培训	①各级旅游主管部门应当积极组织开展导游培训，培训内容应当包括政策法规、安全生产、突发事件应对和文明服务等，培训方式可以包括培训班、专题讲座和网络在线培训等，每年累计培训时间不得少于 24 小时。培训不得向参加人员收取费用 ②旅游行业组织和旅行社等应当对导游进行包括安全生产、岗位技能、文明服务和文明引导等内容的岗前培训和执业培训 ③导游应当参加旅游主管部门、旅游行业组织和旅行社开展的有关政策法规、安全生产、突发事件应对和文明服务内容的培训；鼓励导游积极参加其他培训，提高服务水平

考点六

相关法律责任（掌握）

序号	行为	处罚主体	法律责任
1	旅行社发生未向临时聘用的导游支付导游服务费用的 要求导游垫付或者向导游收取费用的行为的	旅游主管部门	①将责令改正，没收违法所得，并处 5000 元以上 5 万元以下罚款 ②情节严重的，责令停业整顿或者吊销旅行社业务经营许可证 ③对直接负责的主管人员和其他直接责任人员，处 2000 元以上 2 万元以下罚款

续表

序号	行为	处罚主体	法律责任
2	导游人员进行导游活动时，有损害国家利益和民族尊严的言行的	旅游主管部门	①责令改正 ②情节严重的，由省、自治区、直辖市人民政府旅游主管部门吊销导游证并予以公告 ③对该导游人员所在旅行社予以警告直至责令停业整顿
3	突发事件发生后导游未采取必要处置措施的	县级以上旅游主管部门	①责令改正，并可以处 1000 元以下罚款 ②情节严重的，由省、自治区、直辖市人民政府旅游行政部门吊销导游证并予以公告
4	导游、领队违反规定，私自承揽业务的	旅游主管部门	责令改正，没收违法所得，处 1000 元以上 1 万元以下罚款，并暂扣或者吊销导游证
5	导游人员进行导游活动时未佩戴导游证的	旅游主管部门	①责令改正 ②拒不改正的，处 500 元以下的罚款
6	在旅游行程中擅自变更旅游行程安排，严重损害旅游者权益的	旅游主管部门	对直接负责的主管人员和其他直接责任人员，处 2000 元以上 2 万元以下罚款，并暂扣或者吊销导游证
7	导游有擅自增加或者减少旅游项目的、擅自变更接待计划的、擅自中止导游活动情形之一的	旅游主管部门	①责令改正，暂扣导游证 3~6 个月 ②情节严重的，由省、自治区、直辖市人民政府旅游主管部门吊销导游证并予以公告
8	导游向旅游者索要小费的	旅游主管部门	①责令退还，处 1000 元以上 1 万元以下罚款 ②情节严重的，并暂扣或者吊销导游证
9	导游向旅游者兜售物品或购买旅游者的物品，或者以明示或者暗示的方式向旅游者索要小费的	旅游主管部门	①责令改正，处 1000 元以上 3 万元以下罚款 ②有违法所得的，并处没收违法所得 ③情节严重的，由省、自治区、直辖市人民政府旅游主管部门吊销导游证并予以公告 ④对委派该导游的旅行社予以警告，直至责令停业整顿
10	导游诱导、欺骗、强迫或者变相强迫旅游者购物或者参加另行付费旅游项目的	旅游主管部门	对直接负责的主管人员和其他直接责任人员，没收违法所得，处 2000 元以上 2 万元以下罚款，并暂扣或者吊销导游证

第十一章

旅游安全管理与责任保险法律制度

1. 考试大纲

了解《旅游安全管理办法》关于旅游突发事件等级及相关罚则的规定；熟悉《旅游法》《旅行社条例》《旅游安全管理办法》《旅行社责任保险管理办法》关于安全管理、责任保险制度的规定；掌握《旅游安全管理办法》关于旅游经营者安全经营义务与责任、旅游目的地安全风险提示制度的规定。

2. 大纲解读

序号	主要内容	考纲要求	考试频率
1	《旅游安全管理办法》关于旅游突发事件等级及相关罚则的规定	了解	★★★★★
2	《旅游法》《旅行社条例》《旅游安全管理办法》《旅行社责任保险管理办法》关于安全管理、责任保险制度的规定	熟悉	★★★★★
3	《旅游安全管理办法》关于旅游经营者安全经营义务与责任、旅游目的地安全风险提示制度的规定	掌握	★★★★★

3. 2019 年考点分析

今年无新增考点，删减部分为熟悉旅游主管部门的安全管理职责，调整部分为将掌握《中华人民共和国旅游法》《旅游安全管理办法》关于旅游安全法律制度的规定调整为熟悉《旅游法》《旅游安全管理办法》关于安全管理的规定。

上述大纲中的内容均为 2019 年预计考点。

考 点 精 讲

考点一

《旅游安全管理办法》关于旅游突发事件等级及相关罚则的规定（了解）

等级
- 1. 特别重大旅游突发事件
- 2. 重大旅游突发事件
- 3. 较大旅游突发事件
- 4. 一般旅游突发事件

监督管理
- 1. 违反安全生产和消防安全管理
- 2. 未制止履行辅助人的非法或不规范行为
- 3. 不按要求制作安全信息卡
- 4. 针对风险提示不采取相应措施
- 5. 按国家标准、行业标准评定的旅游经营者违法
- 6. 旅游主管部门及其工作人员违法

序号	等级	具体内容
1	特别重大旅游突发事件	①人员死亡（含失踪）30人以上或者重伤100人以上 ②旅游者500人以上滞留超过24小时，并对当地生产生活秩序造成严重影响 ③其他在境内外产生特别重大影响，并对旅游者人身、财产安全造成特别重大威胁的事件
2	重大旅游突发事件	①人员死亡（含失踪）10人以上30人以下或者重伤50人以上100人以下 ②旅游者200人以上滞留超过24小时，对当地生产生活秩序造成较严重影响 ③其他在境内外产生重大影响，并对旅游者人身、财产安全造成重大威胁的事件
3	较大旅游突发事件	①人员死亡（含失踪）3人以上10人以下或者重伤10人以上50人以下 ②旅游者50人以上200人以下滞留超过24小时，并对当地生产生活秩序造成较大影响 ③其他在境内外产生较大影响，并对旅游者人身、财产安全造成较大威胁的事件
4	一般旅游突发事件	①人员死亡（含失踪）3人以下或者重伤10人以下 ②旅游者50人以下滞留超过24小时，并对当地生产生活秩序造成一定影响 ③其他在境内外产生一定影响，并对旅游者人身、财产安全造成一定威胁的事件

序号	行为	处罚主体	法律责任
1	违反安全生产和消防安全管理	有关主管部门	①旅游经营者违反有关安全生产管理和消防安全管理的法律、法规或者国家标准、行业标准的，由有关主管部门依照有关法律、法规的规定处罚 ②旅游经营者及其主要负责人、旅游从业人员违反法律、法规有关安全生产和突发事件应对规定的，依照相关法律、法规处理
2	未制止履行辅助人的非法或不规范行为	旅游主管部门	①警告，可并处 2000 元以下罚款 ②情节严重的，处 2000 元以上 10000 元以下罚款
3	不按要求制作安全信息卡	旅游主管部门	①警告，可并处 2000 元以下罚款 ②情节严重的，处 2000 元以上 10000 元以下罚款
4	针对风险提示不采取相应措施	旅游主管部门	①处 2000 元以下罚款 ②情节严重的，处 2000 元以上 10000 元以下罚款
5	按国家标准、行业标准评定的旅游经营者违法	评定组织	旅游主管部门建议评定组织依据相关标准做出处理
6	旅游主管部门及其工作人员违法	有关部门	由有关部门责令改正，对直接负责的主管人员和其他直接责任人员依法给予处分

考点二

《旅游法》《旅行社条例》《旅游安全管理办法》关于安全管理的规定（熟悉）

考点三

《旅游法》《旅行社条例》《旅行社责任保险管理办法》关于责任保险制度的规定（熟悉）

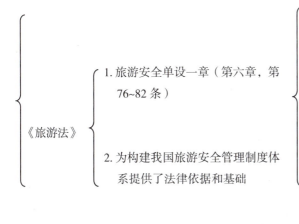

《旅游法》
 1. 旅游安全单设一章（第六章，第76~82 条）
   1. 旅游安全管理责任主体
   2. 旅游目的地安全风险提示制度
   3. 县级以上人民政府及有关部门在旅游安全方面的主要职责
   4. 旅游经营安全制度及要求
   5. 旅游经营者的安全说明和警示义务
   6. 旅游经营者在旅游安全中担负着安全救助、处置、报告义务
   7. 旅游者在旅游安全中的权利义务
 2. 为构建我国旅游安全管理制度体系提供了法律依据和基础

《旅行社条例》
1. 第39条　旅行社对可能危及旅游者人身、财产安全的事项，应当向旅游者作出真实的说明和明确的警示，并采取防止危害发生的必要措施。发生危及旅游者人身安全的情形的，旅行社及其委派的导游人员、领队人员应当采取必要的处置措施并及时报告旅游行政管理部门；在境外发生的，还应当及时报告中华人民共和国驻该国使领馆、相关驻外机构、当地警方
2. 第63条　违反本条例的规定，旅行社及其委派的导游人员、领队人员有下列情形之一的，由旅游行政管理部门责令改正，对旅行社处2万元以上10万元以下的罚款；对导游人员、领队人员处4000元以上2万元以下的罚款；情节严重的，责令旅行社停业整顿1个月至3个月，或者吊销旅行社业务经营许可证、导游证：发生危及旅游者人身安全的情形，未采取必要的处置措施并及时报告的

《旅游安全管理办法》
1. 共分为总则、经营安全、风险提示、安全管理、罚则和附则六章45条
2. 我国旅游安全管理法律制度呈现以下特点：①从"安全第一、预防为主"向"以人为本、安全第一、预防为主、综合治理"转变，更加注重以人为本的立法理念和采取综合治理手段。②从"重监控"向"监管、协调、服务并重"转变，更加注重旅游主管部门的协调职能和旅游安全服务的提供。③从"重事中"向"事前、事中、事后并重"转变，事前的安全风险提示和预警以及事后的应急处置、救援和报告受到关注。④从"重政府、企业"向"政府、企业、社会和个人并重"转变，旅游安全服务社会化，旅游者需要承担旅游安全义务成为规范内容

序号	法律法规	具体内容
1	《旅游法》	①第56条　国家根据旅游活动的风险程度，对旅行社、住宿、旅游交通以及本法第47条规定的高风险旅游项目等经营者实施责任保险制度，其中第47条规定的高风险旅游项目包括高空、高速、水上、潜水、探险等高风险旅游项目 ②第97条　旅行社违反本法规定，有下列行为之一的，由旅游主管部门或者有关部门责令改正，没收违法所得，并处5000元以上5万元以下罚款；违法所得5万元以上的，并处违法所得1倍以上5倍以下罚款；情节严重的，责令停业整顿或者吊销旅行社业务经营许可证；对直接负责的主管人员和其他直接责任人员，处2000元以上2万元以下罚款：未按照规定投保旅行社责任保险的
2	《旅行社条例》	①第38条　旅行社应当投保旅行社责任险。旅行社责任险的具体方案由国务院旅游行政主管部门会同国务院保险监督管理机构另行制定 ②第49条　违反本条例的规定，旅行社不投保旅行社责任险的，由旅游行政管理部门责令改正；拒不改正的，吊销旅行社业务经营许可证

续表

序号	法律法规	具体内容
3	《旅行社责任保险管理办法》	2010 年 10 月，由国务院旅游主管部门、中国保监会联合下发了更为科学、合理和人性化的《旅行社责任保险管理办法》，自 2011 年 2 月 1 日起施行。共总则、投保、赔偿、监督检查、罚则、附则六章 32 条 1. 旅行社责任保险的含义及监管 （1）含义与特征。《旅行社责任保险管理办法》所称旅行社责任保险，是指旅行社因其组织的旅游活动对旅游者和受其委派并为旅游者提供服务的导游或者领队人员依法应当承担的赔偿责任为保险标的的保险。旅行社责任保险是旅游保险中的重要险种之一，具有下列特征： ①旅行社责任保险属于强制保险。《旅行社责任保险管理办法》第 28 条：违反本办法第 12 条、第 16 条、第 19 条的规定，旅行社解除保险合同但未同时订立新的保险合同，保险合同期满前未及时续保，或者人身伤亡责任限额低于 20 万元人民币的，由县级以上旅游行政管理部门依照《旅行社条例》第 49 条的规定处罚。《旅行社条例》第 49 条：违反本条例的规定，旅行社不投保旅行社责任险的，由旅游行政管理部门责令改正；拒不改正的，吊销旅行社业务经营许可证 ②旅行社责任保险是财产保险。所谓财产保险是以财产及其有关利益为保险标的的保险。旅行社通过购买旅行社责任保险，将自身的赔偿风险转嫁给保险公司，保险公司所承保的是旅行社的赔偿责任，因此，旅行社责任保险属于财产保险 ③旅行社责任保险的投保人和被保险人是旅行社。旅行社向保险公司投保并支付保险费，目的在于转嫁赔偿责任的风险。根据谁投保谁受益的原则，旅行社在组织旅游活动中依法应承担的赔偿责任，属于保险责任的，保险公司将在责任限额内对旅行社予以赔偿，从而实现了集合危险、分散损失的保险的基本功能 ④旅行社责任保险的保险人是保险公司，因此责任险的赔付主体是保险公司。通过投保责任险，旅行社将发生事故之后的损害赔偿责任转移给保险公司 （2）监管体制。《旅行社责任保险管理办法》为保监机构和旅游主管部门联合发布的部门规章，对旅游行业和保险行业都具有约束作用。为此，我国对责任险的监管实行"旅保合作"机制，两部门依法在各自职权范围内共同对责任险行使监管权。监管权包括监督检查和行使行政处罚权 ①监管主体及职责。一是县级以上旅游主管部门依法对旅行社投保责任险情况实施监督管理。二是中国保监会及其派出机构依法对旅行社责任险的保险条款和保险费率进行管理；依法对保险公司开展旅行社责任保险业务实施监督管理

序号	法律法规	具体内容
3	《旅行社责任保险管理办法》	②行政处罚权限。一是县级以上旅游主管部门对旅行社解除保险合同但未同时订立新的保险合同，保险合同期满前未及时续保，或者人身伤亡责任限额低于20万元的，依据《旅行社条例》第49条规定责令改正；拒不改正的，吊销旅行社业务经营许可证。二是保监会或者其派出机构对保险公司经营旅行社责任保险，违反有关保险条款和保险费率管理规定的，依据《保险法》和中国保监会的有关规定予以处罚；保监会或者其派出机构对保险公司拒绝或者妨碍依法监督检查的，依据《保险法》的有关规定予以处罚 2. 旅行社责任保险的投保 （1）赔偿责任。保险责任，是保险人依照保险合同的规定，在旅行社组织旅游业务经营活动中依法对旅游者的人身伤亡、财产损失承担的赔偿责任和依法对接受旅行社委派并为旅游者提供服务的导游或者领队人员的人身伤亡承担的赔偿责任 保险责任范围是确定保险人合同义务的基本依据。保险公司是否向旅行社赔偿，以及赔偿的具体数额，要由双方在合同中约定，但不得小于《旅行社责任保险管理办法》第4条第2款所规定的赔偿范围：①因旅行社疏忽或过失应当承担赔偿责任的。②因发生意外事故旅行社应当承担赔偿责任的。③国务院旅游主管部门会同中国保险监督管理委员会规定的其他情形 根据《旅行社责任保险管理办法》第4条第1款规定，保险责任包括两类： ①对旅游者的责任。即旅行社在组织旅游活动中依法对旅游者的人身伤亡、财产损失承担的赔偿责任。对旅游者的责任包括：对旅游者的人身伤亡所承担的赔偿责任和对旅游者的财产损失所承担的赔偿责任 ②对导游或者领队人员的责任。即依法对受旅行社委派并为旅游者提供服务的导游或者领队人员的人身伤亡所承担的赔偿责任。对导游或者领队人员的责任仅限于其人身伤亡所应承担的赔偿责任，而不包括导游或者领队人员的财产损失所应承担的赔偿责任 （2）保险费率和赔偿限额 ①保险费率。是应缴纳保险费与保险金额的比率，换言之，是保险人用以计算保险费的标准，一般由纯费率和附加费率两部分组成。保险费率应当遵循市场化原则，并与旅行社经营风险相匹配 ②赔偿限额。是经保险人和投保人协商约定的、作为保险人承担保险责任的最高限额。旅行社在组织旅游活动中发生保险责任范围情形的，保险公司依法根据保险合同约定，在旅行社责任保险责任限额内予以赔偿 依据《旅行社责任保险管理办法》第18条规定，责任限额可以根据旅行社业务经营范围、经营规模、风险管控能力、当地经济社会发展水平和旅行社自身需要，由旅行社与保险公司协商确定，但每人人身伤亡责任限额不得低于20万元。此即构成了旅行社的最低投保义务，如果旅行社不足额投保，则需要承担相应的责任。 （3）投保旅行社责任保险当事人的义务。投保责任保险的当事人，是指旅行社（投保人）和保险公司（承保人）。双方应当依法订立书面旅行社责任保险合同（保险合同）；应当依照《保险法》的有关规定履行告知和说明义务。旅行社投保责任险，可以依法自主投保，也可以由组织统一投保。《旅行社责任保险管理办法》第10条至第14条做了相应的规定

续表

序号	法律法规	具体内容
3	《旅行社责任保险管理办法》	①旅行社的义务。一是保险合同成立后，按照约定交付保险费。二是解除保险合同的，应当同时订立新的保险合同，并书面通知所在地县级以上旅游主管部门，但因旅行社业务经营许可证被依法吊销或注销而解除合同的除外。三是名称、法定代表人或者业务经营范围等重要事项变更时，应及时通知保险公司，必要时，应办理责任险变更合同手续 ②保险公司的义务。一是订立保险合同时，不得强迫旅行社投保其他商业保险。二是对旅行社按照约定交付保险费的，应当及时签发载明当事人约定的合同内容的保险单或者其他保险凭证，同时按照约定的时间开始承担保险责任。三是除符合《保险法》规定的情形，不得解除保险合同。四是保险合同解除的，应当收回保险单，并书面通知旅行社所在地县级以上旅游主管部门 （4）保险期限。保险期限，又称保险期间，是指保险合同的有效期限，也叫保险责任的起讫期限。既是保险合同当事人履行义务的重要根据（只有在保险期限内发生的保险事故，才能导致保险人承担保险责任），又是计算保险费的根据。《旅行社责任保险管理办法》第15条规定，旅行社责任保险的保险期限为1年。即旅行社投保责任险后，在1年的保险期限内，如果发生投保范围内的赔偿责任，由承保的保险公司承担赔偿责任 3.旅行社责任保险的赔偿 《旅行社责任保险管理办法》规范了请求赔偿人在责任险索赔过程中旅行社与保险公司的责任与行为。请求赔偿人，是指旅行社、受害人（受害的旅游者、导游及领队人员） （1）旅行社的责任与行为 ①通知保险事故。在发生保险事故时，旅行社或者受害的旅游者、导游及领队人员应及时通知保险公司 ②提供证明和资料。保险事故发生后，按照保险合同请求保险公司赔偿保险金时，应当向保险公司提交其所能提供的与确认保险事故的性质、原因、损失程度等有关的证明和资料 ③依法解决争议。双方对赔偿有争议的，可以按照双方的约定申请仲裁，或者依法向人民法院提起诉讼 （2）保险公司的责任与行为 ①及时告知。旅行社组织的旅游活动中发生保险事故，旅行社或受害的旅游者、导游及领队人员通知保险公司的，保险公司应当及时告知具体的赔偿程序等有关事项 保险公司按照保险合同约定，认为有关证明和资料不完整的，应当及时一次性通知旅行社补充提供 ②直接赔偿。旅行社对受害人应负的赔偿责任确定的，根据旅行社的请求，直接向受害人赔偿保险金。旅行社怠于请求的，受害人有权就其应获赔偿部分直接向保险公司请求赔偿

续表

序号	法律法规	具体内容
3	《旅行社责任保险管理办法》	③履行赔偿义务。《旅行社责任保险管理办法》第21条规定，保险公司收到赔偿保险金的请求和相关证明、资料后，应当及时做出核定；情形复杂的，应当在30日内做出核定，但合同另有规定的除外。保险公司应当及时将核定结果通知旅行社以及受害人；对属于保险责任的，在与旅行社达成赔偿保险金的协议后10日内，履行赔偿保险金义务 ④先行支付。《旅行社责任保险管理办法》第22条规定，因抢救受伤人员需要保险公司先行赔付保险金用于支付抢救费用的，保险公司在接到旅行社或者受害人通知后，经核定属于保险责任的，可以在责任限额内先向医疗机构支付必要的费用 ⑤代位请求赔偿权。《旅行社责任保险管理办法》第23条规定，因第三人损害而造成保险事故的，保险公司自直接赔偿保险金或者先行支付抢救费用之日起，在赔偿、支付金额范围内代为行使对第三者请求赔偿的权利。旅行社以及受害人应当向保险公司提供必要的文件和所知道的有关情况

考点四

《旅游安全管理办法》关于旅游经营者安全经营义务与责任、旅游目的地安全风险提示制度的规定（掌握）

1. 旅游经营者安全经营责任

序号	职责	具体内容
1	承担旅游安全的主体责任	①承担旅游安全的主体责任 ②加强安全管理，建立、健全安全管理制度 ③关注安全风险预警和提示 ④妥善应对旅游突发事件
2	严格遵守本单位的安全管理制度	①严格遵守本单位的安全管理制度 ②接受安全生产教育和培训 ③增强旅游突发事件防范和应急处理能力

2. 旅游经营者安全经营义务

序号	义务	具体内容
1	安全防范、管理和保障	第6条 旅游经营者应当遵守下列要求：①服务场所、服务项目和设施设备符合有关安全法律、法规和强制性标准的要求；②配备必要的安全和救援人员、设施设备；③建立安全管理制度和责任体系；④保证安全工作的资金投入 第7条 旅游经营者应当定期检查本单位安全措施的落实情况，及时排除安全隐患；对可能发生的旅游突发事件及采取安全防范措施的情况，应当按照规定及时向所在地人民政府或者人民政府有关部门报告 第9条 旅游经营者应当对从业人员进行安全生产教育和培训，保证从业人员掌握必要的安全生产知识、规章制度、操作规程、岗位技能和应急处理措施，知悉自身在安全生产方面的权利和义务。旅游经营者应建立安全生产教育和培训档案，如实记录安全生产教育和培训的时间、内容、参加人员以及考核结果等情况。未经安全生产教育和培训合格的旅游从业人员，不得上岗作业；特种作业人员必须按照国家有关规定经专门的安全作业培训，取得相应资格 第11条 旅行社组织和接待旅游者，应当合理安排旅游行程，向合格的供应商订购产品和服务。旅行社及其从业人员发现履行辅助人提供的服务不符合法律、法规规定或者存在安全隐患的，应当予以制止或者更换 第8条第2款 经营高风险旅游项目或者向老年人、未成年人、残疾人提供旅游服务的，应当根据需要采取相应的安全保护措施
2	安全说明或警示	第8条第1款 旅游经营者应当对其提供的产品和服务进行风险监测和安全评估，依法履行安全风险提示义务，必要时应当采取暂停服务、调整活动内容等措施 第10条 旅游经营者应当主动询问与旅游活动相关的个人健康信息，要求旅游者按照明示的安全规程，使用旅游设施和接受服务，并要求旅游者对旅游经营者采取的安全防范措施予以配合 第12条 旅行社组织出境旅游，应当制作安全信息卡。安全信息卡应当包括旅游者姓名、出境证件号码和国籍，以及紧急情况下的联系人、联系方式等信息，使用中文和目的地官方语言（或者英文）填写。旅行社应当将安全信息卡交由旅游者随身携带，并告知其自行填写血型、过敏药物和重大疾病等信息
3	安全救助、处置和报告	第13条 旅游经营者应当依法制定旅游突发事件应急预案，与所在地县级以上地方人民政府及其相关部门的应急预案相衔接，并定期组织演练 第14条 旅游突发事件发生后，旅游经营者及其现场人员应当采取合理、必要的措施救助受害旅游者，控制事态发展，防止损害扩大。旅游经营者应当按照履行统一领导职责或者组织处置突发事件的人民政府的要求，配合其采取的应急处置措施，并参加所在地人民政府组织的应急救援和善后处置工作。旅游突发事件发生在境外的，旅行社及其领队应当在中国驻当地使领馆或者政府派出机构的指导下，全力做好突发事件应对处置工作

续表

序号	义务	具体内容
3	安全救助、处置和报告	第 15 条　旅游突发事件发生后，旅游经营者的现场人员应当立即向本单位负责人报告，单位负责人接到报告后，应当于 1 小时内向发生地县级旅游主管部门、安全生产监督管理部门和负有安全生产监督管理职责的其他相关部门报告；旅行社负责人应当同时向单位所在地县级以上地方旅游主管部门报告。情况紧急或者发生重大、特别重大旅游突发事件时，现场有关人员可直接向发生地、旅行社所在地县级以上旅游主管部门、安全生产监督管理部门和负有安全生产监督管理职责的其他相关部门报告。旅游突发事件发生在境外的，旅游团队的领队应当立即向当地警方、中国驻当地使领馆或者政府派出机构，以及旅行社负责人报告。旅行社负责人应当在接到领队报告后 1 小时内，向单位所在地县级以上地方旅游主管部门报告

3. 旅游目的地安全风险提示制度的规定

序号	制度	具体内容
1	风险提示级别	第 16 条第 2、第 3 款根据可能对旅游者造成的危害程度、紧急程度和发展态势，风险提示级别分为一级（特别严重）、二级（严重）、三级（较重）和四级（一般），分别用红色、橙色、黄色和蓝色标示
2	风险提示级别的划分标准	由国家旅游局会同外交、卫生、公安、国土、交通、气象、地震和海洋等有关部门制定或者确定
3	风险提示信息	包括风险类别、提示级别、可能影响的区域、起始时间、注意事项、应采取的措施和发布机关等内容 一级、二级风险的结束时间能够与风险提示信息内容同时发布的，应当同时发布；无法同时发布的，待风险消失后通过原渠道补充发布 三级、四级风险提示可以不发布风险结束时间，待风险消失后自然结束
4	旅行社采取措施	①四级风险的，加强对旅游者的提示 ②三级风险的，采取必要的安全防范措施 ③二级风险的，停止组团或者带团前往风险区域；已在风险区域的，调整或者中止行程 ④一级风险的，停止组团或者带团前往风险区域，组织已在风险区域的旅游者撤离
5	其他旅游经营者	其他旅游经营者应当根据风险提示的级别，加强对旅游者的风险提示，采取相应的安全防范措施，妥善安置旅游者，并根据政府或者有关部门的要求，暂停或者关闭易受风险危害的旅游项目或者场所

续表

序号	制度	具体内容
6	旅游者采取措施	①关注相关风险 ②加强个人安全防范 ③配合国家应对风险暂时限制旅游活动的措施，以及有关部门、机构或者旅游经营者采取的安全防范和应急处置措施
7	相关机构职责及发布流程	①国家旅游局负责发布境外旅游目的地国家（地区），以及风险区域范围覆盖全国或者跨省级行政区域的风险提示。发布一级风险提示的，需经国务院批准；发布境外旅游目的地国家（地区）风险提示的，需经外交部门同意 ②地方各级旅游主管部门应当及时转发上级旅游主管部门发布的风险提示，并负责发布前款规定之外涉及本辖区的风险提示
8	风险提示信息发布渠道	①通过官方网站、手机短信及公众易查阅的媒体渠道对外发布 ②一级、二级风险提示应同时通报有关媒体

第十二章

出入境与交通法律制度

1. 考试大纲

　　了解《民用航空法》关于公共航空运输企业权利和义务及相关法律责任的规定,《铁路法》关于铁路运输企业权利和义务及相关法律责任的规定,《道路运输条例》关于道路运输企业权利和义务及相关法律责任的规定,《国内水路运输管理条例》关于水路运输企业权利和义务及相关法律责任的规定;熟悉《公民出境入境管理法》《护照法》关于中国公民出境入境和外国人入境出境的证件制度、义务性规定和禁止性规定及相关法律责任。

2. 大纲解读

序号	主要内容	考纲要求	考试频率
1	《公民出境入境管理法》《护照法》关于中国公民出境入境和外国人入境出境的证件制度	熟悉	★★★★☆
2	《公民出境入境管理法》《护照法》关于中国公民出境入境和外国人入境出境的义务性规定和禁止性规定及相关法律责任	熟悉	★★★★☆
3	《民用航空法》关于公共航空运输企业权利和义务及相关法律责任的规定	了解	★★★☆☆
4	《铁路法》关于铁路运输企业权利和义务及相关法律责任的规定	了解	★★★☆☆
5	《道路运输条例》关于道路运输企业权利和义务及相关法律责任的规定	了解	★★★☆☆
6	《国内水路运输管理条例》关于水路运输企业权利和义务及相关法律责任的规定	了解	★★★☆☆

　　与2018年大纲相比,2019年大纲删减了《铁路法》关于旅客权利和义务的规定,其他内容未变,只对要求做了调整。《出境入境管理法》《护照法》关于中国公民出境入境和外国人入境出境

的证件制度，2018 年要求为掌握，2019 年为熟悉。《民用航空法》《铁路法》《道路运输条例》《水路运输管理条例》对相关法律责任的规定，2018 年要求为熟悉，2019 年为了解。

2019 年预计考点为《出境入境管理法》《护照法》关于中国公民出境入境和外国人入境出境的证件制度、义务性规定和禁止性规定及相关法律责任;《民用航空法》《铁路法》《道路运输条例》《水路运输管理条例》对相关法律责任的规定。

考 点 精 讲

中国公民出境入境和外国人入境出境的证件制度（熟悉）

1. 出境入境的含义

"出境"是指由中国内地前往其他国家或者地区，由中国内地前往香港、澳门特别行政区，由中国大陆前往台湾地区；"入境"是指由其他国家或者地区进入中国内地，由香港、澳门特别行政区进入中国内地，由台湾地区进入中国大陆。由香港特别行政区、澳门特别行政区、台湾地区前往其他国家和地区，以及由其他国家或地区进入香港特别行政区、澳门特别行政区、台湾地区的，不属于本法规定的"出境入境"。

2. 护照

中国公民出境入境，应当依法办理护照或者其他旅行证件。中国公民前往其他国家和地区，还需要取得前往国签证或者其他入境许可证明。但是，中国政府与其他国家政府签订互免签证协议或者公安部、外交部另有规定的除外。

考点	内容
概念	主权国家政府发给本国公民出入国境和在国外居留、旅行等合法的身份证件以其证明该公民的国籍、身份及出国目的。凡出国人员均须持有有效护照，以备有关当局查验
种类	根据持照人的出国目的和颁证机关的不同，护照分为普通护照、外交护照和公务护照。旅游者参加出国旅游活动持普通护照
普通护照的签发机构	普通护照由公安机关出入境管理机构或者公安部委托的县级以上地方人民政府公安机关出入境管理机构以及中华人民共和国驻外使领馆和外交部委托的其他驻外机构签发
普通护照的有效期	护照持有人未满16周岁的，有效期为5年；16周岁以上的，有效期为10年

续表

考点	内容
护照的申请	（1）国内申请 ①申请原因 公民因前往外国定居、探亲、学习、就业、旅行、从事商务活动等非公务原因出国的，申请普通护照。 ②申请机构 由本人向户籍所在地的县级以上地方人民政府公安机关出入境管理机构申请普通护照。 ③申请材料 应当提交本人的居民身份证、户口簿、近期免冠照片以及申请事由的相关材料。国家工作人员因非公务原因出境申请普通护照的，还应当按照国家有关规定提交相关证明文件。 ④护照的签发 公安机关出入境管理机构应当自收到申请材料之日起15日内签发普通护照；对不符合规定不予签发的，应当书面说明理由，并告知申请人享有依法申请行政复议或者提起行政诉讼的权利。在偏远地区或者交通不便的地区或者因特殊情况，不能按期签发护照的，经护照签发机关负责人批准，签发时间可以延长至30日。公民因合理紧急事由请求加急办理的，公安机关出入境管理机构应当及时办理。 （2）境外申请 应当直接向我国驻外使领馆、外交代表机关及外交部授权的其他驻外机关提出申请，由这些机关或部门进行审核和颁发护照。
护照换发和补发的情形	①因护照有效期即将届满的 ②护照签证页即将使用完毕的 ③护照损毁不能使用的 ④护照遗失或者被盗的 ⑤有正当理由需要换发或者补发的其他情形 持证人可以在护照期满前申请延期
不予签发护照的情形	①不具有中国国籍的 ②无法证明身份的 ③在申请过程中弄虚作假的 ④被判处刑罚正在服刑的 ⑤人民法院通知有未了结的民事案件不能出境的 ⑥属于刑事案件被告人或者犯罪嫌疑人的 ⑦国务院有关主管部门认为出境后将对国家安全造成危害或者对国家利益造成重大损失的 护照签发机关自刑罚执行完毕或者被遣返回国之日起6个月至3年以内不予签发护照 ①因妨害国（边）境管理受到刑事处罚的 ②因非法出境、非法居留、非法就业被遣返回国的

3. 签证

考点	具体内容
概念	签证是主权国家官方机构发给申请者出入该国国境或外国人在该国国内停留、居住的许可证明，是附签于申请人所持入出境通行证件上的文字注明，也是一个国家检查进入或经过这个国家的人员身份和目的的合法性证明
种类	签证分为外交签证、礼遇签证、公务签证、普通签证 ①对因外交、公务事由入境的外国人，签发外交、公务签证 ②对因身份特殊需要给予礼遇的外国人，签发礼遇签证 ③对因工作、学习、探亲、旅游、商务活动、人才引进等非外交、公务事由入境的外国人，签发相应类别的普通签证
不予签发签证的情形	外国人有下列情形之一的，不予签发签证 ①被处驱逐出境或者被决定遣送出境，未满不准入境规定年限的 ②患有严重精神障碍、传染性肺结核病或者有可能对公共卫生造成重大危害的其他传染病的 ③可能危害中国国家安全和利益、破坏社会公共秩序或者从事其他违法犯罪活动的 ④在申请签证过程中弄虚作假或者不能保障在中国境内期间所需费用的 ⑤不能提交签证机关要求提交的相关材料的 ⑥签证机关认为不宜签发签证的其他情形 对不予签发签证的，签证机关可以不说明理由
免办签证的情形	①根据中国政府与其他国家政府签订的互免签证协议，属于免办签证人员的 ②持有效的外国人居留证件的 ③持联程客票搭乘国际航行的航空器、船舶、列车从中国过境前往第三国或者地区，在中国境内停留不超过 24 小时且不离开口岸，或者在国务院批准的特定区域停留不超过规定时限的 ④国务院规定的可以免办签证的其他情形

4. 其他证件

证件种类	具体内容
旅行证	中华人民共和国旅行证分 1 年一次有效和 2 年多次有效两种，由中国驻外国的外交代表机关、领事机关或者外交部授权的其他驻外机关颁发
中华人民共和国往来港澳通行证	中国公民往来内地、香港、澳门特别行政区，应当依法办理中华人民共和国往来港澳通行证
大陆居民往来台湾通行证	中国公民往来大陆与台湾地区，应当依法申请办理大陆居民往来台湾通行证
中华人民共和国入出境通行证	入出中国国（边）境的通行证件，由省、自治区、直辖市公安厅（局）及其授权的公安机关签发。在有效期内一次或者多次入出境有效。一次有效的，在出境时由边防检查站收缴

考点二

中国公民出境入境和外国人入境出境的义务性规定和禁止性规定及相关法律责任（熟悉）

1. 义务性规定

（1）中国公民出入境的义务性规定
①应当从对外开放的口岸出境入境，特殊情况下，可以从国务院或者国务院授权的部门批准的地点出境入境。应当接受出境入境边防检查
②应当依法申请办理护照或者其他旅行证件，前往其他国家或者地区，还需要取得前往国签证或者其他入境许可证明。中国政府与其他国家政府签订互免签证协议或者公安部、外交部另有规定的除外
③中国公民往来内地与香港特别行政区、澳门特别行政区，中国公民往来大陆与台湾地区，应当依法申请办理通行证件
④应当向出入境边防检查机关交验本人的护照或者其他旅行证件等出境入境证件，履行规定的手续，经查验准许，方可出境入境
⑤具备条件的口岸、出入境边防检查机关应当为中国公民出境入境提供专用通道等便利措施

（2）外国人入出中国国境的义务性规定
①合法权益受法律保护
②在中国境内的外国人应当遵守中国法律，不得危害中国国家安全、损害社会公共利益、破坏社会公共秩序
③应当从对外开放的口岸出境入境，特殊情况下，可以从国务院或者国务院授权的部门批准的地点出境入境。应当接受出境入境边防检查
④外国人入境，应当向驻外签证机关申请办理签证，但是《出境入境管理法》另有规定的除外
⑤外国人入境，应当向出入境边防检查机关交验本人的护照或者其他国际旅行证件、签证或者其他入境许可证明，履行规定的手续，经查验准许，方可入境
⑥外国人出境，应当向出入境边防检查机关交验本人的护照或者其他国际旅行证件等出境入境证件，履行规定的手续，经查验准许，方可出境

2. 禁止性规定

（1）中国公民禁止出境的情形
- ①未持有效出境入境证件或者拒绝、逃避接受边防检查的
- ②被判处刑罚尚未执行完毕或者属于刑事案件被告人、犯罪嫌疑人的
- ③有未了结的民事案件，人民法院决定不准出境的
- ④因妨害国（边）境管理受到刑事处罚或者因非法出境、非法居留、非法就业被其他国家或者地区遣返，未满不准出境规定年限的
- ⑤可能危害国家安全和利益，国务院有关主管部门决定不准出境的
- ⑥法律、行政法规规定不准出境的其他情形

（2）外国人禁止入境的情形
- ①未持有效出境入境证件或者拒绝、逃避接受边防检查的
- ②具有《出境入境管理法》规定的不予签发签证情形的
- ③入境后可能从事与签证种类不符的活动的
- ④法律、行政法规规定不准入境的其他情形
- 对不准入境的，出入境边防检查机关可以不说明理由

（3）外国人禁止出境的情形
- ①被判处刑罚尚未执行完毕或者属于刑事案件被告人、犯罪嫌疑人的，但是按照中国与外国签订的有关协议，移管被判刑人的除外
- ②有未了结的民事案件，人民法院决定不准出境的
- ③拖欠劳动者的劳动报酬，经国务院有关部门或省、自治区、直辖市人民政府决定不准出境的
- ④法律、行政法规规定不准出境的其他情形

3. 法律责任

违法行为	法律责任
①持用伪造、变造、骗取的出境入境证件出境入境的； ②冒用他人出境入境证件出境入境的； ③逃避出境入境边防检查的； ④以其他方式非法出境入境的。	①处 1000 元以上 5000 元以下罚款 ②情节严重的，处 5 日以上 10 日以下拘留，可以并处 2000 元以上 1 万元以下罚款
协助他人非法出境入境的	①处 2000 元以上 1 万元以下罚款 ②情节严重的，处 10 日以上 15 日以下拘留，并处 5000 元以上 2 万元以下罚款，有违法所得的，没收违法所得
弄虚作假骗取签证、停留居留证件等出境入境证件的	①处 2000 元以上 5000 元以下罚款 ②情节严重的，处 10 日以上 15 日以下拘留，并处 5000 元以上 2 万元以下罚款

续表

违法行为	法律责任
违反法律规定，为外国人出具邀请函件或者其他申请材料的	①处 5000 元以上 1 万元以下罚款 ②有违法所得的，没收违法所得，并责令其承担所邀请外国人的出境费用
中国公民出境后非法前往其他国家或者地区被遣返的	出入境边防检查机关应当收缴其出境入境证件，出境入境证件签发机关自其被遣返之日起 6 个月至 3 年以内不予签发出境入境证件
①外国人拒不接受公安机关查验其出境入境证件的； ②外国人拒不交验居留证件的； ③未按照规定办理外国人出生登记、死亡申报的； ④外国人居留证件登记事项发生变更，未按照规定办理变更的； ⑤在中国境内的外国人冒用他人出境入境证件的； ⑥未按照《出境入境管理法》规定办理住宿登记的。	给予警告，可以并处 2000 元以下罚款

考点三

公共航空运输企业权利和义务及相关法律责任的规定（了解）

1. 权利

（1）拒绝载运权
（2）查验机票权
（3）索赔权
（4）减轻、免除赔偿责任权 ⟶ 承运人如能证明旅客死亡、受伤是旅客本身健康状况造成的，或者是由于旅客本人重大过失或故意行为造成的，可以减轻或免除航空公司的责任

2. 义务

（1）出具客票的义务
（2）保证飞行安全、航班正常的义务
（3）告知义务 ⟶ 航班延误或取消时，承运人应根据旅客要求，优先安排旅客乘坐后续航班或签转其他承运人的航班，或退票，并不得收取退票费。
因承运人自身原因导致航班延误或取消，承运人应当向旅客提供餐食或住宿等服务
（4）补救义务
（5）赔偿义务

3. 法律责任

类型	承运人的责任范围	承运人的免责理由	承运人的责任限额
对旅客人身伤害的赔偿责任	因发生在民用航空器上或者在旅客上、下民用航空器过程中的事件，造成旅客人身伤亡的，承运人应当承担责任 **解析** "事件"的含义很广泛，如果旅客的人身伤亡是因为承运人的故意或过错行为造成的，属于法定的"事件"，承运人要承担赔偿责任。一些造成旅客人身伤亡的原因，承运人可能没有主观上的过错，例如劫机、气流造成的飞机颠簸等，也属于"事件"的范畴。	①如果该损害完全是因为旅客本人的健康状况造成的，承运人可以不承担赔偿责任 **解析** 如果是承运人的行为诱发了旅客在身体上的缺陷，因此导致损害的，即该损害是因为承运人的行为和旅客本人的健康状况共同导致的，承运人还应当承担赔偿责任。②经承运人证明，损失是由于受伤害的旅客的过错造成或者促成的，应当根据旅客造成或者促成此种损失的过错的程度，相应免除或者减轻承运人的责任	在国内航空运输中，承运人对每名旅客的人身赔偿责任限额为40万元人民币 **解析** 如果承运人对旅客的人身伤亡应当承担赔偿责任，承运人在责任限额的范围内，按照旅客的实际损失进行赔偿；对旅客超出责任限额部分的损失，承运人有权不承担责任。法律规定的责任限额不适用的情形：①书面约定高于赔偿责任限额的赔偿数额②承运人同意旅客不经其出票而乘坐民用航空器的，承运人无权援用赔偿责任限额的规定③航空运输中的损失是由于承运人或者其受雇人、代理人的故意或者明知可能造成损失而轻率地作为或者不作为造成的，承运人无权援用赔偿责任限制的规定
对行李毁损的赔偿责任	①因发生在民用航空器上或者在旅客上、下民用航空器过程中的事件，造成行李物品毁灭、遗失或者损坏的，承运人应当承担责任②因发生在航空运输期间的事件，造成旅客的托运行李毁灭、遗失或者损坏的，承运人应当承担责任 **解析** 航空运输期间是指在机场内、民用航空器上或者机场外降落的任何地点，托运行李处于承运人掌管之下的全部期间。	旅客随身携带物品或者托运行李的毁灭、遗失或者损坏完全是由于行李本身的自然属性、质量或者缺陷造成的，承运人不承担责任	在国内航空运输中，对托运行李的赔偿责任限额，承运人按照每千克100元人民币承担责任；对每名旅客随身携带的物品，承运人的赔偿责任限额为每人3000元。承运人在责任限额范围内对旅客的行李物品承担责任

续表

类型	承运人的责任范围	承运人的免责理由	承运人的责任限额
对延迟运输的赔偿责任	仅限于因此给旅客造成的经济损失，旅客对自己所受的损失要负举证责任。如果该损失属于直接损失，则属于承运人的责任范围。对于旅客因延误运输遭受的间接损失，承运人是否承担赔偿责任，目前法律没有明确的规定	①对延误运输导致的责任，如果承运人能够证明该延误是不可避免的，承运人无须承担责任。不可避免的延误包括承运人已经采取了一切措施或者是无法采取措施防止的延误，对此，承运人应当负举证责任②如果承运人不能证明自己已经采取了一切措施或者是无法采取措施，承运人就应当承担延误运输的责任。但即使承运人无须因延误运输对旅客承担赔偿责任，也应当为旅客安排其他航班以及食宿	（略）

考点四

铁路运输企业权利和义务及相关法律责任的规定（了解）

1. 权利

①依照规定收取运输费用

②要求旅客遵守国家法令和铁路规章制度，保证安全

③对损害他人的利益和铁路设备、设施的行为有权制止、消除危险和要求赔偿

2. 义务

①为旅客提供良好的旅行环境和服务设施，不断提高服务质量

②应当保证旅客和货物运输的安全；保证列车正点到达

③对运送期间发生的旅客身体损害进行赔偿，对运送期间因承运人过错造成的旅客随身携带物品的损失予以赔偿

3. 法律责任

类型	违法行为	法律责任
对旅客人身伤害的赔偿责任	①旅客在铁路运输过程中发生人身伤害	铁路运输企业应当予以赔偿
	②在运送期间因承运人过错给旅客造成身体损害时	铁路运输企业应当予以赔偿
	③经承运人证明事故是由承运人和旅客或托运人的共同过错所致	应根据各自过错的程度分别承担责任
	④因不可抗力或旅客自身疾病或自身过错导致的损失	承运人不承担责任 **解析** 违章通过平交道口或者人行过道，或者在铁路线路上行走、坐卧造成的人身伤亡，属于受害人自身的原因造成的人身伤亡。
	⑤因第三人责任造成旅客伤害时	应由第三人负责，第三人不明确或无赔偿能力，旅客要求承运人代为先行赔偿时，承运人应当先行代为赔偿，承运人代为赔偿后即取得向第三人追偿的权利
对行李损毁的赔偿责任	（1）逾期运输所导致的责任 铁路运输企业应当按期将旅客的行李运到目的站；逾期运到的	①铁路运输企业应当支付违约金 ②铁路运输企业逾期30日仍未将货物、包裹、行李交付收货人或者旅客的，托运人、收货人或者旅客有权按货物、包裹、行李灭失向铁路运输企业要求赔偿
	（2）行李灭失所导致的责任 铁路运输企业应当对承运的货物、包裹、行李自接受承运时起到交付时止发生的灭失、短少、变质、污染或者损坏	承担赔偿责任，赔偿标准为： ①按保价运输办理的物品全部灭失时按实际损失赔偿，但最高不超过声明价格。部分损失时，按损失部分所占的比例赔偿 ②分件保价的物品按所灭失该件的实际损失赔偿，最高不超过该件的声明价格 ③行李、包裹全部或部分灭失时，退还全部或部分运费
	（3）不承担赔偿责任的情形 ①不可抗力 ②货物或者包裹、行李中的物品本身的自然属性，或者合理损耗 ③托运人、收货人或者旅客的过错	铁路运输企业不承担赔偿责任

考点五

道路运输企业权利和义务及相关法律责任的规定（了解）

1. 权利

（1）车票查验
（2）行李检查
（3）知情权

2. 义务

（1）提供良好的乘车环境，采取必要的措施防止在运输过程中发生侵害旅客人身、财产安全的违法行为
（2）应当连续提供运输服务，不得擅自暂停、终止或者转让班线运输
（3）从事包车客运的，应当按照约定的起始地、目的地和线路运输。从事旅游客运的，应当在旅游区域按照旅游线路运输
（4）不得强迫旅客乘车，不得甩客、敲诈旅客；不得擅自更换运输车辆
（5）应当加强对从业人员的安全教育、职业道德教育。道路运输从业人员应当遵守道路运输操作规程，不得违章作业。驾驶人员连续驾驶时间不得超过 4 小时
（6）应当使用符合国家规定标准的车辆从事道路运输经营
（7）应当加强对车辆的维护和检测；不得使用报废的、擅自改装的和其他不符合国家规定的车辆从事道路运输经营
（8）应当制定有关交通事故、自然灾害以及其他突发事件的道路运输应急预案
（9）发生交通事故、自然灾害以及其他突发事件，客运经营者和货运经营者应当服从县级以上人民政府或者有关部门的统一调度、指挥
（10）道路运输车辆应当随车携带车辆营运证，不得转让、出租
（11）运输旅客的车辆不得超过核定的人数，不得违反规定载货；运输货物的，不得运输旅客，运输的货物应当符合核定的载重量，严禁超载；载物的长、宽、高不得违反装载要求
（12）客运经营者、危险货物运输经营者应当分别为旅客或者危险货物投保承运人责任险

3. 法律责任

违法行为	法律责任
未取得道路运输经营许可，擅自从事道路运输经营的	①由县级以上道路运输管理机构责令停止经营 ②有违法所得的，没收违法所得，处违法所得 2 倍以上 10 倍以下的罚款 ③没有违法所得或者违法所得不足 2 万元的，处 3 万元以上 10 万元以下的罚款 ④构成犯罪的，依法追究刑事责任
不符合规定条件的人员驾驶道路运输经营车辆的 **解析**《道路运输条例》第 9 条规定从事客运经营的驾驶人员，应当符合下列条件： ①取得相应的机动车驾驶证 ②年龄不超过 60 周岁 ③3 年内无重大以上交通责任事故记录 ④经设区的市级道路运输管理机构对有关客运法律法规、机动车维修和旅客急救基本知识考试合格 《道路运输条例》第 22 条规定从事货运经营的驾驶人员，应当符合下列条件： ①取得相应的机动车驾驶证 ②年龄不超过 60 周岁 ③经设区的市级道路运输管理机构对有关货运法律法规、机动车维修和货物装载保管基本知识考试合格（使用总质量 4500 千克及以下普通货运车辆的驾驶人员除外）	①由县级以上道路运输管理机构责令改正，处 200 元以上 2000 元以下的罚款 ②构成犯罪的，依法追究刑事责任
客运经营者、货运经营者、道路运输相关业务经营者非法转让、出租道路运输许可证件的	①由县级以上道路运输管理机构责令停止违法行为，收缴有关证件，处 2000 元以上 1 万元以下的罚款 ②有违法所得的，没收违法所得
客运经营者、危险货物运输经营者未按规定投保承运人责任险的	①由县级以上道路运输管理机构责令限期投保 ②拒不投保的，由原许可机关吊销道路运输经营许可证
客运经营者、货运经营者不按照规定携带车辆营运证的	由县级以上道路运输管理机构责令改正，处警告或者 20 元以上 200 元以下的罚款
客运经营者、货运经营者有下列情形之一的： ①不按批准的客运站点停靠或者不按规定的线路、公布的班次行驶的 ②强行招揽旅客、货物的 ③在旅客运输途中擅自变更运输车辆或者将旅客移交他人运输的 ④未报告原许可机关，擅自终止客运经营的 ⑤没有采取必要措施防止货物脱落、扬撒等的	①由县级以上道路运输管理机构责令改正，处 1000 元以上 3000 元以下的罚款 ②情节严重的，由原许可机关吊销道路运输经营许可证

续表

违法行为	法律责任
客运经营者、货运经营者不按规定维护和检测运输车辆的	①由县级以上道路运输管理机构责令改正，处1000元以上5000元以下的罚款 ②违反本条例的规定，客运经营者、货运经营者擅自改装已取得车辆营运证的车辆的，由县级以上道路运输管理机构责令改正，处5000元以上2万元以下的罚款
道路运输站（场）经营者允许无证经营的车辆进站从事经营活动以及超载车辆、未经安全检查的车辆出站或者无正当理由拒绝道路运输车辆进站从事经营活动的	由县级以上道路运输管理机构责令改正，处1万元以上3万元以下的罚款
道路运输站（场）经营者擅自改变道路运输站（场）的用途和服务功能，或者不公布运输线路、起止经停站点、运输班次、始发时间、票价的	①由县级以上道路运输管理机构责令改正；拒不改正的，处3000元的罚款 ②有违法所得的，没收违法所得

考点六

水路运输企业权利和义务及相关法律责任的规定（了解）

1. 权利

（1）知情权
（2）其他权利，如行李检查等

2. 义务

（1）应当保持相应的经营资质条件，按照国内水路运输经营许可证核定的经营范围从事水路运输经营活动
（2）不得出租、出借水路运输经营许可证，或以其他形式非法转让水路运输经营资格
（3）从事水路运输的船舶应当随船携带船舶营业运输证，不得转让、出租、出借或者涂改。船舶营业运输证遗失或者损毁的，应当及时向原配发机关申请补发
（4）应该按照船舶营业运输证标定的载客定额、载货定额和经营范围从事旅客和货物运输，不得超载。使用客货船或者滚装客船载运危险货物时，不得载运旅客，但按照相关规定随船押运货物的人员和滚装车辆的司机除外
（5）不得擅自改装客船、危险品船增加载客定额、载货定额或者变更从事散装液体危险货物运输的种类
（6）应当使用规范的、符合有关法律法规和交通运输部规定的客票和运输单证

（7）应当自取得班轮航线经营许可之日起 60 日内开航，并在开航的 15 日前通过媒体在该航线停靠的各客运站点的明显位置向社会公布所使用的船舶、班期、班次、票价等信息，同时报原许可机关备案

（8）旅客班轮应当按照公布的班期、班次运行。变更班期、班次、票价的，水路旅客班轮运输业务经营者应当在变更的 15 日前向社会公布，并报原许可机关备案。停止经营部分或者全部班轮航线的，经营者应当在停止经营的 30 日前向社会公布，并报原许可机关备案

（9）应当以公布的票价销售客票，不得对相同条件的旅客实施不同的票价，不得以搭售、现金返还、加价等不正当方式变相变更公布的票价并获取不正当利益，不得低于客票载明的舱室或者席位等级安排旅客

（10）从事水路运输经营活动，应当依法经营，诚实守信，禁止以不合理的运价或者其他不正当方式、不规范行为争抢客源、货源及提供运输服务。水路旅客运输业务经营者为招揽旅客发布信息，必须真实、准确，不得进行虚假宣传，误导旅客，对其在经营活动中知悉的旅客个人信息，应当予以保密

（11）应当就运输服务中的安全事项，以明示的方式向旅客做出说明或者警示

3. 法律责任

违法行为	法律责任
水路运输经营者未按照本规定要求配备海务、机务管理人员的	①由其所在地县级以上人民政府水路运输管理部门责令改正 ②处 1 万元以上 3 万元以下的罚款
水路运输经营者或其船舶在规定期限内，经整改仍不符合本规定要求的经营资质条件的	由其所在地县级以上人民政府水路运输管理部门报原许可机关撤销其经营许可或者船舶营运证件
从事水路运输经营的船舶超出船舶营业运输证核定的经营范围，或者擅自改装客船、危险品船增加船舶营业运输证核定的载客定额、载货定额或者变更从事散装液体危险货物运输种类的	按照《国内水路运输管理条例》第 34 条第 1 款的规定予以处罚 解析《国内水路运输管理条例》第 34 条第 1 款规定水路运输经营者使用未取得船舶营运证件的船舶从事水路运输的，由负责水路运输管理的部门责令该船停止经营，没收违法所得，并处违法所得 1 倍以上 5 倍以下的罚款；没有违法所得或者违法所得不足 2 万元的，处 2 万元以上 10 万元以下的罚款。
有下列行为之一的： ①未履行备案义务 ②未以公布的票价或者变相变更公布的票价销售客票； ③进行虚假宣传，误导旅客或者托运人 ④以不正当方式或者不规范行为争抢客源、货源及提供运输服务扰乱市场秩序 ⑤使用的运输单证不符合有关规定	①由其所在地县级以上人民政府水路运输管理部门责令改正，处 2000 元以上 1 万元以下的罚款 ②一年内累计三次以上违反的，处 1 万元以上 3 万元以下的罚款
水路运输经营者拒绝管理部门根据本规定进行的监督检查或者隐匿有关资料或瞒报、谎报有关情况的	由其所在地县级以上人民政府水路运输管理部门予以警告，并处 2000 元以上 1 万元以下的罚款

第十三章
食品安全、住宿与娱乐法律制度

1. 考试大纲

　　熟悉《食品安全法》关于食品安全保障法律制度及相关法律责任的规定,《旅游法》《旅馆业治安管理办法》及有关法律法规关于饭店经营者权利和义务及相关责任的规定,《娱乐场所管理条例》关于娱乐场所的设立和经营规则、监督管理及相关法律责任的规定;掌握食品安全事故处理制度及相关法律责任。

2. 大纲解读

序号	主要内容	考纲要求	考试频率
1	《食品安全法》关于食品安全保障法律制度及相关法律责任的规定	熟悉	★★★★☆
2	《旅游法》《旅馆业治安管理办法》及有关法律法规关于饭店经营者权利和义务及相关责任的规定	熟悉	★★★★☆
3	《娱乐场所管理条例》关于娱乐场所的设立及相关法律责任的规定	熟悉	★★★★☆
4	《娱乐场所管理条例》关于娱乐场所经营规则及相关法律责任的规定	熟悉	★★★★☆
5	《娱乐场所管理条例》关于娱乐场所的监督管理及相关法律责任的规定	熟悉	★★★★☆
6	食品安全事故处理制度及相关法律责任	掌握	★★★★★

3. 2019 年考点分析

　　调整部分:《食品安全法》关于食品安全保障法律制度及相关法律责任的规定的考纲要求,由"了解"升级为"熟悉";关于食品安全事故处理制度及相关法律责任的考纲要求,由"熟悉"升级为"掌握"。

　　上述大纲中的内容均为 2019 年预计考点。

考 点 精 讲

 考点一

《食品安全法》关于食品安全保障法律制度及相关法律责任的规定（熟悉）

序号	制度	主要内容
1	食品安全风险监测和评估制度	①国家建立食品安全风险监测制度，对食源性疾病、食品污染以及食品中的有害因素进行监测。国务院卫生行政部门会同国务院食品安全监督管理等部门，制定、实施国家食品安全风险监测计划 ②国家建立食品安全风险评估制度，运用科学方法，根据食品安全风险监测信息、科学数据以及有关信息，对食品、食品添加剂、食品相关产品中生物性、化学性和物理性危害因素进行风险评估。国务院卫生行政部门负责组织食品安全风险评估工作，成立由医学、农业、食品、营养、生物、环境等方面的专家组成的食品安全风险评估专家委员会进行食品安全风险评估。食品安全风险评估结果由国务院卫生行政部门公布
2	食品安全国家标准制度	①制定食品安全标准，应当以保障公众身体健康为宗旨，做到科学合理、安全可靠。第25条规定，食品安全标准是强制执行的标准。除食品安全标准外，不得制定其他食品强制性标准 ②食品安全国家标准由国务院卫生行政部门会同国务院食品安全监督管理部门制定、公布，国务院标准化行政部门提供国家标准编号 ③对地方特色食品，没有食品安全国家标准的，省、自治区、直辖市人民政府卫生行政部门可以制定并公布食品安全地方标准，报国务院卫生行政部门备案。食品安全国家标准制定后，该地方标准即行废止 ④国家鼓励食品生产企业制定严于食品安全国家标准或者地方标准的企业标准，在本企业适用，并报省、自治区、直辖市人民政府卫生行政部门备案 ⑤进口的食品、食品添加剂、食品相关产品应当符合我国食品安全国家标准
3	食品生产经营许可制度	①国家对食品生产经营实行许可制度。从事食品生产、食品销售、餐饮服务，应当依法取得许可。但是，销售食用农产品，不需要取得许可 ②国家对食品添加剂生产实行许可制度。从事食品添加剂生产，应当具有与所生产食品添加剂品种相适应的场所、生产设备或者设施、专业技术人员和管理制度，并依照本法第35条第2款规定的程序，取得食品添加剂生产许可。《食品安全法实施条例》第20条规定，食品生产经营许可的有效期为3年

续表

序号	制度	主要内容
4	食品安全全程追溯制度	食品生产经营者应当依照本法的规定，建立食品安全追溯体系，保证食品可追溯。国家鼓励食品生产经营者采用信息化手段采集、留存生产经营信息，建立食品安全追溯体系。国务院食品安全监督管理部门会同国务院农业行政等有关部门建立食品安全全程追溯协作机制
5	食品从业人员健康管理制度	食品生产经营者应当建立并执行从业人员健康管理制度。患有国务院卫生行政部门规定的有碍食品安全疾病的人员，不得从事接触直接入口食品的工作。从事接触直接入口食品工作的食品生产经营人员应当每年进行健康检查，取得健康证明后方可上岗工作
6	食品安全自查制度	食品生产经营者应当建立食品安全自查制度，定期对食品安全状况进行检查评价。生产经营条件发生变化，不再符合食品安全要求的，食品生产经营者应当立即采取整改措施；有发生食品安全事故潜在风险的，应当立即停止食品生产经营活动，并向所在地县级人民政府食品安全监督管理部门报告
7	食品出厂检验记录制度	食品生产企业应当建立食品出厂检验记录制度，查验出厂食品的检验合格证和安全状况，如实记录食品的名称、规格、数量、生产日期或者生产批号、保质期、检验合格证号、销售日期以及购货者名称、地址、联系方式等内容，并保存相关凭证。食品、食品添加剂、食品相关产品的生产者，应当按照食品安全标准对所生产的食品、食品添加剂、食品相关产品进行检验，检验合格后方可出厂或者销售
8	食品召回制度	①国家建立食品召回制度。食品生产者发现其生产的食品不符合食品安全标准或者有证据证明可能危害人体健康的，应当立即停止生产，召回已经上市销售的食品，通知相关生产经营者和消费者，并记录召回和通知情况 ②食品经营者发现其经营的食品有前款规定情形的，应当立即停止经营，通知相关生产经营者和消费者，并记录停止经营和通知情况。食品生产者认为应当召回的，应当立即召回。由于食品经营者的原因造成其经营的食品有前款规定情形的，食品经营者应当召回
9	特殊食品严格监管制度	①国家对保健食品、特殊医学用途配方食品和婴幼儿配方食品等特殊食品实行严格监督管理 ②保健食品声称保健功能，应当具有科学依据，不得对人体产生急性、亚急性或者慢性危害。保健食品的标签、说明书不得涉及疾病预防、治疗功能，内容应当真实，与注册或者备案的内容相一致，载明适宜人群、不适宜人群、功效成分或者标识性成分及其含量等，并声明"本品不能代替药物"。保健食品的功能和成分应当与标签、说明书相一致 ③特殊医学用途配方食品应当经国务院食品安全监督管理部门注册。注册时，应当提交产品配方、生产工艺、标签、说明书以及表明产品安全性、营养充足性和特殊医学用途临床效果的材料 ④生产婴幼儿配方食品使用的生鲜乳、辅料等食品原料、食品添加剂等，应当符合法律、行政法规的规定和食品安全国家标准，保证婴幼儿生长发育所需的营养成分

续表

序号	制度	主要内容
10	民事赔偿优先制度	违反本法规定，造成人身、财产或者其他损害的，依法承担赔偿责任。生产经营者财产不足以同时承担民事赔偿责任和缴纳罚款、罚金时，<u>先承担民事赔偿责任</u>
11	首负责任制和惩罚性赔偿制度	①消费者因食用不符合食品安全标准的食品受到损害的，可以向经营者要求赔偿损失，也可以向生产者要求赔偿损失。接到消费者赔偿要求的生产经营者，应当实行首负责任制，先行赔付，不得推诿；属于生产者责任的，经营者赔偿后有权向生产者追偿；属于经营者责任的，生产者赔偿后有权向经营者追偿。<u>生产不符合食品安全标准的食品或者经营明知是不符合食品安全标准的食品，消费者除要求赔偿损失外，还可以向生产者或者经营者要求支付价款 10 倍或者损失 3 倍的赔偿金；增加赔偿的金额不足 1000 元的，为 1000 元</u>。但是，食品的标签、说明书存在不影响食品安全且不会对消费者造成误导的瑕疵的除外 ②惩罚性赔偿制度有利于制裁消费领域的欺诈行为，维护消费者的合法权益。值得注意的是，即使消费者购买后尚未食用不符合食品安全标准的食品，没有造成实际损失，仍可要求生产经营者支付价款 10 倍的赔偿金

考点二

《旅游法》《旅馆业治安管理办法》及有关法律法规关于饭店经营者权利和义务及相关责任的规定（熟悉）

1. 饭店经营者的权利

序号	权利	主要内容
1	向旅客收取费用的权利	饭店提供的服务一般都是有偿服务，这是由饭店自身的企业性质决定的。因此，当饭店向旅客提供住宿客房及相关配套服务时，旅客有义务承担住宿费和法律允许或双方约定的服务费用，例如餐饮、洗衣、电话等费用。当旅客无力支付或拒绝支付时，饭店有权留置旅客的财物，从旅客的财物中受偿住宿等费用。但是，<u>旅客被留置的财物价值只能是相当于旅客所欠缴的实际费用，同时饭店的留置权在旅客付清所欠费用时终止</u>
2	合理拒绝接待旅客的权利	饭店在接待旅客的过程中，不得因旅客的种族、国籍、肤色、宗教信仰等原因对旅客加以歧视，甚至拒绝接待。但在有正当理由的前提下，饭店可以合理地拒绝接待旅客，即不与旅客签订住宿合同或者终止与旅客的住宿合同。一般而言，发生下列情形饭店可以拒绝接待旅客：①旅客已满，无客房出租；②旅客的行为违反饭店制定的合理规则；③旅客自身状态不适合于住店；④不可抗力发生的情况下；⑤旅客从事赌博、卖淫、盗窃等违反法律法规的活动；⑥旅客无力或者拒绝支付饭店费用；⑦旅客被饭店列为黑名单；⑧法律法规规定的其他情况。饭店在依法拒绝接待旅客时，行为应当慎重，要使用足够谨慎、合理的方式，否则容易引起新的纠纷。对于旅客的违法犯罪行为，饭店应当及时向公安机关报告

续表

序号	权利	主要内容
3	制止旅客在饭店内不良行为的权利	对于旅客在饭店内从事违背社会公序良俗但未构成犯罪的行为，以及给其他大多数旅客带来不良感受的行为，饭店有权加以制止，但是制止的方式不宜粗暴，不得使旅客受到不必要的强制或屈辱。对于旅客在饭店里进行的违法犯罪活动，饭店经营者和工作人员应当举报，并配合公安机关的执法行为
4	要求旅客遵守饭店规则的权利	饭店有权要求旅客正确使用饭店提供的设施、设备，爱护饭店的公共财物，遵守饭店作息时间，登记时查验旅客身份证明，旅客不得私自留客住宿或转让床位，不得卧床吸烟等
5	要求旅客赔偿合理损失的权利	旅客不履行合同的约定造成饭店损失的，饭店可以要求旅客赔偿合理的损失。旅客预订客房不住宿又不及时通知，给饭店造成不必要的损失的，应当向饭店承担违约责任，饭店有权在合理的范围内要求旅客赔偿其损失。在饭店内住宿的旅客，不遵守合同的约定和饭店有关规定，造成饭店设施、设备损坏等情形的，饭店也有权向旅客索赔，视情况要求旅客承担相应的赔偿责任

2. 饭店经营者的义务

序号	义务	主要内容
1	按照合同约定提供服务的义务	①饭店和旅客的住宿合同一旦成立，就必须按照合同约定提供住宿以及与饭店性质相适应的其他服务；提供的服务应当符合国家或行业标准，否则应当承担违约责任；造成旅客人身损害或者财产损失的，应当支付赔偿金 ②因某种客观原因不能向旅客提供预订房间的，在征得旅客同意的前提下，饭店可以在本饭店内另换标准相近的房间，或将其转移至其他饭店，为其提供相同等级的服务，因此增加的合理费用，由饭店承担。《旅游法》第75条规定，住宿经营者应当按照旅游服务合同的约定为团队旅游者提供住宿服务。住宿经营者未能按照旅游服务合同提供服务的，应当为旅游者提供不低于原定标准的住宿服务，因此增加的费用由住宿经营者承担；但由于不可抗力、政府因公共利益需要采取措施造成不能提供服务的，住宿经营者应当协助安排旅游者住宿 ③《合同法》第107条规定，当事人一方不履行合同义务或者履行合同义务不符合约定的，应当承担继续履行、采取补救措施或者赔偿损失等违约责任。因此，住宿经营者未能按照合同提供住宿服务的，应当承担继续履行、采取补救措施或赔偿损失等违约责任。由于住宿服务具有特殊性，要求饭店继续按照约定提供住宿服务，且其标准不得低于约定的服务标准，是最符合旅客利益的，因此《旅游法》要求饭店对违约承担继续履行的责任。当然，由于不可抗力、政府因公共利益需要采取措施造成饭店不能提供服务的，应当免除其实际履行的责任，但是依然应当协助安排旅客住宿

续表

序号	义务	主要内容
2	保障旅客人身安全的义务	①《侵权责任法》第37条规定，宾馆、商场、银行、车站、娱乐场所等公共场所的管理人或者群众性活动的组织者，未尽到安全保障义务，造成他人损害的，应当承担侵权责任。因第三人的行为造成他人损害的，由第三人承担侵权责任；管理人或者组织者未尽到安全保障义务的，承担相应的补充责任 ②饭店在实际经营过程中，常常将其部分经营项目或者场地交由他人从事住宿、餐饮、购物、娱乐等经营，从而在饭店与实际经营者之间形成租赁合同、承包合同等法律关系。实际经营者向旅客提供住宿、餐饮、购物、娱乐等服务时，会形成相应的合同法律关系。《旅游法》第54条规定，景区、住宿经营者将其部分经营项目或者场地交由他人从事住宿、餐饮、购物、游览、娱乐、旅游交通等经营的，应当对实际经营者的经营行为给旅游者造成的损害承担连带责任。因此，当实际旅游经营者的经营行为给旅客造成人身损害或财产损失时，旅客既有权向饭店和实际经营者要求共同承担责任，也可以要求其中的任何一方承担全部责任，任何一方均不得拒绝
3	保障旅客财产安全的义务	①当饭店和旅客之间的服务合同成立后，饭店对旅客的财产安全即负有责任。因此，旅客可以依照合同要求饭店保护自身财物的安全。饭店有义务对旅客寄存的贵重财物进行保管，并设置保险箱、柜、室，指定专人负责，建立登记、领取和交接制度。同时，饭店还应当保护旅客在饭店停车场内车辆的安全，并提醒旅客保管好放置在汽车内的物品，贵重财物需要寄存。由于饭店的原因造成旅客财物灭失、毁损的，饭店应当承担赔偿责任；由于旅客自己的行为造成损害的，饭店不承担赔偿责任；双方均有过错的，应当各自承担相应的责任 ②当旅客离店后，如果在客房内发现旅客遗留下来的财物，饭店应当将其记录在登记册上，并写明旅客的姓名、房号、离店时间、物品名称及拾得者姓名，交领班送客房部妥善保管，然后根据旅客登记所留下的地址或联系方式设法将遗留财物归还原主，决不能占为己有。当旅客索取时，饭店应当无条件返还，但是可以收取一定数量的保管费
4	尊重旅客隐私权的义务	隐私权作为一种基本人格权利，是指公民享有私人生活安宁与私人信息依法受到保护，不被他人非法侵扰、知悉、搜集、利用和公开的一种人格权。旅客租用饭店的客房，依法享有在客房里独处和安宁地使用客房的权利，并且私人信息受到饭店的保护。因此，饭店应当充分尊重旅客的隐私权。非经旅客的允许或者法定的事由，饭店的工作人员不得随意进入旅客的房间，也不得将旅客的住宿信息告诉他人或者将旅客的房间钥匙交给他人。因工作需要，执行公务的人员对旅客的房间进行搜查，应当出示规定的证件，符合法律规定的程序

考点三

《娱乐场所管理条例》关于娱乐场所的设立及相关法律责任的规定（熟悉）

1. 娱乐场所设立的限制性规定

序号	项目	主要内容
1	人员的限制	有下列情形之一的人员，不得开办娱乐场所或者在娱乐场所内从业：曾犯有组织、强迫、引诱、容留、介绍卖淫罪，制作、贩卖、传播淫秽物品罪，走私、贩卖、运输、制造毒品罪，强奸罪，强制猥亵、侮辱妇女罪，赌博罪，洗钱罪，组织、领导、参加黑社会性质组织罪的；因犯罪曾被剥夺政治权利的；因吸食、注射毒品曾被强制戒毒的；因卖淫、嫖娼曾被处以行政拘留的
2	外商投资者的限制	外国投资者可以与中国投资者依法设立中外合资经营、中外合作经营的娱乐场所，不得设立外商独资经营的娱乐场所
3	娱乐场所设立地点的限制	娱乐场所不得设在下列地点：居民楼、博物馆、图书馆和被核定为文物保护单位的建筑物内；居民住宅区和学校、医院、机关周围；车站、机场等人群密集的场所；建筑物地下一层以下；与危险化学品仓库毗连的区域
4	娱乐场所边界噪声标准的限制	娱乐场所的边界噪声，应当符合国家规定的环境噪声标准
5	娱乐场所设立面积的限制	娱乐场所的使用面积，不得低于国务院文化主管部门规定的最低标准；设立含有电子游戏机的游艺娱乐场所，应当符合国务院文化主管部门关于总量和布局的要求

2. 申请从事娱乐场所经营活动的程序性规定和法律责任

序号	程序	主要内容
1	申请	①娱乐场所申请从事娱乐场所经营活动，应当向所在地县级人民政府文化主管部门提出申请；中外合资经营、中外合作经营的娱乐场所申请从事娱乐场所经营活动，应当向所在地省、自治区、直辖市人民政府文化主管部门提出申请 ②娱乐场所申请从事娱乐场所经营活动，应当提交投资人员、拟任的法定代表人和其他负责人没有本条例规定的资格限制情形的书面声明。申请人应当对书面声明内容的真实性负责
2	核查、检查和决定	①核查。受理申请的文化主管部门应当就书面声明向公安部门或者其他有关单位核查，公安部门或者其他有关单位应当予以配合 ②检查和决定。经核查属实的，文化主管部门应当依据条例第7条、第8条对娱乐场所的设立地点、边界噪声和使用面积进行实地检查，做出决定。予以批准的，颁发娱乐经营许可证，并根据国务院文化主管部门的规定核定娱乐场所容纳的消费者数量；不予批准的，应当书面通知申请人并说明理由

续表

序号	程序	主要内容
3	听证	文化主管部门审批娱乐场所应当举行听证。有关听证的程序，依照《中华人民共和国行政许可法》的规定执行
4	备案	①娱乐场所依法取得营业执照和相关批准文件、许可证后，应当在 15 日内向所在地县级公安部门备案 ②娱乐场所改建、扩建营业场所或者变更场地、主要设施设备、投资人员，或者变更娱乐经营许可证载明的事项，应当向原发证机关申请重新核发娱乐经营许可证，并向公安部门备案；需要办理变更登记的，应当依法向工商行政管理部门办理变更登记

序号	行为	法律责任
1	违反本条例规定，擅自从事娱乐场所经营活动的	由文化主管部门依法予以取缔
2	公安部门在查处治安、刑事案件时，发现擅自从事娱乐场所经营活动的	应当依法予以取缔
3	以欺骗等不正当手段取得娱乐经营许可证的	由原发证机关撤销娱乐经营许可证
4	娱乐场所取得营业执照后，未按照规定向公安部门备案的	由县级公安部门责令改正，给予警告
5	娱乐场所变更有关事项，未按照规定申请重新核发娱乐经营许可证的	由县级人民政府文化主管部门责令改正，给予警告；情节严重的，责令停业整顿 1 个月至 3 个月

考点四

《娱乐场所管理条例》关于娱乐场所经营规则及相关法律责任的规定（熟悉）

1. 禁止性规定

禁止性规定

1. 禁止内容

①违反宪法确定的基本原则的

②危害国家统一、主权或者领土完整的

③危害国家安全，或者损害国家荣誉、利益的

④煽动民族仇恨、民族歧视，伤害民族感情或者侵害民族风俗、习惯，破坏民族团结的

⑤违反国家宗教政策，宣扬邪教、迷信的

⑥宣扬淫秽、赌博、暴力以及与毒品有关的违法犯罪活动，或者教唆犯罪的

⑦违背社会公德或者民族优秀文化传统的

⑧侮辱、诽谤他人，侵害他人合法权益的

⑨法律、行政法规禁止的其他内容

2. 禁止行为

①贩卖、提供毒品，或者组织、强迫、教唆、引诱、欺骗、容留他人吸食、注射毒品

②组织、强迫、引诱、容留、介绍他人卖淫、嫖娼

③制作、贩卖、传播淫秽物品；提供或者从事以营利为目的的陪侍

④赌博

⑤从事邪教、迷信活动

⑥其他违法犯罪行为

⑦娱乐场所的从业人员不得吸食、注射毒品，不得卖淫、嫖娼

⑧娱乐场所及其从业人员不得为进入娱乐场所的人员实施上述行为提供条件

2. 娱乐场所经营活动规则和法律责任

序号	规则	项目	主要内容
1	娱乐场所的环境规则	①闭路电视监控设备	歌舞娱乐场所应当按照国务院公安部门的规定在营业场所的出入口、主要通道安装闭路电视监控设备，并应当保证闭路电视监控设备在营业期间正常运行，不得中断。歌舞娱乐场所应当将闭路电视监控录像资料留存30日备查，不得删改或者挪作他用
		②包厢、包间门窗装置	歌舞娱乐场所的包厢、包间内不得设置隔断，并应当安装展现室内整体环境的透明门窗。包厢、包间的门不得有内锁装置
		③亮度标准	营业期间，歌舞娱乐场所内亮度不得低于国家规定的标准
		④音像制品或电子产品	娱乐场所使用的音像制品或者电子游戏应当是依法出版、生产或者进口的产品。歌舞娱乐场所播放的曲目和屏幕画面以及游艺娱乐场所的电子游戏机内的游戏项目，不得含有本条例禁止的内容；歌舞娱乐场所使用的歌曲点播系统不得与境外的曲库相连接
		⑤游戏设施设备	游艺娱乐场所不得设置具有赌博功能的电子游戏机机型、机种、电路板等游戏设施设备，不得以现金或者有价证券作为奖品，不得回购奖品
		⑥消防安全	娱乐场所的法定代表人或者主要负责人应当对娱乐场所的消防安全和其他安全负责。娱乐场所应当确保其建筑、设施符合国家安全标准和消防技术规范，定期检查消防设施状况，并及时维护、更新。娱乐场所应当制订安全工作方案和应急疏散预案。营业期间，娱乐场所应当保证疏散通道和安全出口畅通，不得封堵、锁闭疏散通道和安全出口，不得在疏散通道和安全出口设置栅栏等影响疏散的障碍物。娱乐场所应当在疏散通道和安全出口设置明显指示标识，不得遮挡、覆盖指示标识
		⑦安全检查	任何人不得非法携带枪支、弹药、管制器具或者携带爆炸性、易燃性、毒害性、放射性、腐蚀性等危险物品和传染病病原体进入娱乐场所。迪斯科舞厅应当配备安全检查设备，对进入营业场所的人员进行安全检查
		⑧警示标识	娱乐场所应当在营业场所的大厅、包厢、包间内的显著位置悬挂含有禁毒、禁赌、禁止卖淫嫖娼等内容的警示标识，未成年人禁入或者限入标识。标识应当注明公安部门、文化主管部门的举报电话
		⑨保安人员	娱乐场所应当与保安服务企业签订保安服务合同，配备专业保安人员；不得聘用其他人员从事保安工作
		⑩消费者	歌舞娱乐场所不得接纳未成年人。除国家法定节假日外，游艺娱乐场所设置的电子游戏机不得向未成年人提供

续表

序号	规则	项目	主要内容
2	娱乐场所的营业规则	①文明执业	营业期间,娱乐场所的从业人员应当统一着工作服,佩戴工作标识并携带居民身份证或者外国人就业许可证。从业人员应当遵守职业道德和卫生规范,诚实守信,礼貌待人,不得侵害消费者的人身和财产权利
		②限定营业时间	每日凌晨2时至上午8时,娱乐场所不得营业
		③公平交易	娱乐场所提供娱乐服务项目和出售商品,应当明码标价,并向消费者出示价目表;不得强迫、欺骗消费者接受服务、购买商品
		④建立巡查制度	娱乐场所应当建立巡查制度,发现娱乐场所内有违法犯罪活动的,应当立即向所在地县级公安部门、县级人民政府文化主管部门报告

序号	类别	行为	法律责任
1	违反娱乐活动禁止性规定	娱乐场所实施本条例禁止的违法犯罪行为或者为违法犯罪分子提供条件的	由县级公安部门没收违法所得和非法财物,责令停业整顿3个月至6个月;情节严重的,由原发证机关吊销娱乐经营许可证,对直接负责的主管人员和其他直接责任人员处1万元以上2万元以下的罚款
2	违反娱乐场所环境规则	①照明设施、包厢、包间的设置以及门窗的使用不符合本条例规定的 ②未按照本条例规定安装闭路电视监控设备或者中断使用的 ③未按照本条例规定留存监控录像资料或者删改监控录像资料的 ④未按照本条例规定配备安全检查设备或者未对进入营业场所的人员进行安全检查的 ⑤未按照本条例规定配备保安人员的	由县级公安部门责令改正,给予警告;情节严重的,责令停业整顿1个月至3个月
		①设置具有赌博功能的电子游戏机机型、机种、电路板等游戏设施设备的; ②以现金、有价证券作为奖品,或者回购奖品的	由县级公安部门没收违法所得和非法财物,并处违法所得2倍以上5倍以下的罚款;没有违法所得或者违法所得不足1万元的,并处2万元以上5万元以下的罚款;情节严重的,责令停业整顿1个月至3个月

续表

序号	类别	行为	法律责任
2	违反娱乐场所环境规则	①歌舞娱乐场所的歌曲点播系统与境外的曲库连接的 ②歌舞娱乐场所播放的曲目、屏幕画面或者游艺娱乐场所电子游戏机内的游戏项目含有娱乐活动禁止内容的 ③歌舞娱乐场所接纳未成年人的 ④游艺娱乐场所设置的电子游戏机在国家法定节假日外向未成年人提供的 ⑤娱乐场所容纳的消费者超过核定人数的	由县级人民政府文化主管部门没收违法所得和非法财物，并处违法所得1倍以上3倍以下的罚款；没有违法所得或者违法所得不足1万元的，并处1万元以上3万元以下的罚款；情节严重的，责令停业整顿1个月至6个月
		娱乐场所未按照规定悬挂警示标识、未成年人禁入或者限入标识的	由县级人民政府文化主管部门、县级公安部门依据法定职权责令改正，给予警告
3	违反娱乐场所营业规则	①变更有关事项，未按照本条例规定申请重新核发娱乐经营许可证的； ②在本条例规定的禁止营业时间内营业的； ③从业人员在营业期间未统一着装并佩戴工作标识的	由县级人民政府文化主管部门责令改正，给予警告；情节严重的，责令停业整顿1个月至3个月

考点五

《娱乐场所管理条例》关于娱乐场所的监督管理及相关法律责任的规定（熟悉）

监督管理制度 {
1. 警示记录公开制度
2. 信息通报制度
3. 信用监管制度
4. 及时处理举报制度
}

序号	行为	法律责任
1	向不符合法定设立条件的单位颁发许可证、批准文件、营业执照的	对直接负责的主管人员和其他直接责任人员依法给予行政处分，其中构成犯罪的，依法追究刑事责任
2	不履行监督管理职责，或者发现擅自从事娱乐场所经营活动不依法取缔，或者发现违法行为不依法查处的	
3	接到对违法行为的举报、通报后不依法查处的；利用职务之便，索取、收受他人财物或者谋取其他利益的	
4	利用职务之便，参与、包庇违法行为，或者向有关单位、个人通风报信的	
5	有其他滥用职权、玩忽职守、徇私舞弊行为的	

考点六

食品安全事故处理制度及相关法律责任（掌握）

1. 食品安全事故处理制度

序号	事故处置	主要内容
1	事故单位的应急处置	发生食品安全事故的单位应当立即采取措施，防止事故扩大
2	履行报告、通报义务	①事故单位和接收病人进行治疗的单位应当及时向事故发生地县级人民政府食品安全监督管理、卫生行政部门报告。县级以上人民政府农业行政等部门在日常监督管理中发现食品安全事故或者接到事故举报，应当立即向同级食品安全监督管理部门通报 ②发生食品安全事故，接到报告的县级人民政府食品安全监督管理部门应当按照应急预案的规定向本级人民政府和上级人民政府食品安全监督管理部门报告。县级人民政府和上级人民政府食品安全监督管理部门应当按照应急预案的规定上报。任何单位和个人不得对食品安全事故隐瞒、谎报、缓报，不得隐匿、伪造、毁灭有关证据 ③医疗机构发现其接收的病人属于食源性疾病病人或者疑似病人的，应当按照规定及时将相关信息向所在地县级人民政府卫生行政部门报告。县级人民政府卫生行政部门认为与食品安全有关的，应当及时通报同级食品安全监督管理部门。县级以上人民政府卫生行政部门在调查处理传染病或者其他突发公共卫生事件中发现与食品安全相关的信息，应当及时通报同级食品安全监督管理部门
3	采取行政处理措施	①县级以上人民政府食品安全监督管理部门接到食品安全事故的报告后，应当立即会同同级卫生行政、农业行政等部门进行调查处理，并采取下列措施，防止或者减轻社会危害：一是，开展应急救援工作，组织救治因食品安全事故导致人身伤害的人员；二是，封存可能导致食品安全事故的食品及其原料，并立即进行检验，对确认属于被污染的食品及其原料，责令食品生产经营者依照《食品安全法》第63条的规定召回或者停止经营；三是，封存被污染的食品相关产品，并责令进行清洗消毒；四是，做好信息发布工作，依法对食品安全事故及其处理情况进行发布，并对可能产生的危害加以解释、说明 ②发生食品安全事故需要启动应急预案的，县级以上人民政府应当立即成立事故处置指挥机构，启动应急预案，依照前款和应急预案的规定进行处置 ③发生食品安全事故，县级以上疾病预防控制机构应当对事故现场进行卫生处理，并对与事故有关的因素开展流行病学调查，有关部门应当予以协助。县级以上疾病预防控制机构应当向同级食品安全监督管理、卫生行政部门提交流行病学调查报告

2. 相关法律责任

序号	责任人	行为	责任内容
1	事故单位	事故单位在发生食品安全事故后未进行处置、报告的	由有关主管部门按照各自职责分工责令改正，给予警告；隐匿、伪造、毁灭有关证据的，责令停产停业，没收违法所得，并处10万元以上50万元以下罚款；造成严重后果的，吊销许可证
2	县级以上地方人民政府的直接责任人	①对发生在本行政区域内的食品安全事故，未及时组织协调有关部门开展有效处置，造成不良影响或者损失 ②对本行政区域内涉及多环节的区域性食品安全问题，未及时组织整治，造成不良影响或者损失 ③隐瞒、谎报、缓报食品安全事故 ④本行政区域内发生特别重大食品安全事故，或者连续发生重大食品安全事故	对直接负责的主管人员和其他直接责任人员给予记大过处分；情节较重的，给予降级或者撤职处分；情节严重的，给予开除处分；造成严重后果的，其主要负责人还应当引咎辞职
3	县级以上人民政府食品安全监督管理、卫生行政等部门的直接责任人	①隐瞒、谎报、缓报食品安全事故 ②未按规定查处食品安全事故，或者接到食品安全事故报告未及时处理，造成事故扩大或者蔓延 ③经食品安全风险评估得出食品、食品添加剂、食品相关产品不安全结论后，未及时采取相应措施，造成食品安全事故或者不良社会影响 ④对不符合条件的申请人准予许可，或者超越法定职权准予许可 ⑤不履行食品安全监督管理职责，导致发生食品安全事故	对直接负责的主管人员和其他直接责任人员给予记大过处分；情节较重的，给予降级或者撤职处分；情节严重的，给予开除处分；造成严重后果的，其主要负责人还应当引咎辞职

第十四章
旅游资源保护法律制度

1. 考试大纲

了解《风景名胜区条例》关于风景名胜区设立、规划、保护、合理利用和管理及相关法律责任的规定；《自然保护区条例》关于自然保护区设立条件、区域构成、管理制度、保护和合理利用及相关法律责任的规定；《野生动物保护法》《野生植物保护条例》关于野生动植物的保护、管理及相关法律责任的规定；《文物保护法》关于不可移动文物、馆藏文物、民间收藏文物、文物出境及相关法律责任的规定。

熟悉《国家级文化生态保护区管理办法》关于国家级文化生态保护区及其建设理念，申报与设立、建设与管理的规定；《非物质文化遗产法》关于非物质文化遗产保护原则，非物质文化遗产代表性项目传承与传播及相关法律责任的规定；《博物馆条例》《博物馆管理办法》关于博物馆设立、管理、社会服务及相关法律责任的规定；《保护世界文化和自然遗产公约》《保护非物质文化遗产公约》关于世界文化遗产和自然遗产名录、非物质文化遗产名录以及缔约国义务的规定。

2. 大纲解读

序号	主要内容	考纲要求	考试频率
1	《风景名胜区条例》	了解	★★☆☆☆
2	《自然保护区条例》	了解	★★★☆☆
3	《野生动物保护法》《野生植物保护条例》	了解	★★☆☆☆
4	《文物保护法》	了解	★★★☆☆
5	《博物馆条例》《博物馆管理办法》	熟悉	★★★★★
6	《国家级文化生态保护区管理办法》	熟悉	★★★★★
7	《非物质文化遗产法》	熟悉	★★★★★
8	《保护世界文化和自然遗产公约》《保护非物质文化遗产公约》	熟悉	★★★★☆

3. 2019 年考点分析

新增考点:《国家级文化生态保护区管理办法》。要求熟悉《国家级文化生态保护区管理办法》关于国家级文化生态保护区及其建设理念，申报与设立、建设与管理的规定。

调整部分：将《风景名胜区条例》《自然保护区条例》《野生动物保护法》《野生植物保护条例》《文物保护法》的相关内容由熟悉调整为了解；将《博物馆条例》《博物馆管理办法》《保护世界文化和自然遗产公约》《保护非物质文化遗产公约》的相关内容由了解调整为熟悉。

《非物质文化遗产法》依旧为考试重点，要求熟悉。

2019 年预计考点为博物馆和文化生态保护区的设立、规划、保护、合理利用和管理制度及其相关法律责任，文物、非物质文化遗产和世界遗产的保护、管理及其相关法律责任等文化和旅游融合发展的旅游资源保护法律制度相关内容。

考 点 精 讲

考点一

风景名胜区法律制度（了解）

风景名胜区 ⎰ 概念：指具有观赏、文化或者科学价值，自然景观、人文景观比较集中，环境优美，可供人们游览或者进行科学、文化活动的区域
管理原则：科学规划、统一管理、严格保护、永续利用
主管部门：国务院建设主管部门

1. 风景名胜区的设立

（1）划分：风景名胜区划分为国家级风景名胜区和省级风景名胜区。

（2）要求：新设立的风景名胜区与自然保护区不得重合或者交叉；已设立的风景名胜区与自然保护区重合或者交叉的，风景名胜区规划与自然保护区规划应当相协调。

（3）设立程序：设立国家级风景名胜区，由省、自治区、直辖市人民政府提出申请，国务院建设主管部门会同国务院环境保护主管部门、林业主管部门、文物主管部门等有关部门组织论证，提出审查意见，报国务院批准公布。

设立省级风景名胜区，由县级人民政府提出申请，省、自治区人民政府建设主管部门或者直辖市人民政府风景名胜区主管部门，会同其他有关部门组织论证，提出审查意见，报省、自治区、直辖市人民政府批准公布。

2. 风景名胜区的规划

（1）风景名胜区规划分为总体规划和详细规划。

（2）风景名胜区应当自设立之日起 2 年内编制完成总体规划，规划期一般为 20 年。

（3）总体规划主要内容：①风景资源评价；②生态资源保护措施、重大建设项目布局、开发利用强度；③风景名胜区的功能结构和空间布局；④禁止开发和限制开发

的范围；⑤风景名胜区的游客容量；⑥有关专项规划。

（4）详细规划：应当根据核心景区和其他景区的不同要求编制，确定基础设施、旅游设施、文化设施等建设项目的选址、布局与规模，并明确建设用地范围和规划设计条件。详细规划应当符合总体规划。

3. 风景名胜区的保护

（1）保护原则：风景名胜区内的景观和自然环境，应当根据可持续发展的原则，严格保护，不得破坏或者随意改变。

（2）责任主体：风景名胜区管理机构。

（3）保护职责：应当建立健全风景名胜资源保护的各项管理制度，对区内的重要景观进行调查、鉴定，并制定相应的保护措施。

（4）居民及游览者的义务：应当保护风景名胜区的景物、水体、林木植被、野生动物和各项设施。

（5）禁止性行为及其法律责任

序号	禁止性行为	法律责任
1	开山、采石、开矿等破坏景观、植被和地形地貌的活动	①由风景名胜区管理机构责令停止违法行为、恢复原状或者限期拆除，没收违法所得，并处 50 万元以上 100 万元以下的罚款
2	修建储存爆炸物、易燃物、放射物、毒害性、腐蚀性物品的设施	
3	在风景名胜区内设立各类开发区和在核心区内建设宾馆、招待所、培训中心、疗养院以及与风景名胜资源保护无关的其他建筑物；已经建设的，应当按照风景名胜区规划，逐步迁出	②县级以上地方人民政府及其有关主管部门批准实施上述行为的，对直接负责的主管人员和其他直接责任人员依法给予降级或撤职的处分；构成犯罪的，依法追究刑事责任
4	开荒、修坟立碑等破坏景观、植被和地形地貌的活动	由风景名胜区管理机构责令停止违法行为、限期恢复原状或者采取其他补救措施，没收违法所得，并处 1000 元以上 1 万元以下罚款
5	在景物或者设施上刻画、涂污	由风景名胜区管理机构责令恢复原状或者采取其他补救措施，处 50 元的罚款；刻画、涂污或者以其他方式故意损坏国家保护的文物、名胜古迹的，按照《治安管理处罚法》的有关规定予以处罚；构成犯罪的，追究刑事责任
6	乱扔垃圾	

（6）活动的审批及其法律责任

序号	活动审批	法律责任
1	在风景名胜区内的建设活动应当符合《风景名胜区管理条例》规定，经风景名胜区管理机构审核后，依照有关法律、法规的规定办理审批手续	在风景名胜区内从事禁止范围以外的建设活动的，未经风景名胜区管理机构审核的，由风景名胜区管理机构责令停止建设、限期拆除，对个人处2万元以上5万元以下的罚款，对单位处20万元以上50万元以下的罚款
2	在国家级风景名胜区内修建缆车、索道等重大建设工程，项目的选址方案应当报省、自治区人民政府建设主管部门和直辖市人民政府风景名胜区主管部门核准	在国家级风景名胜区内修建缆车、索道等重大建设工程，项目的选址方案未经省、自治区人民政府建设主管部门和直辖市人民政府风景名胜区主管部门核准，县级以上地方人民政府有关部门核发选址意见书的，对直接负责的主管人员和其他责任人依法给予处分；构成犯罪的，依法追究刑事责任
3	从事下列活动，应当经风景名胜区管理机构审核后，依照有关法律、法规的规定报有关主管部门批准：①设置、张贴商业广告；②举办大型游乐等活动；③改变水资源、水环境自然状态的活动；④其他影响生态和景观的活动	未经风景名胜区管理机构审核，在风景名胜区内进行上述活动的，由风景名胜区管理机构责令停止违法行为、限期恢复原状或者采取其他补救措施，没收违法所得，并处5万元以上10万元以下的罚款；情节严重的，并处10万元以上20万元以下的罚款

4. 风景名胜区的利用与管理

（1）开发利用原则：风景名胜区管理机构应当根据风景名胜区的特点，保护民族民间传统文化，开展健康有益的游览观光和文化娱乐活动，普及历史文化和科学知识。

（2）监督检查和评估：国务院建设主管部门应当对国家级风景名胜区的规划实施情况、资源保护状况进行监督检查和评估，对发现的问题及时纠正、处理。

（3）安全保障：风景名胜区管理机构应当建立健全安全保障制度，加强安全管理，保障游览安全，并督促风景名胜区内经营单位接受有关部门依据法律、法规进行的监督检查。禁止超过允许容量接纳游客和在没有安全保障的区域开展游览活动。

（4）门票和资源有偿使用：进入风景名胜区的门票，由风景名胜区管理机构负责出售。门票价格依照有关价格的法律、法规的规定执行。风景名胜区的门票收入和风景名胜资源有偿使用费，实行收、支两条线管理，收入和使用费应当专门用于风景名胜资源的保护和管理以及对风景名胜区内财产的所有权人、使用权人损失的补偿。

（5）经营项目的管理：风景名胜区内的交通、服务等项目，应当由风景名胜区管理机构依照法律、法规和风景名胜区规划，采用招标等公平竞争方式确定经营者。风景名胜区管理机构应当与经营者签订合同，依法确定各自的权利义务。经营者应当缴纳风景名胜资源有偿使用费。

风景名胜区管理机构不得从事以营利为目的的经营活动，不得将规划、管理和监督等行政管理职能委托给企业或者个人行使。管理机构的工作人员不得在区内的企业兼职。

（6）法律责任

序号	行为	法律责任
1	施工单位在施工过程中，对周围景物、水体、林木植被、野生动物资源和地形地貌造成破坏的	由风景名胜区管理机构责令停止违法行为、限期恢复原状或者采取其他补救措施，并处2万元以上10万元以下的罚款；逾期未恢复原状或者未采取有效措施的，由风景名胜区管理机构责令停止施工
2	①超过允许容量接纳游客或者在没有安全保障的区域开展游览活动的 ②未设置风景名胜区标识和路标、安全警示等标牌的 ③从事以营利为目的的经营活动的 ④将规划、管理和监督等行政管理职能委托给企业或者个人行使的 ⑤允许风景名胜区管理机构的工作人员在风景名胜区内兼职的 ⑥审核同意在风景名胜区内进行不符合风景名胜区规划的建设活动的 ⑦发现违法行为不查处的	由设立该风景名胜区管理机构县级以上地方人民政府责令改正；情节严重的，对直接负责人的主管人员和其他责任人员给予降级或者撤职的处分；构成犯罪的，依法追究刑事责任

考点二

自然保护区法律制度（了解）

1. 自然保护区的设立条件

自然保护区 {
（1）概念：指对有代表性的自然生态系统，珍稀濒危野生动植物物种的天然集中分布区和有特殊意义的自然遗址等保护对象所在的陆地、水体或者海域，依法划出一定面积予以特殊保护和管理的区域
（2）设立条件：凡具有下列条件之一的，应当建立自然保护区：
①典型的自然地理区域、有代表性的自然生态系统区域以及已经遭受破坏但经保护能够恢复的同类自然生态系统区域
②珍稀、濒危野生动植物物种的天然集中分布区域
③具有特殊保护价值的海域、海岸、岛屿、湿地、内陆水域、森林、草原和荒漠
④具有重大科学文化价值的地质构造、著名溶洞、化石分布区、冰川、温泉等自然遗址
⑤经国务院或者省、自治区、直辖市人民政府批准，需要予以特殊保护的其他自然区域

2. 自然保护区的等级和区域构成

（1）等级

等级 {
国家级自然保护区：在国内外有典型意义，在科学上有重大国际影响或者有特殊科学研究价值的自然保护区
地方级自然保护区：除国家级自然保护区外，其他具有典型意义或者重要科学研究价值的自然保护区

（2）区域构成

区域	界定	活动限制
核心区	是自然保护区内保存完好的天然状态的生态系统以及珍稀、濒危动植物的集中分布区	非经省级以上人民政府有关自然保护区行政管理部门批准，禁止任何单位和个人进入，一般也不允许进入从事科学研究活动

续表

区域	界定	活动限制
缓冲区	是在核心区外围划定的一定面积的区域	只准进入从事科学研究和观测活动
保护区	指缓冲区的外围区域	可进入从事科学实验、教学实习、参观考察、旅游以及驯化、繁殖珍稀、濒危野生动植物活动等

3. 自然保护区的管理制度

（1）管理体制：国家对自然保护区实行综合管理与部门管理相结合的管理体制。

（2）管理机构

序号	管理机构
1	国务院环境保护行政主管部门负责全国自然保护区的综合管理。国务院林业、农业、地质矿产、水利、海洋等有关行政主管部门在各自职责范围内，主管有关自然保护区
2	县级以上地方人民政府负责自然保护区管理部门的设置和职责，由省级人民政府根据当地具体情况确定
3	国家级自然保护区，由其所在地的省级人民政府有关自然保护区行政主管部门或者国务院有关自然保护区行政主管部门管理
4	地方级自然保护区，由其所在地的县级以上人民政府有关自然保护区行政主管部门管理。有关自然保护区行政主管部门应当在自然保护区内设立专门管理机构，配备专业技术人员，负责自然保护区的具体管理工作

（3）禁止性和义务性规定

禁止性和义务性规定

①禁止在自然保护区内进行砍伐、放牧、狩猎、捕捞、采药、开垦、烧荒、开矿、采石、挖沙等活动，但法律、行政法规另有规定的除外

②禁止在自然保护区的缓冲区开展旅游和生产经营活动。因教学科研需要进入缓冲区进行工作的，须经保护区管理机构批准

③在自然保护区的核心区和缓冲区内，不得建设任何生产设施。在自然保护区的实验区内，不得建设污染环境、破坏环境或者景观的生产设施

④经批准在自然保护区的实验区开展旅游、参观活动的，应当服从自然保护区管理机构的管理

⑤外国人进入地方级自然保护区，应当事先向自然保护区管理机构提交活动计划，并经自然保护区管理机构批准；其中，进入国家级自然保护区的，应当经省、自治区、直辖市环境保护、海洋、渔业等有关自然保护区行政主管部门按照各自职责批准。进入自然保护区的外国人，应当遵守有关自然保护区的法律、法规和规定，未经批准，不得在自然保护区内从事采集标本等活动

4. 法律责任

序号	行为	法律责任
1	①擅自移动或者破坏自然保护区界标的 ②未经批准进入自然保护区或者在自然保护区内不服从管理机构管理的 ③经批准在自然保护区的缓冲区内从事科学研究、教学实习和标本采集，不向自然保护区管理机构提交活动成果副本的	由自然保护区管理机构责令其改正，并可以根据不同情节处以100元以上5000元以下的罚款
2	在自然保护区进行砍伐、放牧、狩猎、捕捞、采药、开垦、烧荒、开矿、采石、挖沙等活动的单位和个人	除可以依照有关法律、行政法规规定给予处罚的以外，由县级以上人民政府有关自然保护区行政主管部门或者其授权的自然保护区管理机构没收违法所得，责令停止违法行为，限期恢复原状或者采取其他补救措施；对自然保护区造成破坏的，可以处以300元以上10000元以下的罚款
3	自然保护区管理机构违反《自然保护区条例》规定，拒绝环境保护行政主管部门或者有关自然保护区行政主管部门监督检查，或者在被检查时弄虚作假的	由县级以上人民政府环境保护行政主管部门或者有关自然保护区行政主管部门给予300元以上3000元以下的罚款

考点三

野生动植物保护法律制度（了解）

野生动物	概念	是指珍贵、濒危的陆生、水生野生动物和有重要生态、科学、社会价值的陆生野生动物
	管理原则	国家对野生动物实行保护优先、规范利用、严格监管的原则，鼓励开展野生动物科学研究，培育公民保护野生动物的意识，促进人与自然和谐发展
	主管部门	国务院林业草原、渔业主管部门分别主管全国陆生、水生野生动物保护工作。县级以上地方人民政府林业草原、渔业主管部门分别主管本行政区域内陆生、水生野生动物保护工作
野生植物	概念	是指原生地天然生长的珍贵植物和原生地天然生长并具有重要经济、科学研究、文化价值的濒危、稀有植物
	管理原则	国家对野生植物资源实行加强保护、积极发展、合理利用的方针 国家保护依法开发利用和经营管理野生植物资源的单位和个人的合法权益，鼓励和支持野生植物科学研究、野生植物的就地保护和迁地保护，在野生植物资源保护、科学研究、培育利用和宣传教育方面成绩显著的单位和个人，由人民政府给予奖励

续表

野生植物	主管部门	国务院林业行政主管部门主管全国林区内野生植物和林区外珍贵野生树木的监督管理工作；国务院农业行政主管部门主管全国其他野生植物的监督管理工作。国务院建设行政部门负责城市园林、风景名胜区内野生植物的监督管理工作；国务院环境保护部门负责对全国野生植物环境保护工作的协调和监督；国务院其他有关部门依照职责分工负责有关的野生植物保护工作
		县级以上地方人民政府负责野生植物管理工作的部门及其职责，由省、自治区、直辖市人民政府根据当地具体情况规定

1. 野生动植物的保护

（1）野生动物的保护

野生动物	分类分级保护制度		国家重点保护的野生动物分为一级保护野生动物和二级保护野生动物
			国家重点保护野生动物名录，由国务院野生动物保护主管部门组织科学评估后制定，并每5年根据评估情况确定对名录进行调整，后报国务院批准公布
			地方重点保护野生动物，是指国家重点保护野生动物以外，由省、自治区、直辖市重点保护的野生动物。地方重点保护野生动物名录，由省、自治区、直辖市人民政府组织科学评估后制定、调整并公布
			有重要生态、科学、社会价值的陆生野生动物名录，由国务院野生动物保护主管部门组织科学评估后制定、调整并公布
	调查监测评估制度		县级以上人民政府野生动物保护主管部门，应定期组织或者委托有关科学研究机构对野生动物及其栖息地状况进行调查、监测和评估，建立健全野生动物及其栖息地档案
		调查监测评估内容	①野生动物野外分布区域、种群数量及结构
			②野生动物栖息地的面积、生态状况
			③野生动物及其栖息地的主要威胁因素
			④野生动物人工繁育情况等其他需要调查、监测和评估的内容
	各方参与保护制度		任何组织和个人都有保护野生动物及其栖息地的义务
			任何组织和个人都有权向有关部门和机关举报或者控告违反《野生动物保护法》的行为
			国家鼓励公民、法人和其他组织依法通过捐赠、资助、志愿服务等方式参与野生动物保护活动，支持野生动物保护公益事业
			国家鼓励公民、法人和其他组织依法通过捐赠、资助、志愿服务等方式参与野生动物保护活动，支持野生动物保护公益事业
			教育行政部门、学校应当对学生进行野生动物保护知识教育
			新闻媒体应当开展野生动物保护法律法规和保护知识的宣传，对违法行为进行舆论监督

续表

野生动物	应急救助制度	应急救助与收容救护	国家或者地方重点保护野生动物受到自然灾害、重大环境污染事故等突发事件威胁时，当地人民政府应当及时采取应急救助措施
			县级以上人民政府野生动物保护主管部门应当按照国家有关规定组织开展野生动物收容救护工作
		疫源疫病防控	县级以上人民政府野生动物保护主管部门、兽医主管部门，应当按照职责分工对野生动物疫源疫病进行监测，组织开展预测、预报等工作，并按照规定制定野生动物疫情应急预案，报同级人民政府批准或者备案。县级以上人民政府野生动物保护主管部门、兽医主管部门、卫生主管部门，应当按照职责分工负责与人畜共患传染病有关的动物传染病的防治管理工作
		遗传资源管理	国家加强对野生动物遗传资源的保护，对濒危野生动物实施抢救性保护。国务院野生动物保护主管部门应当会同国务院有关部门制定有关野生动物遗传资源保护和利用规划，建立国家野生动物遗传资源基因库，对原产我国的珍贵、濒危野生动物遗传资源实行重点保护
	危害预防与致害		有关地方人民政府应当采取措施，预防、控制野生动物可能造成的危害，保障人畜安全和农业、林业生产
	补偿制度		因保护本法规定保护的野生动物，造成人员伤亡、农作物或者其他财产损失的，由当地人民政府给予补偿。有关地方人民政府采取预防、控制国家重点保护野生动物造成危害的措施以及实行补偿所需经费，由中央财政按照国家有关规定予以补助

（2）野生植物的保护

野生植物	分类分级保护制度	国家保护野生植物及其生长环境
		禁止任何单位和个人非法采集野生植物或者破坏其生长环境
		野生植物分为国家重点保护野生植物和地方重点保护野生植物
		国家重点保护野生植物又分为国家一级保护野生植物和国家二级保护野生植物
		国家重点保护野生植物名录，由国务院林业行政主管部门、农业行政主管部门商国务院环境保护、建设等有关部门制定，报国务院批准公布
		地方重点保护野生植物，是指国家重点保护野生植物以外，由省、自治区、直辖市保护的野生植物
		地方重点保护野生植物名录，由省、自治区、直辖市人民政府制定并公布，报国务院备案
	保护区（点）制度	在国家重点保护野生植物物种和地方重点保护野生植物物种的天然集中分布区域，应当依照有关法律、行政法规的规定，建立自然保护区

续表

野生植物	保护区（点）制度	在其他区域，县级以上地方人民政府野生植物行政主管部门和其他有关部门可以根据实际情况建立国家重点保护野生植物和地方重点保护野生植物的保护点或者设立保护标志
		禁止破坏国家重点保护野生植物和地方重点保护野生植物的保护点的保护设施和保护标志
	监测调查评价制度	野生植物行政主管部门及其他有关部门应当监视、监测环境对国家重点保护野生植物生长和地方重点保护野生植物生长的影响，并采取措施，维护和改善国家重点保护野生植物和地方重点保护野生植物的生长条件
		由于环境影响对国家重点保护野生植物和地方重点保护野生植物的生长造成危害时，野生植物行政主管部门应当会同其他有关部门调查并依法处理
		建设项目对国家重点保护野生植物和地方重点保护野生植物的生长环境产生不利影响的，建设单位提交的环境影响报告书中必须对此做出评价 环境保护部门在审批环境影响报告书时，应当征求野生植物行政主管部门的意见
		野生植物行政主管部门和有关单位对生长受到威胁的国家重点保护野生植物和地方重点保护野生植物应当采取拯救措施，保护或者恢复其生长环境，必要时应当建立繁育基地、种质资源库或者采取迁地保护措施

2. 野生动植物的管理

（1）野生动物的禁止性行为

禁止妨碍野生动物生息繁衍活动	在相关自然保护区域和禁猎（渔）区、禁猎（渔）期内，禁止猎捕以及其他妨碍野生动物生息繁衍的活动，但法律法规另有规定的除外
	野生动物迁徙洄游期间，在上述规定区域外的迁徙洄游通道内，禁止猎捕并严格限制其他妨碍野生动物生息繁衍的活动
禁止猎捕、杀害国家重点保护野生动物	因科学研究、种群调控、疫源疫病监测或者其他特殊情况，需要猎捕国家一级保护野生动物的，应当向国务院野生动物保护主管部门申请特许猎捕证；需要猎捕国家二级保护野生动物的，应当向省、自治区、直辖市人民政府野生动物保护主管部门申请特许猎捕证
	猎捕非国家重点保护野生动物的，应当依法取得县级以上地方人民政府野生动物保护主管部门核发的狩猎证，并且服从猎捕量限额管理
	猎捕者应当按照特许猎捕证、狩猎证规定的种类、数量、地点、工具、方法和期限进行猎捕。持枪猎捕的，应当依法取得公安机关核发的持枪证
禁止使用杀伤性捕猎工具和方法猎捕野生动物	禁止使用毒药、爆炸物、电击或者电子诱捕装置以及猎套、猎夹、地枪、排铳等工具进行猎捕
	禁止使用夜间照明行猎、歼灭性围猎、捣毁巢穴、火攻、烟熏、网捕等方法进行猎捕，但因科学研究确需网捕、电子诱捕的除外

续表

禁止出售、购买、利用国家重点保护野生动物及其制品	因科学研究、人工繁育、公众展示展演、文物保护或者其他特殊情况，需要出售、购买、利用国家重点保护野生动物及其制品的，应当经省、自治区、直辖市人民政府野生动物保护主管部门批准，并按照规定取得和使用专用标识，保证可追溯，但国务院对批准机关另有规定的除外
禁止生产经营和滥食野生动物及其制品	禁止生产、经营使用国家重点保护野生动物及其制品制作的食品，或者使用没有合法来源证明的非国家重点保护野生动物及其制品制作的食品。禁止为食用非法购买国家重点保护的野生动物及其制品。第31条规定，禁止为出售、购买、利用野生动物或者禁止使用的猎捕工具发布广告。禁止为违法出售、购买、利用野生动物制品发布广告。第32条规定，禁止网络交易平台、商品交易市场等交易场所，为违法出售、购买、利用野生动物及其制品或者禁止使用的猎捕工具提供交易服务
禁止伪造、变造批准文件	禁止伪造、变造、买卖、转让、租借特许猎捕证、狩猎证、人工繁育许可证及专用标识，出售、购买、利用国家重点保护野生动物及其制品的批准文件，或者允许进出口证明书、进出口等批准文件

（2）野生植物的管理

调查建档制度	野生植物行政主管部门应当定期组织国家重点保护野生植物和地方重点保护野生植物资源调查，建立资源档案
采集管理制度	**禁止采集国家一级保护野生植物**
	因科学研究、人工培育、文化交流等特殊需要，采集国家一级保护野生植物的，应当按照管理权限向国务院林业行政主管部门或者其授权的机构申请采集证；或者向采集地的省、自治区、直辖市人民政府农业行政主管部门或者其授权的机构申请采集证。采集国家二级保护野生植物的，必须经采集地的县级人民政府野生植物行政主管部门签署意见后，向省、自治区、直辖市人民政府野生植物行政主管部门或者其授权的机构申请采集证
	采集城市园林或者风景名胜区内的国家一级或者二级保护野生植物的，须先征得城市园林或者风景名胜区管理机构同意并申请采集证；采集珍贵野生树木或者林区内、草原上的野生植物的，依照森林法、草原法的规定办理。野生植物行政主管部门发放采集证后，应当抄送环境保护部门备案；采集证的格式由国务院野生植物行政主管部门制定
	采集国家重点保护野生植物的单位和个人，必须按照采集证规定的种类、数量、地点、期限和方法进行采集。县级人民政府野生植物行政主管部门对在本行政区域内采集国家重点保护野生植物的活动，应当进行监督检查，并及时报告批准采集的野生植物行政主管部门或者其授权的机构
出售、收购制度	禁止出售、收购国家一级保护野生植物。出售、收购国家二级保护野生植物的，必须经省、自治区、直辖市人民政府野生植物行政主管部门或者其授权的机构批准

续表

进出口管理制度	出口国家重点保护野生植物或者进出口中国参加的国际公约所限制进出口的野生植物的，应当按照管理权限经国务院林业行政主管部门批准，或者经进出口所在地的省、自治区、直辖市人民政府农业行政主管部门审核后报国务院农业行政主管部门批准，并取得国家濒危物种进出口管理机构核发的允许进出口证明书或者标签。海关凭允许进出口证明书或者标签查验放行。国务院野生植物行政主管部门应当将有关野生植物进出口的资料抄送国务院环境保护部门
	国家禁止出口未定名的或者新发现并有重要价值的野生植物
外国人管理制度	外国人不得在中国境内采集或者收购国家重点保护野生植物
	外国人在中国境内对农业行政主管部门管理的国家重点保护野生植物进行野外考察的，应当经农业行政主管部门管理的国家重点保护野生植物所在地的省、自治区、直辖市人民政府农业行政主管部门批准

3. 野生动植物管理的法律责任

（1）野生动物管理的法律责任

序号	行为	法律责任
1	野生动物保护主管部门或者其他有关部门、机关不依法做出行政许可决定，发现违法行为或者接到对违法行为的举报不予查处或者不依法查处，或者有滥用职权等其他不依法履行职责的行为的	由本级人民政府或者上级人民政府有关部门、机关责令改正，对负有责任的主管人员和其他直接责任人员依法给予记过、记大过或者降级处分
		造成严重后果的，给予撤职或者开除处分，其主要负责人应当引咎辞职
		构成犯罪的，依法追究刑事责任
2	以收容救护为名买卖野生动物及其制品的	由县级以上人民政府野生动物保护主管部门没收野生动物及其制品、违法所得，并处野生动物及其制品价值2倍以上10倍以下的罚款，将有关违法信息记入社会诚信档案，向社会公布
		构成犯罪的，依法追究刑事责任
3	未经批准、未取得或者未按照规定使用专用标识，或者未持有、未附有人工繁育许可证、批准文件的副本或者专用标识出售、购买、利用、运输、携带、寄递国家重点保护野生动物及其制品或者人工繁育技术成熟稳定的野生动物及其制品的	由县级以上人民政府野生动物保护主管部门或者市场监督管理部门按照职责分工没收野生动物及其制品和违法所得，并处野生动物及其制品价值2倍以上10倍以下的罚款
		情节严重的，吊销人工繁育许可证、撤销批准文件、收回专用标识
		构成犯罪的，依法追究刑事责任

续表

序号	行为	法律责任
4	未持有合法来源证明出售、利用、运输非国家重点保护野生动物的	由县级以上地方人民政府野生动物保护主管部门或者市场监督管理部门按照职责分工没收野生动物，并处野生动物价值1倍以上5倍以下的罚款
5	为出售、购买、利用野生动物及其制品或者禁止使用的猎捕工具发布广告的	依照《中华人民共和国广告法》的规定处罚
6	为违法出售、购买、利用野生动物及其制品或者禁止使用的猎捕工具提供交易服务的	由县级以上人民政府市场监督管理部门责令停止违法行为，限期改正，没收违法所得，并处违法所得2倍以上5倍以下的罚款
		没有违法所得的，处1万元以上5万元以下的罚款
		构成犯罪的，依法追究刑事责任
7	非法进出口野生动物或者其制品的	由海关、公安机关、海洋执法部门依照法律、行政法规和国家有关规定处罚
		构成犯罪的，依法追究刑事责任

（2）野生植物管理的法律责任

序号	行为	法律责任
1	野生植物行政主管部门的工作人员滥用职权、玩忽职守、徇私舞弊，构成犯罪的	依法追究刑事责任
		尚不构成犯罪的，依法给予行政处分
2	未取得采集证或者未按照采集证的规定采集国家重点保护野生植物的	由野生植物行政主管部门没收所采集的野生植物和违法所得，可以并处违法所得10倍以下的罚款
		有采集证的，并可以吊销采集证
3	违反本条例规定，出售、收购国家重点保护野生植物的	由工商行政管理部门或者野生植物行政主管部门按照职责分工没收野生植物和违法所得，可以并处违法所得10倍以下的罚款
4	非法进出口野生植物的	由海关依照《海关法》的规定处罚
5	伪造、倒卖、转让采集证、允许进出口证明书或者有关批准文件、标签的	由野生植物行政主管部门或者工商行政管理部门按照职责分工收缴，没收违法所得，可以并处5万元以下的罚款
6	外国人在中国境内采集、收购国家重点保护野生植物，或者未经批准对农业行政主管部门管理的国家重点保护野生植物进行野外考察的	由野生植物行政主管部门没收所采集、收购的野生植物和考察资料，可以并处5万元以下的罚款

考点四

文物保护法律制度（了解）

文物
- （1）概念：文物是指人们在社会生产和生活中所形成的历史文化遗产，包括古代建筑、历史遗迹、生产和生活用品、工艺美术品等
- （2）下列文物受国家法律保护
  - ①具有历史、艺术、科学价值的古文化遗址、古墓葬、古建筑、石窟寺和石刻、壁画
  - ②与重大历史事件、革命运动或者著名人物有关的以及具有重要纪念意义、教育意义或者史料价值的近现代重要史迹、实物、代表性建筑
  - ③历史上各时代珍贵的艺术品、工艺美术品
  - ④历史上各时代重要的文献资料以及具有历史、艺术、科学价值的手稿和图书资料等
  - ⑤反映历史上各时代、各民族社会制度、社会生产、社会生活的代表性实物
  - ⑥具有科学价值的古脊椎动物化石和古人类化石同文物一样受国家的保护

1. 不可移动文物、馆藏文物和民间收藏文物

不可移动文物		古文化遗址、古墓葬、古建筑、石窟寺、石刻、壁画、近代现代重要史迹和代表性建筑等不可移动文物，根据它们的历史、艺术、科学价值，可以分别确定为全国重点文物保护单位，省级文物保护单位，市、县级文物保护单位
可移动文物		历史上各时代重要实物、艺术品、文献、手稿、图书资料、代表性实物等可移动文物，分为珍贵文物和一般文物；珍贵文物分为一级文物、二级文物、三级文物
馆藏文物	概念	是指博物馆、图书馆和其他文物收藏单位收藏的文物
	获取方式	①购买 ②接受捐赠 ③依法交换 ④法律、行政法规规定的其他方式 ⑤国有文物收藏单位还可以通过文物行政部门指定保管或者调拨方式取得文物
民间收藏文物	概念	是指文物收藏单位以外的公民、法人和其他组织通过一定方式取得的收藏的文物
	获取方式	①依法继承或者接受赠予 ②从文物商店购买 ③从经营文物拍卖的拍卖企业购买 ④公民个人合法所有的文物相互交换或者依法转让 ⑤国家规定的其他合法方式

2. 文物出境

文物出境	禁止性规定	国有文物、非国有文物中的珍贵文物和国家规定禁止出境的其他文物，不得出境
		但是依照法律规定出境展览或者因特殊需要经国务院批准出境的除外
	出境审核与申报	文物出境，应当经国务院文物行政部门指定的文物进出境审核机构审核
		经审核允许出境的文物，由国务院文物行政部门发给文物出境许可证，从国务院文物行政部门指定的口岸出境
		任何单位或者个人运送、邮寄、携带文物出境，应当向海关申报；海关凭文物出境许可证放行
	出境展览	文物出境展览，应当报国务院文物行政部门批准
		一级文物超过国务院规定数量的，应当报国务院批准
		一级文物中的孤品和易损品，禁止出境展览
		出境展览的文物出境，由文物进出境审核机构审核、登记。海关凭国务院文物行政部门或者国务院的批准文件放行
		出境展览的文物复进境，由原文物进出境审核机构审核查验
文物临时进境		应当向海关申报，并报文物进出境审核机构审核、登记
		临时进境的文物复出境，必须经原审核、登记的文物进出境审核机构审核查验；经审核查验无误的，由国务院文物行政部门发给文物出境许可证，海关凭文物出境许可证放行
文物流通		文物收藏单位以外的公民、法人和其他组织合法收藏的文物可以依法流通
		国有文物，非国有馆藏珍贵文物，国有不可移动文物中的壁画、雕塑、建筑构件（依法拆除的国有不可移动文物中的壁画、雕塑、建筑构件等不属于应由文物收藏单位收藏的除外），来源不合法的文物不得买卖

3. 文物保护的法律责任

民事责任	违反法律规定，造成文物灭失、损毁的单位和个人，应当依法承担民事责任	
行政责任	违反《文物保护法》规定，情节尚不严重的，由有关机关给予行政处罚	
	构成违反治安管理行为的，由公安机关依法给予治安管理处罚	
	违反法律规定，构成走私行为，尚不构成犯罪的，由海关依照有关法律、行政法规的规定给予处罚	
刑事责任	有下列行为之一，构成犯罪的，依法追究刑事责任	①盗掘古文化遗址、古墓葬的 ②故意或者过失损毁国家保护的珍贵文物的 ③擅自将国有馆藏文物出售或者私自送给非国有单位或者个人的 ④将国家禁止出境的珍贵文物私自出售或者送给外国人的 ⑤以谋利为目的倒卖国家禁止经营的文物的 ⑥走私文物的 ⑦盗窃、哄抢、私分或者非法侵占国有文物的 ⑧应当追究刑事责任的其他妨害文物管理的行为

考点五

博物馆管理法律制度（熟悉）

1. 博物馆的设立

博物馆是指以教育、研究和欣赏为目的，收藏、保护并向公众展示人类活动和自然环境的见证物，经登记管理机关依法登记的非营利组织。

博物馆包括国有博物馆和非国有博物馆。国家在博物馆的设立条件、提供社会服务、规范管理、专业技术职称评定、财税扶持政策等方面，公平对待国有和非国有博物馆。

设立
├ 1. 设立条件
│   ①固定的馆址以及符合国家规定的展室、藏品保管场所
│   ②相应数量的藏品以及必要的研究资料，并能够形成陈列展览体系
│   ③与其规模和功能相适应的专业技术人员
│   ④必要的办馆资金和稳定的运行经费来源
│   ⑤确保观众人身安全的设施、制度及应急预案
└ 2. 设立章程
    ①博物馆名称、馆址
    ②办馆宗旨及业务范围
    ③组织管理制度，包括理事会或者其他形式决策机构的产生办法、人员构成、任期、议事规则等
    ④藏品展示、保护、管理、处置的规则
    ⑤资产管理和使用规则
    ⑥章程修改程序
    ⑦终止程序和终止后资产的处理
    ⑧其他需要由章程规定的事项

2. 博物馆的管理

管理部门	文物主管部门负责博物馆监督管理工作	
	其他有关部门在各自职责范围内负责有关的博物馆管理工作	
管理制度	组织管理制度	博物馆应当完善法人治理结构，建立健全有关组织管理制度
		博物馆专业技术人员按照国家有关规定评定专业技术职称
	使用管理制度	博物馆依法管理和使用的资产，任何组织或者个人不得侵占

续表

管理制度	使用管理制度	博物馆不得从事文物等藏品的商业经营活动
		博物馆从事其他商业经营活动，不得违反办馆宗旨，不得损害观众利益
		博物馆从事其他商业经营活动的具体办法由国家文物主管部门制定
	捐赠管理制度	博物馆接受捐赠的，应当遵守有关法律、行政法规的规定
		博物馆可以依法以举办者或者捐赠者的姓名、名称命名博物馆的馆舍或者其他设施；非国有博物馆还可以依法以举办者或者捐赠者的姓名、名称作为博物馆馆名
		博物馆可以通过购买、接受捐赠、依法交换等法律、行政法规规定的方式取得藏品，不得取得来源不明或者来源不合法的藏品
	档案管理制度	博物馆应当建立藏品账目及档案
		藏品属于文物的，应当区分文物等级，单独设置文物档案，建立严格的管理制度，并报文物主管部门备案
		未依照前款规定建账、建档的藏品，不得交换或者出借
	安全管理制度	博物馆法定代表人对藏品安全负责
		博物馆法定代表人、藏品管理人员离任前，应当办结藏品移交手续
		博物馆应当加强对藏品的安全管理，定期对保障藏品安全的设备、设施进行检查、维护，保证其正常运行
		对珍贵藏品和易损藏品应当设立专库或者专用设备保存，并由专人负责保管
	出入境及买卖管理制度	博物馆藏品属于国有文物、非国有文物中的珍贵文物和国家规定禁止出境的其他文物的，不得出境，不得转让、出租、质押给外国人
		国有博物馆藏品属于文物的，不得赠予、出租或者出售给其他单位和个人
		博物馆藏品属于文物或者古生物化石的，其取得、保护、管理、展示、处置、进出境等还应当分别遵守有关文物保护、古生物化石保护的法律、行政法规的规定

3. 博物馆的社会服务

服务原则			博物馆开展社会服务应当坚持为人民服务、为社会主义服务的方向和贴近实际、贴近生活、贴近群众的原则，丰富人民群众精神文化生活
服务内容	陈列展览	内容要求	①主题和内容应当符合宪法所确定的基本原则和维护国家安全与民族团结、弘扬爱国主义、倡导科学精神、普及科学知识、传播优秀文化、培养良好风尚、促进社会和谐、推动社会文明进步的要求 ②与办馆宗旨相适应，突出藏品特色

续表

服务内容	陈列展览	内容要求	③运用适当的技术、材料、工艺和表现手法，达到形式与内容的和谐统一 ④展品以原件为主，使用复制品、仿制品应当明示 ⑤采用多种形式提供科学、准确、生动的文字说明和讲解服务 ⑥法律、行政法规的其他有关规定 ⑦陈列展览的主题和内容不适宜未成年人的，博物馆不得接纳未成年人
		备案要求	博物馆举办陈列展览的，应当在陈列展览开始之日10个工作日前，将陈列展览主题、展品说明、讲解词等向陈列展览举办地的文物主管部门或者其他有关部门备案
		监督指导	各级人民政府文物主管部门和博物馆行业组织应加强对博物馆陈列展览的指导和监督
	公众开放	博物馆应当自取得登记证书之日起6个月内向公众开放	
		博物馆应当向公众公告具体开放时间。在国家法定节假日和学校寒暑假期间，博物馆应当开放	
		国家鼓励博物馆向公众免费开放。县级以上人民政府应当对向公众免费开放的博物馆给予必要的经费支持	
		博物馆未实行免费开放的，其门票、收费的项目和标准按照国家有关规定执行，并在收费地点的醒目位置予以公布	
		博物馆未实行免费开放的，应当对未成年人、成年学生、教师、老年人、残疾人和军人等实行免费或者其他优惠。博物馆实行优惠的项目和标准应当向公众公告	
	社会教育与服务	博物馆的义务	博物馆应当配备适当的专业人员，根据不同年龄段的未成年人接受能力进行讲解；学校寒暑假期间，具备条件的博物馆应当增设适合学生特点的陈列展览项目
			博物馆应当根据自身特点、条件，运用现代信息技术，开展形式多样、生动活泼的社会教育和服务活动，参与社区文化建设和对外文化交流与合作。国家鼓励博物馆挖掘藏品内涵，与文化创意、旅游等产业相结合，开发衍生产品，增强博物馆发展能力
			博物馆应当发挥藏品优势，开展相关专业领域的理论及应用研究，提高业务水平，促进专业人才的成长。博物馆应当为高等学校、科研机构和专家学者等开展科学研究工作提供支持和帮助
		主管部门的义务	国务院教育行政部门应当会同国家文物主管部门，制定利用博物馆资源开展教育教学、社会实践活动的政策措施

续表

服务内容	社会教育与服务	主管部门的义务	地方各级人民政府教育行政部门应当鼓励学校结合课程设置和教学计划,组织学生到博物馆开展学习实践活动
			博物馆应当对学校开展各类相关教育教学活动提供支持和帮助
		社会公众的义务	公众应当爱护博物馆展品、设施及环境,不得损坏博物馆的展品、设施

4. 法律责任

责任主体	行为	法律责任
主管部门及工作人员的法律责任	县级以上人民政府文物主管部门或者其他有关部门及其工作人员玩忽职守、滥用职权、徇私舞弊或者利用职务上的便利索取或者收受他人财物的	由本级人民政府或者上级机关责令改正,通报批评;对直接负责的主管人员和其他直接责任人员依法给予处分
违法经营责任	博物馆自取得登记证书之日起 6 个月内未向公众开放,或者未依照《博物馆条例》的规定实行免费或者其他优惠的	由省、自治区、直辖市人民政府文物主管部门责令改正;拒不改正的,由登记管理机关撤销登记
	博物馆违反有关价格法律、行政法规定的	由馆址所在地县级以上地方人民政府价格主管部门依法给予处罚
	博物馆取得来源不明或者来源不合法的藏品,或者陈列展览的主题、内容造成恶劣影响的	由省、自治区、直辖市人民政府文物主管部门或者有关登记管理机关按照职责分工,责令改正,有违法所得的,没收违法所得,并处违法所得 2 倍以上 5 倍以下罚款
		没有违法所得的,处 5000 元以上 2 万元以下罚款
		情节严重的,由登记管理机关撤销登记
	博物馆从事文物藏品的商业经营活动的	由工商行政管理部门依照有关文物保护法律、行政法规的规定处罚
	博物馆从事非文物藏品的商业经营活动,或者从事其他商业经营活动违反办馆宗旨、损害观众利益的	由省、自治区、直辖市人民政府文物主管部门或者有关登记管理机关按照职责分工,责令改正,有违法所得的,没收违法所得,并处违法所得 2 倍以上 5 倍以下罚款
		没有违法所得的,处 5000 元以上 2 万元以下罚款
		情节严重的,由登记管理机关撤销登记

考点六

国家级文化生态保护区管理法律制度（熟悉）

1. 国家级文化生态保护区及其建设理念

国家级文化生态保护区 {
（1）概念：指以保护非物质文化遗产为核心，对历史文化积淀丰厚、存续状态良好，具有重要价值和鲜明特色的文化形态进行整体性保护，并经文化和旅游部同意设立的特定区域

（2）设立理念：国家级文化生态保护区建设应坚持保护优先、整体保护、见人见物见生活的理念，既保护非物质文化遗产，也保护孕育发展非物质文化遗产的人文环境和自然环境，实现"遗产丰富、氛围浓厚、特色鲜明、民众受益"的目标

2. 国家级文化生态保护区的申报与设立

区域范围	国家级文化生态保护区依托相关行政区域设立，区域范围为县、地市或若干县域
原则	申报和设立国家级文化生态保护区应本着少而精的原则，坚持公开、公平、公正，履行申报、审核、论证、批准等程序
申报条件	①传统文化历史积淀丰厚，具有鲜明地域或民族特色，文化生态保持良好 ②非物质文化遗产资源丰富，是当地生产生活的重要组成部分 ③非物质文化遗产传承有序，传承实践富有活力、氛围浓厚，当地民众广泛参与，认同感强 ④与非物质文化遗产密切相关的实物、场所保存利用良好，其周边的自然生态环境能为非物质文化遗产提供良性的发展空间 ⑤所在地人民政府重视文化生态保护，对非物质文化遗产项目集中、自然生态环境基本良好、传统文化保持较为完整的乡镇、村落、街区等重点区域以及开展非物质文化遗产传承所依存的重要场所开列清单，并已经制定实施保护办法和措施 ⑥有文化生态保护区建设管理机构和工作人员 ⑦在省（区、市）内已实行文化生态区域性整体保护两年以上，成效明显
申报程序	申报地区人民政府向省级人民政府文化主管部门提出申报国家级文化生态保护区的申请 省级人民政府文化主管部门组织开展审核论证，经省级人民政府同意后，向文化和旅游部提出设立国家级文化生态保护区的申请
申报材料	①省级人民政府文化主管部门设立国家级文化生态保护区的申请和省级人民政府同意申请的相关文件 ②文化生态保护区规划纲要 ③省级人民政府文化主管部门组织的专家评审论证意见 ④本省（区、市）内实行文化生态区域性整体保护的相关文件 ⑤其他有关材料

续表

规划纲要编制	编制部门	文化生态保护区规划纲要由省级人民政府文化主管部门、相关地区人民政府负责编制。 编制工作应广泛听取非物质文化遗产传承人和当地民众意见，吸收非物质文化遗产保护、地方文化研究、规划等方面的专家学者参与
	编制内容	①对文化形态形成的地理环境、历史沿革、现状、鲜明特色、文化内涵与价值的描述和分析 ②保护区域范围及重点区域，区域内县级以上非物质文化遗产代表性项目、文物保护单位、相关实物和重要场所清单等 ③建设目标、工作原则、保护内容、保护方式等 ④保障措施及保障机制 ⑤其他有关资料
审批与设立	材料审核与实地考察	文化和旅游部组织对申报材料进行审核 对申报材料齐全且符合要求的申请地区，文化和旅游部根据年度工作计划组织考察组进行实地考察 考察组应当吸收非物质文化遗产保护、地方文化研究、规划等方面的专家学者参加
	设立国家级文化生态保护实验区	文化和旅游部根据实地考察情况，对文化生态保护区规划纲要组织专家论证。根据论证意见，文化和旅游部将符合条件的申请地区设立为国家级文化生态保护实验区
	编制国家级文化生态保护区总体规划	国家级文化生态保护实验区设立后一年内，所在地区人民政府应当在文化生态保护区规划纲要的基础上，细化形成国家级文化生态保护区总体规划，经省级人民政府文化主管部门审核，报省级人民政府审议通过后发布实施，并报文化和旅游部备案 国家级文化生态保护区总体规划应纳入本省（区、市）国民经济与社会发展总体规划，要与相关的生态保护、环境治理、土地利用、旅游发展、文化产业等专门性规划和国家公园、国家文化公园、自然保护区等专项规划相衔接
	设立国家级文化生态保护区	国家级文化生态保护区总体规划实施三年后，由省级人民政府文化主管部门向文化和旅游部提出验收申请 文化和旅游部根据申请组织开展国家级文化生态保护实验区建设成果验收 验收合格的，正式公布为国家级文化生态保护区并授牌

3. 国家级文化生态保护区的建设与管理规定

责任主体	国家级文化生态保护区建设管理机构负责统筹、指导、协调、推进国家级文化生态保护区的建设工作	
主要职责	①贯彻落实国家有关文化建设、非物质文化遗产保护的法律、法规和方针、政策 ②制定实施国家级文化生态保护区的各项建设管理制度，创新工作机制和保护方式、措施 ③负责实施国家级文化生态保护区总体规划 ④组织或委托有关机构开展文化生态保护理论和实践研究 ⑤开展文化生态保护的宣传教育和培训 ⑥评估、报告和公布国家级文化生态保护区建设情况和成效	
建设管理制度	完善工作保障机制	①制定落实保护办法和行动计划 ②严格管理制度 ③加强工作机构和队伍建设 ④加强理论与实践研究 ⑤形成中央财政补贴、地方财政支持、社会资金参与的多元投入机制 ⑥建立评估管理制度
	加强传承实践能力建设制度	①加强调查工作，实施非物质文化遗产记录工程 ②开展存续状况评测和保护绩效评估 ③建立非物质文化遗产传承人的培养激励制度
	建立传播宣传制度	①建设综合性非物质文化遗产展示场所 ②将非物质文化遗产保护知识纳入当地国民教育体系 ③定期举办非物质文化遗产展示展演活动
	强化引领带动作用制度	①推动传统工艺振兴，助力区域扶贫 ②积极开展旅游活动 ③提升乡村文明水平，助力乡村振兴

考点七

非物质文化遗产保护法律制度（熟悉）

非物质
文化遗产
{
（1）概念：指各族人民世代相传并视为其文化遗产组成部分的各种传统文化表现形式，以及与传统文化表现形式相关的实物和场所
（2）包括
①传统口头文学以及作为其载体的语言
②传统美术、书法、音乐、舞蹈、戏剧、曲艺和杂技
③传统技艺、医药和历法
④传统礼仪、节庆等民俗
⑤传统体育和游艺
⑥其他非物质文化遗产
}

1. 非物质文化遗产的保护原则

《非物质文化遗产法》第 4 条规定，保护非物质文化遗产，应当注重其真实性、整体性和传承性，有利于增强中华民族的文化认同，有利于维护国家统一和民族团结，有利于促进社会和谐和可持续发展。

2. 非物质文化遗产的传承传播

（1）非物质文化遗产代表性项目名录建立制度

	推荐	推荐材料	①项目介绍，包括项目的名称、历史、现状和价值 ②传承情况介绍，包括传承范围、传承谱系、传承人的技艺水平、传承活动的社会影响 ③保护要求，包括保护应当达到的目标和应当采取的措施、步骤、管理制度 ④有助于说明项目的视听资料等材料
申请程序	评审		国务院文化主管部门应当组织专家评审小组和专家评审委员会，对推荐或者建议列入国家级非物质文化遗产代表性项目名录的非物质文化遗产项目进行初评和审议
			初评意见应当经专家评审小组成员过半数通过
			专家评审委员会对初评意见进行审议，提出审议意见
			评审工作应当遵循公开、公平、公正的原则
	公示、批准 与公布		国务院文化主管部门应当将拟列入国家级非物质文化遗产代表性项目名录的项目予以公示，征求公众意见

续表

申请程序	公示、批准与公布	公示时间不得少于20日
		国务院文化主管部门根据专家评审委员会的审议意见和公示结果，拟订国家级非物质文化遗产代表性项目名录，报国务院批准、公布
规划保护	代表性项目保护	国务院文化主管部门应当组织制定保护规划，对国家级非物质文化遗产代表性项目予以保护
		省、自治区、直辖市人民政府文化主管部门应当组织制定保护规划，对本级人民政府批准公布的地方非物质文化遗产代表性项目予以保护
		制定非物质文化遗产代表性项目保护规划，应当对濒临消失的非物质文化遗产代表性项目予以重点保护
	区域性整体保护	对非物质文化遗产代表性项目集中、特色鲜明、形式和内涵保持完整的特定区域，当地文化主管部门可以制定专项保护规划，报经本级人民政府批准后，实行区域性整体保护
		确定对非物质文化遗产实行区域性整体保护，应当尊重当地居民的意愿，并保护属于非物质文化遗产组成部分的实物和场所，避免遭受破坏
		实行区域性整体保护涉及非物质文化遗产集中地村镇或者街区空间规划的，应当由当地城乡规划主管部门依据相关法规制定专项保护规划
	监督检查	国务院文化主管部门和省、自治区、直辖市人民政府文化主管部门应当对非物质文化遗产代表性项目保护规划的实施情况进行监督检查；发现保护规划未能有效实施的，应当及时纠正、处理

（2）传承与传播

代表性传承人
- 认定条件
  - ①熟练掌握其传承的非物质文化遗产
  - ②在特定领域内具有代表性，并在一定区域内具有较大影响
  - ③积极开展传承活动
- 支持措施
  - ①提供必要的传承场所
  - ②提供必要的经费资助其开展授徒、传艺、交流等活动
  - ③支持其参与社会公益性活动
  - ④支持其开展传承、传播活动的其他措施
- 传承义务
  - ①开展传承活动，培养后继人才
  - ②妥善保存相关的实物、资料
  - ③配合文化主管部门和其他有关部门进行非物质文化遗产调查
  - ④参与非物质文化遗产公益性宣传
  - ⑤非物质文化遗产代表性项目的代表性传承人无正当理由不履行前款规定义务的，文化主管部门可以取消其代表性传承人资格，重新认定该项目的代表性传承人；丧失传承能力的，文化主管部门可以重新认定该项目的代表性传承人

传播教育	宣传展示	县级以上人民政府应当结合实际情况，采取有效措施，组织文化主管部门和其他有关部门宣传、展示非物质文化遗产代表性项目
	研究出版	国家鼓励开展与非物质文化遗产有关的科学技术研究和非物质文化遗产保护、保存方法研究，鼓励开展非物质文化遗产的记录和非物质文化遗产代表性项目的整理、出版等活动
	宣传教育	学校应当按照国务院教育主管部门的规定，开展相关的非物质文化遗产教育。新闻媒体应当开展非物质文化遗产代表性项目的宣传，普及非物质文化遗产知识
		图书馆、文化馆、博物馆、科技馆等公共文化机构和非物质文化遗产学术研究机构、保护机构以及利用财政性资金举办的文艺表演团体、演出场所经营单位等，应当根据各自业务范围，开展非物质文化遗产的整理、研究、学术交流和非物质文化遗产代表性项目的宣传、展示
	民间传承	国家鼓励和支持公民、法人和其他组织依法设立非物质文化遗产展示场所和传承场所，展示和传承非物质文化遗产代表性项目

3. 法律责任

民事责任	违反本法规定，破坏属于非物质文化遗产组成部分的实物和场所的，依法承担民事责任；构成违反治安管理行为的，依法给予治安管理处罚
	境外组织在我国境内进行相关违法活动的，由文化主管部门责令改正，给予警告，没收违法所得及调查中取得的实物、资料；情节严重的，并处 10 万元以上 50 万元以下的罚款
	境外个人在我国境内进行相关违法活动的，由文化主管部门责令改正，给予警告，没收违法所得及调查中取得的实物、资料；情节严重的，并处 1 万元以上 5 万元以下的罚款
行政责任	文化主管部门和其他有关部门的工作人员在非物质文化遗产保护、保存工作中玩忽职守、滥用职权、徇私舞弊的，依法给予处分
	文化主管部门和其他有关部门的工作人员进行非物质文化遗产调查时侵犯调查对象风俗习惯，造成严重后果的，依法给予处分
刑事责任	违反本法规定，构成犯罪的，依法追究刑事责任

考点八

保护世界遗产、非物质文化遗产公约（熟悉）

1. 世界遗产名录

世界遗产	概念	是指被联合国教科文组织和世界遗产委员会确认的人类罕见的、目前无法替代的财富，是全人类公认的具有突出意义和普遍价值的文物古迹及自然景观	
	申请前提	①备选项目具有"真实性"和"完整性" ②制定相关法律法规，设立保护机构，有经费	
	基本特征	稀缺性、不可替代性、杰出性、多样性	
	分类	世界文化遗产	从历史、艺术或科学角度看具有突出的普遍价值的建筑物、碑雕和碑画，具有考古性质成分或结构的铭文、窟洞以及联合体
			从历史、艺术或科学角度看在建筑式样、分布均匀或与环境景色结合方面具有突出的普遍价值的单立或连接的建筑群
			从历史、审美、人种学或人类学角度看具有突出的普遍价值的人类工程或自然与人联合工程以及考古地址等地方
		世界自然遗产	包括从审美或科学角度看具有突出的普遍价值的由物质和生物结构或这类结构群组成的自然面貌
			从科学或保护角度看具有突出的普遍价值的地质和自然地理结构以及明确划为受威胁的动物和植物区
			从科学、保护或自然美角度看具有突出的普遍价值的天然名胜或明确划分的自然区域
		世界文化与自然遗产	
		文化景观	
	目前世界遗产总数达到 1121 处，其中包括 869 处文化遗产、213 处自然遗产以及 39 处自然与文化双遗产，遍布世界 167 个国家。其中，中国世界遗产已达 55 项，包括世界文化遗产 37 项、世界自然遗产 14 项、世界文化与自然双重遗产 4 项	
非物质文化遗产	概念	指被各社区、群体，有时是个人，视为其文化遗产组成部分的各种社会实践、观念表述、表现形式、知识、技能以及相关的工具、实物、手工艺品和文化场所	
	作用	这种非物质文化遗产世代相传，在各社区和群体适应周围环境以及与自然和历史的互动中，被不断地再创造，为这些社区和群体提供认同感和持续感，从而增强对文化多样性和人类创造力的尊重	
	分类	①口头传统和表现形式，包括作为非物质文化遗产媒介的语言 ②表演艺术 ③社会实践、仪式、节庆活动 ④有关自然界和宇宙的知识和实践 ⑤传统手工艺	

2. 缔约国义务

文化和自然遗产	①通过一项旨在使文化和自然遗产在社会生活中起一定作用并把遗产保护纳入全面规划计划的总政策 ②如本国内尚未建立负责文化和自然遗产的保护、保存和展出的机构，则建立一个或几个此类机构，配备适当的工作人员和为履行其职能所需的手段 ③发展科学和技术研究，并制定出能够抵抗威胁本国自然遗产的危险的实际方法 ④采取为确定、保护、保存、展出和恢复这类遗产所需的适当的法律、科学、技术、行政和财政措施 ⑤促进建立或发展有关保护、保存和展出文化和自然遗产的国家或地区培训中心，并鼓励这方面的科学研究	
非物质文化遗产	拟定清单	各缔约国应根据自己的国情拟定一份或数份关于这类遗产的清单，并应定期加以更新；各缔约国在定期向委员会提交报告时，应提供有关这些清单的情况
	保护措施	①制定一项总的政策，使非物质文化遗产在社会中发挥应有的作用，并将这种遗产的保护纳入规划工作 ②指定或建立一个或数个主管保护其领土上的非物质文化遗产的机构 ③鼓励开展有效保护非物质文化遗产，特别是濒危非物质文化遗产的科学、技术和艺术研究以及方法研究 ④采取适当的法律、技术、行政和财政措施，以便促进建立或加强培训管理非物质文化遗产的机构以及通过为这种遗产提供活动和表现的场所和空间，促进这种遗产的传承；确保对非物质文化遗产的享用，同时对享用这种遗产的特殊方面的习俗做法予以尊重；建立非物质文化遗产文献机构并创造条件促进对它的利用
	教育、宣传和能力培养	使非物质文化遗产在社会中得到确认、尊重和弘扬：①向公众，尤其是向青年进行宣传和传播信息的教育计划 ②有关社区和群体的具体的教育和培训计划 ③保护非物质文化遗产，尤其是管理和科研方面的能力培养活动 ④非正规的知识传播手段
		不断向公众宣传对这种遗产造成的威胁以及根据本公约所开展的活动 促进保护表现非物质文化遗产所需的自然场所和纪念地点的教育
	社区、群体和个人的参与	缔约国在开展保护非物质文化遗产活动时，应努力确保创造、延续和传承这种遗产的社区、群体，有时是个人的最大限度的参与，并吸收他们积极地参与有关的管理

第十五章

解决旅游纠纷的法律制度

1. 考试大纲

　　了解旅游纠纷及其特点、《最高人民法院关于审理旅游纠纷案件适用法律若干问题的规定》；了解《旅游市场黑名单管理办法（试行）》关于黑名单管理及其适用范围的规定；了解《治安管理处罚法》关于治安管理处罚种类及适用的规定，违反治安管理的行为和处罚。熟悉《消费者权益保护法》的基本原则，消费者权利、经营者义务、消费者权益的国家保护、消费者协会的公益性职责和禁止行为及其相关法律责任，关于消费者权益争议的解决的规定；熟悉《旅游投诉处理办法》关于旅游投诉及其构成要件的规定；熟悉《旅游不文明行为记录管理暂行办法》关于旅游者、旅游从业人员被纳入"旅游不文明行为记录"的主要行为，旅游不文明行为记录的信息内容以及评审、申辩和动态管理制度；熟悉《旅游市场黑名单管理办法（试行）》关于黑名单列入和移除原则、程序、基本信息、动态管理、修复信用的规定，对列入黑名单的旅游市场主体和从业人员实施的惩戒措施；熟悉《民事诉讼法》关于民事证据的种类、证明对象、证明责任和证明标准的规定。掌握旅游投诉案件的受理和处理；掌握《旅游市场黑名单管理办法（试行）》关于列入黑名单情形的规定。

2. 大纲解读

序号	主要内容	考纲要求	考试频率
1	旅游纠纷及其特点	了解	★★★☆☆
2	《最高人民法院关于审理旅游纠纷案件适用法律若干问题的规定》	了解	★★★☆☆
3	《旅游市场黑名单管理办法（试行）》关于黑名单管理及其适用范围的规定	了解	★★★☆☆
4	《治安管理处罚法》关于治安管理处罚种类及适用的规定	了解	★★★☆☆
5	违反治安管理的行为和处罚	了解	★★★☆☆
6	《消费者权益保护法》的基本原则	熟悉	★★★★☆
7	消费者的权利	熟悉	★★★★☆

续表

序号	主要内容	考纲要求	考试频率
8	经营者的义务	熟悉	★★★★☆
9	消费者权益的国家保护、消费者协会的公益性职责	熟悉	★★★★☆
10	禁止行为及其相关法律责任	熟悉	★★★★☆
11	消费者权益争议的解决	熟悉	★★★★☆
12	《旅游投诉处理办法》关于旅游投诉及其构成要件的规定	熟悉	★★★★☆
13	《旅游不文明行为记录管理暂行办法》关于旅游者、旅游从业人员被纳入"旅游不文明行为记录"的主要行为	熟悉	★★★★☆
14	旅游不文明行为记录的信息内容以及评审、申辩和动态管理制度	熟悉	★★★★☆
15	《旅游市场黑名单管理办法（试行）》关于黑名单列入和移出原则、程序、基本信息、动态管理、修复信用的规定	熟悉	★★★★☆
16	对列入黑名单的旅游市场主体和从业人员实施的惩戒措施	熟悉	★★★★☆
17	《民事诉讼法》关于民事证据的种类、证明对象、证明责任和证明标准的规定	熟悉	★★★★☆
18	旅游投诉案件的受理和处理	掌握	★★★★★
19	《旅游市场黑名单管理办法（试行）》关于列入黑名单情形的规定	掌握	★★★★★

3. 2019 年考点分析

今年新增考点：了解《旅游市场黑名单管理办法（试行）》关于黑名单管理及其适用范围的规定；掌握《旅游市场黑名单管理办法（试行）》关于列入黑名单情形的规定。

调整部分：关于《旅游不文明行为记录管理暂行办法》关于旅游者、旅游从业人员被纳入"旅游不文明行为记录"的主要行为，旅游不文明行为记录的信息内容以及评审、申辩和动态管理制度的考纲要求，由"了解"升级为"熟悉"；

2019 年预计考点：《最高人民法院关于审理旅游纠纷案件适用法律若干问题的规定》；《消费者权益保护法》的基本原则，消费者权利、经营者义务和禁止行为及其相关法律责任，关于消费者权益争议的解决的规定；《旅游投诉处理办法》关于旅游投诉及其构成要件的规定；《旅游不文明行为记录管理暂行办法》关于旅游者、旅游从业人员被纳入"旅游不文明行为记录"的主要行为，旅游不文明行为记录的信息内容以及评审、申辩和动态管理制度；《旅游市场黑名单管理办法（试行）》关于黑名单列入和移出原则、程序、基本信息、动态管理、修复信用的规定，对列入黑名单的旅游市场主体和从业人员实施的惩戒措施；《民事诉讼法》关于民事证据的种类、证明对象、证明责任和证明标准的规定。旅游投诉案件的受理和处理；《旅游市场黑名单管理办法（试行）》关于列入黑名单情形的规定。

考 点 精 讲

旅游纠纷及其特点（了解）

旅游纠纷的特点
- 1. 旅游纠纷的法律关系复杂
- 2. 旅游纠纷的内容广泛多样
- 3. 旅游消费所涉的实际标的额较小
- 4. 旅游纠纷的双方地位不平等、风险防范成本高、旅游者维权难度大

考点二

《最高人民法院关于审理旅游纠纷案件适用法律若干问题的规定》（以下简称《规定》）（了解）

1. 旅游纠纷案件的受理范围

本规定所称的旅游纠纷，是指旅游者与旅游经营者、旅游辅助服务者之间因旅游发生的合同纠纷或者侵权纠纷。其中，"旅游经营者"是指以自己的名义经营旅游业务，向公众提供旅游服务的人，包括合法设立的旅行社和非法经营旅行社业务的机构；"旅游辅助服务者"是指与旅游经营者存在合同关系，协助旅游经营者履行旅游合同义务，实际提供交通、游览、住宿、餐饮、娱乐等旅游服务的人，但不包括导游、领队以及公共交通提供者；旅游者在自行旅游过程中与旅游景点经营者因旅游发生的纠纷，参照适用本规定。

2. 明确规定旅游经营者和旅游辅助服务者的义务

序号	义务	主要内容
1	安全保障义务	①旅游经营者、旅游辅助服务者未尽到安全保障义务，造成旅游者人身损害、财产损失，旅游者请求旅游经营者、旅游辅助服务者承担责任的，人民法院应予支持 ②因第三人的行为造成旅游者人身损害、财产损失，由第三人承担责任；旅游经营者、旅游辅助服务者未尽安全保障义务，旅游者请求其承担相应补充责任的，人民法院应予支持
2	告知义务	旅游经营者、旅游辅助服务者对可能危及旅游者人身、财产安全的旅游项目未履行告知、警示义务，造成旅游者人身损害、财产损失，旅游者请求旅游经营者、旅游辅助服务者承担责任的，人民法院应予支持
3	保密义务	旅游经营者、旅游辅助服务者泄露旅游者个人信息或者未经旅游者同意公开其个人信息，旅游者请求其承担相应责任的，人民法院应予支持

3. 全方位维护旅游者的合法权益

序号	类型	主要内容
1	请求权竞合	因旅游经营者方面的同一原因造成旅游者人身损害、财产损失，旅游者选择要求旅游经营者承担违约责任或者侵权责任的，人民法院应当根据当事人选择的案由进行审理
2	霸王条款无效	旅游经营者以格式合同、通知、声明、告示等方式做出对旅游者不公平、不合理的规定，或者减轻、免除其损害旅游者合法权益的责任，旅游者请求依据《消费者权益保护法》第24条的规定认定该内容无效的，人民法院应予支持
3	不得擅自转让合同	①旅游经营者将旅游业务转让给其他旅游经营者，旅游者不同意转让，请求解除旅游合同、追究旅游经营者违约责任的，人民法院应予支持 ②旅游经营者擅自将其旅游业务转让给其他旅游经营者，旅游者在旅游过程中遭受损害，请求与其签订旅游合同的旅游经营者和实际提供旅游服务的旅游经营者承担连带责任的，人民法院应予支持
4	转让合同的效力	除合同性质不宜转让或者合同另有约定之外，在旅游行程开始前的合理期间内，旅游者将其在旅游合同中的权利义务转让给第三人，请求确认转让合同效力的，人民法院应予支持。因前款所述原因，旅游者请求旅游经营者退还减少的费用的，人民法院应予支持
5	解除合同及其费用处理	旅游行程开始前或者进行中，因旅游者单方解除合同，旅游者请求旅游经营者退还尚未实际发生的费用，人民法院应予支持
6	有权要求退还未发生费用	①因不可抗力等客观原因导致变更旅游行程 ②公共交通工具延误 ③证照纠纷。旅游经营者因过错致其代办的手续、证件存在瑕疵，或者未尽妥善保管义务而遗失、毁损，旅游者请求旅游经营者补办或者协助补办相关手续、证件并承担相应费用的，人民法院应予支持 ④因上述行为影响旅游行程，旅游者请求旅游经营者退还尚未发生的费用、赔偿损失的，人民法院应予支持

续表

序号	权利	主要内容
7	有权请求违约赔偿	旅游经营者违反合同约定，有擅自改变旅游行程、遗漏旅游景点、减少旅游服务项目、降低旅游服务标准等行为，旅游者请求旅游经营者赔偿未完成约定旅游服务项目等合理费用的，人民法院应予支持
8	欺诈旅游者要双倍赔偿损失	旅游经营者提供服务时有欺诈行为，旅游者请求旅游经营者 2 倍赔偿其遭受的损失的，人民法院应予支持
9	拒绝购物、增收费用的退还	①因拒绝旅游经营者安排的购物活动或者另行付费的项目被增收的费用 ②在同一旅游行程中，旅游经营者提供相同服务，因旅游者的年龄、职业等差异而增收的费用

4. 合理界定旅游经营者的责任

序号	责任	主要内容
1	旅游经营者的连带责任	①旅游经营者擅自转团。旅游经营者擅自将其旅游业务转让给其他旅游经营者，旅游者在旅游过程中遭受损害，请求与其签订旅游合同的旅游经营者和实际提供旅游服务的旅游经营者承担连带责任的，人民法院应予支持 ②旅游经营者准许挂靠的责任承担。旅游经营者准许他人挂靠其名下从事旅游业务，造成旅游者人身损害、财产损失，旅游者请求旅游经营者与挂靠人承担连带责任的，人民法院应予支持
2	旅游经营者的补充责任	旅游经营者对旅游辅助服务者未尽谨慎选择义务，旅游者请求旅游经营者承担相应补充责任的，人民法院应予支持
3	地接社违约的旅游经营者责任	①签订旅游合同的旅游经营者将其部分旅游业务委托旅游目的地的旅游经营者，因受托方未尽旅游合同义务，旅游者在旅游过程中受到损害，要求做出委托的旅游经营者承担赔偿责任的，人民法院应予支持 ②旅游经营者委托除前款规定以外的人从事旅游业务，发生旅游纠纷，旅游者起诉旅游经营者的，人民法院应予受理
4	自行安排活动期间旅游经营者的责任	①旅游者在自行安排活动期间遭受人身损害、财产损失，旅游经营者未尽到必要的提示义务、救助义务，旅游者请求旅游经营者承担相应责任的，人民法院应予支持 ②前款规定的自行安排活动期间，包括旅游经营者安排的在旅游行程中独立的自由活动期间、旅游者不参加旅游行程的活动期间以及旅游者经导游或者领队同意暂时离队的个人活动期间等
5	旅游者脱团时旅游经营者的责任	旅游者在旅游行程中未经导游或者领队许可，故意脱离团队，遭受人身损害、财产损失，请求旅游经营者赔偿损失的，人民法院不予支持
6	旅游者行李丢失时旅游经营者的责任	旅游经营者或者旅游辅助服务者为旅游者代管的行李物品损毁、灭失，旅游者请求赔偿损失的，人民法院应予支持。同时列举了四种除外情形：①损失是由于旅游者未听从旅游经营者或者旅游辅助服务者的事先声明或者提示，未将现金、有价证券、贵重物品由其随身携带而造成的；②损失是由于不可抗力、意外事件造成的；③损失是由于旅游者的过错造成的；④损失是由于物品的自然属性造成的

续表

序号	责任	主要内容
7	"自由行"过程中旅游经营者的责任	旅游经营者事先设计，并以确定的总价提供交通、住宿、游览等一项或者多项服务，不提供导游和领队服务，由旅游者自行安排游览行程的旅游过程中，旅游经营者提供的服务不符合合同约定，侵害旅游者合法权益，旅游者请求旅游经营者承担相应责任的，人民法院应予支持

5. 旅游经营者的权益保护

序号	责任	主要内容
1	追加旅游辅助服务者为第三人	因旅游辅助服务者的原因导致旅游经营者违约，旅游者仅起诉旅游经营者的，人民法院可以将旅游辅助服务者追加为第三人
2	旅游经营者、旅游辅助服务者的免责情形	①旅游者未履行如实告知义务的 ②因不可抗力等客观原因导致旅游合同无法履行的 ③旅游者擅自脱团的 ④旅游者自行安排旅游活动的。《规定》第25条第2款规定，旅游者在自行安排的旅游活动中合法权益受到侵害，请求旅游经营者、旅游辅助服务者承担责任的，人民法院不予支持
3	旅游经营者有权转让合同	旅游经营者将旅游业务转让给其他旅游经营者，旅游者不同意转让，请求解除旅游合同、追究旅游经营者违约责任的，人民法院应予支持 **解析** 这表明，《规定》并无禁止旅行社转团，但前提是必须事先征得旅游者同意。
4	旅游经营者有权要求旅游者支付合理费用	①旅游者转让旅游合同的。在旅游行程开始前的合理期间内，因旅游者将其在旅游合同中的权利义务转让给第三人的原因，旅游经营者请求旅游者、第三人给付增加的费用，人民法院应予支持 ②旅游者单方解除合同的。旅游行程开始前或者进行中，因旅游者单方解除合同，旅游经营者请求旅游者支付合理费用的，人民法院应予支持 ③因不可抗力等客观因素变更旅游行程的。因不可抗力等不可归责于旅游经营者、旅游辅助服务者的客观原因变更旅游行程，在征得旅游者同意后，旅游经营者请求旅游者分担因此增加的旅游费用的，人民法院应予支持

考点三

《旅游市场黑名单管理办法（试行）》关于黑名单管理及其适用范围的规定（了解）

旅游市场黑名单管理是指文化和旅游行政部门或者文化市场综合执法机构将严

重违法失信的旅游市场主体和从业人员、人民法院认定的失信被执行人列入全国或者地方旅游市场黑名单，在一定期限内向社会公布，实施信用约束、联合惩戒等措施的统称。

其中，<u>适用对象包括三类</u>：①严重违法失信的旅游市场主体，这里的"旅游市场主体"包括旅行社、景区、旅游住宿等从事旅游经营服务的企业、个体工商户和通过互联网等信息网络从事提供在线旅游服务或者产品的经营者；②严重违法失信的从业人员，这里的"从业人员"包括上述市场主体的法定代表人、主要负责人以及导游等其他从业人员；③人民法院认定的失信被执行人，是指被执行人具有履行能力而不履行生效法律文书确定的义务，被人民法院纳入失信被执行人名单的人员。

考点四

《治安管理处罚法》关于治安管理处罚种类及适用的规定（了解）

种类
- 1. 警告
- 2. 罚款
- 3. 行政拘留
- 4. 吊销公安机关发放的许可证
- 5. 对违反治安管理的外国人，可以附加适用限期出境或者驱逐出境

适用 — 适用对象
- 1. 未成年人
  - ①已满14周岁不满18周岁的人违反治安管理的，从轻或者减轻处罚
  - ②不满14周岁的人违反治安管理的，不予处罚，但是应当责令其监护人严加管教
- 2. 精神病人
  - ①精神病人在不能辨认或者不能控制自己行为的时候违反治安管理的，不予处罚，但是应当责令其监护人严加看管和治疗
  - ②间歇性的精神病人在精神正常的时候违反治安管理的，应当给予处罚
- 3. 盲人或聋哑人。盲人或者又聋又哑的人违反治安管理的，可以从轻、减轻或者不予处罚
- 4. 醉酒的人。醉酒的人违反治安管理的，应当给予处罚。醉酒的人在醉酒状态中，对本人有危险或者对他人的人身、财产或者公共安全有威胁的，应当对其采取保护性措施约束至酒醒

适用

违法行为

1. 有两种以上违法行为。分别决定，合并执行。行政拘留处罚合并执行的，最长不超过 20 日
2. 共同违法行为。根据违反治安管理行为人在违反治安管理行为中所起的作用，分别处罚。教唆、胁迫、诱骗他人违反治安管理的，按照其教唆、胁迫、诱骗的行为处罚
3. 单位违法行为。对其直接负责的主管人员和其他直接责任人员依照本法的规定处罚。其他法律、行政法规对同一行为规定给予单位处罚的，依照其规定处罚

处罚情形

1. 减轻处罚或不予处罚的情形。情节特别轻微的；主动消除或者减轻违法后果，并取得被侵害人谅解的；出于他人胁迫或者诱骗的；主动投案，向公安机关如实陈述自己的违法行为的；有立功表现的
2. 从重处罚的情形。有较严重后果的；教唆、胁迫、诱骗他人违反治安管理的；对报案人、控告人、举报人、证人打击报复的；6 个月内曾受过治安管理处罚的
3. 不予执行行政拘留处罚的情形。已满 14 周岁不满 16 周岁的；已满 16 周岁不满 18 周岁，初次违反治安管理的；70 周岁以上的；怀孕或者哺乳自己不满 1 周岁婴儿的

追究时效

1. 违反治安管理行为在 6 个月内没有被公安机关发现的，不再处罚
2. 前款规定的期限，从违反治安管理行为发生之日起计算；违反治安管理行为有连续或者继续状态的，从行为终了之日起计算

考点五

违反治安管理的行为和处罚（了解）

序号	行为大类	行为细分	处罚
1	扰乱公共秩序	扰乱公共汽车、电车、火车、船舶、航空器或者其他公共交通工具上的秩序	①处警告或者 200 元以下罚款 ②情节较重的，处 5 日以上 10 日以下拘留，可以并处 500 元以下罚款 ③聚众实施前款行为的，对首要分子处 10 日以上 15 日以下拘留，可以并处 1000 元以下罚款
		扰乱车站、港口、码头、机场、商场、公园、展览馆或者其他公共场所秩序	
		扰乱文化、体育等大型群众性活动秩序（强行进入场内的；违反规定，在场内燃放烟花爆竹或者其他物品的；展示侮辱性标语、条幅等物品的；围攻裁判员、运动员或者其他工作人员的；向场内投掷杂物，不听制止的；扰乱大型群众性活动秩序的其他行为）	①处警告或者 200 元以下罚款 ②情节严重的，处 5 日以上 10 日以下拘留，可以并处 500 元以下罚款 ③因扰乱体育比赛秩序被处以拘留处罚的，可以同时责令其 12 个月内不得进入体育场馆观看同类比赛；违反规定进入体育场馆的，强行带离现场

续表

序号	行为大类	行为细分	处罚
2	妨害公共安全	盗窃、损毁公共设施（盗窃、损毁油气管道设施、电力电信设施、广播电视设施、水利防汛工程设施或者水文监测、测量、气象测报、环境监测、地质监测、地震监测等公共设施的）	处 10 日以上 15 日以下拘留
		盗窃、损害航空设施（盗窃、损坏、擅自移动使用中的航空设施）	①处 10 日以上 15 日以下拘留 ②在使用中的航空器上使用可能影响导航系统正常功能的器具、工具，不听劝阻的，处 5 日以下拘留或者 500 元以下罚款
		盗窃、损毁铁路设施（盗窃、损毁或者擅自移动铁路设施、设备、机车车辆配件或者安全标志的以及在铁路线路上放置障碍物，或者故意向列车投掷物品的）	①处 5 日以上 10 日以下拘留，可以并处 500 元以下罚款 ②情节较轻的，处 5 日以下拘留或者 500 元以下罚款
3	侵犯他人人身权利、财产权利	偷窥、偷拍、窃听、散布他人隐私	①处 5 日以下拘留或者 500 元以下罚款 ②情节较重的，处 5 日以上 10 日以下拘留，可以并处 500 元以下罚款
		殴打他人或者故意伤害他人身体	①处 5 日以上 10 日以下拘留，并处 200 元以上 500 元以下罚款 ②情节较轻的，处 5 日以下拘留或者 500 元以下罚款
		猥亵他人或在公共场所裸露身体	①情节恶劣的，处 5 日以上 10 日以下拘留 ②猥亵智力残疾人、精神病人、不满 14 周岁的人或者有其他严重情节的，处 10 日以上 15 日以下拘留
		侵犯公私财物（盗窃、诈骗、哄抢、抢夺、敲诈勒索或者故意损毁公私财物的）	①处 5 日以上 10 日以下拘留，可以并处 500 元以下罚款 ②情节较重的，处 10 日以上 15 日以下拘留，可以并处 1000 元以下罚款
4	妨害社会管理	制造噪声干扰他人生活	①处警告 ②警告后不改正的，处 200 元以上 500 元以下罚款
		妨害文物管理（刻画、涂污或者以其他方式故意损坏国家保护的文物、名胜古迹的）	①处警告或者 200 元以下罚款 ②情节较重的，处 5 日以上 10 日以下拘留，并处 200 元以上 500 元以下罚款

续表

序号	行为大类	行为细分	处罚
4	妨害社会管理	嫖娼（卖淫、嫖娼的）	①处 10 日以上 15 日以下拘留，可以并处 5000 元以下罚款 ②情节较轻的，处 5 日以下拘留或者 500 元以下罚款
		参与淫秽活动	处 10 日以上 15 日以下拘留，并处 500 元以上 1000 元以下罚款
		赌博	①处 5 日以下拘留或者 500 元以下罚款； ②情节严重的，处 10 日以上 15 日以下拘留，并处 500 元以上 3000 元以下罚款
		非法持有或吸食毒品（非法持有鸦片不满 200 克、海洛因或者甲基苯丙胺不满 10 克或者其他少量毒品的，或吸食、注射毒品）	①处 10 日以上 15 日以下拘留，可以并处 2000 元以下罚款； ②情节较轻的，处 5 日以下拘留或者 500 元以下罚款

考点六

《消费者权益保护法》的基本原则（熟悉）

基本原则 {
1. 自愿、平等、公平、诚实信用原则
2. 对消费者特别保护的原则
3. 国家保护消费者合法权益不受侵犯原则
4. 全社会共同保护消费者合法权益的原则
}

考点七

消费者的权利（熟悉）

9 项权利 {
安全保障权、知情权、自主选择权
公平交易权、获得赔偿权、结社权
获得有关知识权、受尊重权、监督批评权
}

考点八

经营者的义务（熟悉）

14 项义务
- 履行法定或约定、听取意见和接受消费者监督、安全保障、提供真实信息
- 标明真实名称和标记、出具购货凭证或服务单据、保证商品或服务质量
- 承担售后服务、不得以格式合同等方式限制消费者权利、尊重消费者人格权
- 召回缺陷商品、无理由退货、非现场购物信息披露、个人信息保护

考点九

消费者权益的国家保护、消费者协会的公益性职责（熟悉）

消费者权益国家保护的 3 个途径
1. 立法保护，国家立法机关通过立法活动来保护消费者的利益
2. 行政保护，通过行政执法和监督活动来实现
3. 司法保护，司法机关通过审判活动维护消费者的合法权益

消费者协会对消费者权益的保护职责
1. 消费者协会应当认真履行保护消费者合法权益的职责
2. 听取消费者的意见和建议
3. 接受社会监督
4. 依照法律、法规及其章程的规定，开展保护消费者合法权益的活动
5. 不得从事商品经营和营利性服务
6. 不得以收取费用或其他谋取利益的方式向消费者推荐商品和服务

考点十

禁止行为及其相关法律责任（熟悉）

1. 责任主体的确认

序号	责任	主要内容
1	购买、使用商品权益受损害的责任主体	①可以向销售者要求赔偿。销售者赔偿后，属于生产者的责任或者属于向销售者提供商品的其他销售者的责任的，销售者有权向生产者或者其他销售者追偿 ②消费者或者其他受害人因商品缺陷造成人身、财产损害的，可以向销售者要求赔偿，也可以向生产者要求赔偿。属于生产者责任的，销售者赔偿后，有权向生产者追偿。属于销售者责任的，生产者赔偿后，有权向销售者追偿 ③消费者在接受服务时，其合法权益受到损害的，可以向服务者要求赔偿
2	原企业分立、合并的责任主体	消费者在购买、使用商品或者接受服务时，其合法权益受到损害，因原企业分立、合并的，可以向变更后承受其权利、义务的企业要求赔偿
3	非营业执照持有人造成损害的责任主体	使用他人营业执照的违法经营者提供商品或者服务，损害消费者合法权益的，消费者可以向其要求赔偿，也可以向营业执照的持有人要求赔偿
4	在展销会、租赁柜台购买商品、接受服务受到损害的责任主体	①消费者在展销会、租赁柜台购买商品或者接受服务，合法权益受到损害的，可以向销售者或者服务者要求赔偿 ②展销会结束或者柜台租赁期满后，有权向销售者或者服务者追偿
5	网络购物受到损害的责任主体	①消费者通过网络交易平台购买商品或者接受服务，其合法权益受到损害的，可以向销售者或者服务者要求赔偿 ②网络交易平台提供者不能提供销售者或者服务者的真实名称、地址和有效联系方式的，消费者也可以向网络交易平台提供者要求赔偿；网络交易平台提供者做出更有利于消费者的承诺的，应当履行承诺 ③网络交易平台提供者赔偿后，有权向销售者或者服务者追偿 ④网络交易平台提供者明知或者应知销售者或者服务者利用其平台侵害消费者合法权益、未采取必要措施的，依法与该销售者或者服务者承担连带责任
6	因虚假广告受到损害的责任主体	①消费者因经营者利用虚假广告提供商品或者服务，其消费者合法权益受到损害的，可以向经营者要求赔偿 ②广告的经营者发布虚假广告的，消费者可以请求行政主管部门予以惩处。广告的经营者不能提供经营者真实名称、地址的，应承担赔偿责任 ③广告经营者、发布者设计、制作、发布关系消费者生命健康商品或者服务的虚假广告，造成消费者损害的，应当与提供该商品或服务的经营者承担连带责任。社会团体或者其他组织、个人在关系消费者生命健康商品或者服务的虚假广告或者其他虚假宣传中向消费者推荐商品或者服务，造成消费者有损害的，应当与提供该商品或者服务的经营者承担连带责任

2. 责任承担的方式

序号	行为	责任
1	提供的商品或服务存在不当情形	经营者提供商品或者服务有下列情形之一的，除本法另有规定外，应当依照其他有关法律、法规的规定，承担民事责任：①商品或者服务存在缺陷的；②不具备商品应当具备的使用性能而出售时未做说明的；③不符合在商品或者其包装上注明采用的商品标准的；④不符合商品说明、实物样品等方式表明的质量状况的；⑤生产国家明令淘汰的商品或者销售失效、变质的商品的；⑥销售的商品数量不足的；⑦服务的内容和费用违反约定的；⑧对消费者提出的修理、重做、更换、退货、补足商品数量、退还货款和服务费用或者赔偿损失的要求，故意拖延或者无理拒绝的；⑨法律、法规规定的其他损害消费者权益的情形
2	未尽安全保障义务	经营者对消费者未尽到安全保障义务，造成消费者损害的，应当承担侵权责任
3	提供的商品或服务造成人身伤害	经营者提供商品或者服务，造成消费者或者其他受害人人身伤害的，应当赔偿医疗费、护理费、交通费等为治疗和康复支出的合理费用，以及因误工减少的收入。造成残疾的，还应当赔偿残疾生活辅助具费和残疾赔偿金。造成死亡的，还应当赔偿丧葬费和死亡赔偿金
4	侵害消费者的人格、人身和隐私安全	经营者侵害消费者的人格尊严、侵犯消费者人身自由或者侵害消费者个人信息依法得到保护的权利的，应当停止侵害、恢复名誉、消除影响、赔礼道歉，并赔偿损失
5	侵害消费者人身权益造成严重精神损害	经营者有侮辱诽谤、搜查身体、侵犯人身自由等侵害消费者或者其他受害人人身权益的行为，造成严重精神损害的，受害人可以要求精神损害赔偿
6	提供的商品或服务造成消费者财产损害	经营者提供商品或者服务，造成消费者财产损害的，应当依照法律规定或者当事人约定承担修理、重做、更换、退货、补足商品数量、退还货款和服务费用或者赔偿损失等民事责任
7	未按照约定提供商品或服务	经营者以预收款方式提供商品或者服务的，应当按照约定提供。未按照约定提供的，应当按照消费者的要求履行约定或者退回预付款；并应当承担预付款的利息、消费者必须支付的合理费用
8	退货责任	依法经有关行政部门认定为不合格的商品，消费者要求退货的，经营者应当负责退货
9	欺诈行为责任	经营者提供商品或者服务有欺诈行为的，应当按照消费者的要求增加赔偿其受到的损失，增加赔偿的金额为消费者购买商品的价款或者接受服务的费用的 3 倍；增加赔偿的金额不足 500 元的，为 500 元。法律另有规定的，依照其规定。经营者明知商品或者服务存在缺陷，仍然向消费者提供，造成消费者或者其他受害人死亡或者健康严重损害的，受害人有权要求经营者依照本法第 49、第 51 条等法律规定赔偿损失，并有权要求所受损失 2 倍以下的惩罚性赔偿
10	民事赔偿责任优先	经营者违反本法规定，应当承担民事赔偿责任和缴纳罚款、罚金，其财产不足以同时支付的，先承担民事赔偿责任

考点十一

消费者权益争议的解决（熟悉）

5 个
解决途径
- 1. 与经营者协商和解
- 2. 请求消费者协会或者依法成立的其他调解组织调解
- 3. 向有关行政部门投诉
- 4. 根据与经营者达成的仲裁协议提请仲裁机构仲裁
- 5. 向人民法院提起诉讼

考点十二

《旅游投诉处理办法》关于旅游投诉及其构成要件的规定（熟悉）

旅游投诉的特征
- 1. 投诉主体只能是旅游者
- 2. 被投诉主体只能是旅游经营者
- 3. 请求解决的纠纷属于民事争议
- 4. 受理旅游投诉的是规定的旅游投诉处理机构
- 5. 处理旅游投诉是旅游投诉处理机构的具体行政行为
- 6. 处理旅游纠纷是旅游投诉处理机构法定职权内的行为

旅游投诉
类别

1. 以投诉人的数量为依据
- ①单独投诉：单个的个体行为
- ②共同投诉：投诉人 4 人以上，以同一事由投诉同一被投诉人，共同投诉可以由投诉人推选 1 至 3 名代表进行投诉

2. 以是否以自己的行为行使投诉权为依据
- ①亲自投诉
- ②委托投诉：投诉人委托代理人进行投诉活动的，应当向旅游投诉处理机构提交授权委托书，并载明委托权限

当事人及其权利义务

1. 旅游投诉者
①权利：有权了解处理的情况；投诉不予受理、投诉转办的，有权获得书面告知的权利；有权请求调解；有权要求旅游投诉处理机构在规定的时间处理投诉；有权与被投诉人和解；调解不成或者调解书生效后没有执行的，有权依法申请仲裁或者向人民法院提起诉讼
②义务：应当积极配合旅游投诉处理机构处理投诉的工作，按照规定的形式要件提交书面投诉状；对投诉事实提供证据；接受并配合旅游投诉处理机构的调查；按照约定承担鉴定、检测费用；与被投诉人和解的，应当将和解结果告知旅游投诉处理机构

2. 旅游被投诉者
①在旅游投诉中，被投诉者只能是为旅游者提供服务的旅游经营者
②权利：有权了解处理的情况；与投诉者自行和解；依据事实和相关法规、合同约定反驳投诉请求；提出申辩，保护其合法权益
③义务：被投诉者应当积极配合旅游投诉处理机构的工作，在接到旅游投诉受理通知书之日起 10 日内做出书面答复，提出答辩的事实、理由和证据；对自己的答辩提供证据；接受旅游投诉处理机构的调查；按照约定承担鉴定、检测费用；与被投诉人和解的，应当将和解结果告知旅游投诉处理机构

构成要件

1. 实质要件
①投诉人与被投诉事项有直接利害关系
②有明确的被投诉人
③有具体的投诉请求、事实和理由

2. 形式要件
①形式。旅游投诉一般应当采用书面形式，一式两份，并载明规定的内容。投诉事项比较简单的，投诉人可以口头投诉，由旅游投诉处理机构进行记录或者登记，并告知被投诉人；对于不符合受理条件的投诉，旅游投诉处理机构可以口头告知投诉人不予受理及其理由，并进行记录或者登记
②投诉状的内容。投诉状应当记明以下事项：一是投诉人的基本情况。包括旅游投诉者的姓名、性别、国籍、通信地址、联系电话及投诉日期。二是被投诉人的名称、所在地。三是投诉的要求、理由及相关的事实根据

考点十三

《旅游不文明行为记录管理暂行办法》关于旅游者、旅游从业人员被纳入"旅游不文明行为记录"的主要行为（熟悉）

旅游者被纳入"旅游不文明行为记录"的主要行为
- 1. 扰乱航空器、车船或者其他公共交通工具秩序
- 2. 破坏公共环境卫生、公共设施
- 3. 违反旅游目的地社会风俗、民族生活习惯
- 4. 损毁、破坏旅游目的地文物古迹
- 5. 参与赌博、色情、涉毒活动
- 6. 不顾劝阻、警示从事危及自身以及他人人身财产安全的活动
- 7. 破坏生态环境，违反野生动植物保护规定
- 8. 违反旅游场所规定，严重扰乱旅游秩序
- 9. 国务院旅游主管部门认定的造成严重社会不良影响的其他行为
- 10. 因监护人存在重大过错导致被监护人发生旅游不文明行为，将监护人纳入"旅游不文明行为记录"

旅游从业人员被纳入"旅游不文明行为记录"的主要行为
- 1. 价格欺诈、强迫交易、欺骗诱导游客消费
- 2. 侮辱、殴打、胁迫游客
- 3. 不尊重旅游目的地或游客的宗教信仰、民族习惯、风俗禁忌
- 4. 传播低级趣味、宣传迷信思想
- 5. 国务院旅游主管部门认定的其他旅游不文明行为

考点十四

旅游不文明行为记录的信息内容以及评审、申辩和动态管理制度（熟悉）

记录信息
- 1. 不文明行为当事人的姓名、性别、户籍省份
- 2. 不文明行为的具体表现、不文明行为所造成的影响和后果
- 3. 对不文明行为的记录期限

评审事项
- 1. 事件是否应当纳入"旅游不文明行为记录"
- 2. 确定记录的信息保存期限
- 3. 记录是否通报相关部门
- 4. 对已经形成的记录的期限进行动态调整

动态管理
（1~5 年）
- 1. 行为当事人违反刑法的，信息保存期限为 3~5 年
- 2. 行为当事人受到行政处罚或法院判决承担责任的，信息保存期限为 2~4 年
- 3. 行为未受到法律法规处罚，但造成严重社会影响的，信息保存期限为 1~3 年
- 4. 根据被记录人采取补救措施挽回不良影响的程度、对文明旅游宣传引导的社会效果，经评审委员会审议后可缩短记录期限

申辩
（30 个工作日）
- 1. 当事人在接到旅游主管部门送达的申辩通知后 30 个工作日内，有权利进行申辩
- 2. 旅游主管部门在接到申辩后 30 个工作日内予以书面回复
- 3. 申辩理由被采纳的，可依据当事人申辩的理由调整记录期限或取消记录
- 4. 当事人申辩期间不影响信息公布

考点十五

《旅游市场黑名单管理办法（试行）》关于黑名单列入和移出原则、程序、基本信息、动态管理、修复信用的规定（熟悉）

1. 黑名单列入和移出原则

文化和旅游行政部门或者文化市场综合执法机构应当按照"谁列入、谁负责，谁移出、谁负责"的原则，及时将旅游市场黑名单列入、移出信息录入全国旅游市场黑名单系统。同时，单独强调了黑名单列入原则，即地市级及以上文化和旅游行政部门或者文化市场综合执法机构按照属地管理及"谁负责、谁列入，谁处罚、谁列入"的原则，将符合情形的旅游市场主体和从业人员列入本辖区旅游市场黑名单。

2. 黑名单的列入程序

列入程序
- 1. 相关失信信息获取
- 2. 履行事前告知或者公示程序
- 3. 申辩与受理时限（旅游市场主体和从业人员在被告知或者信息公示后的 10 个工作日内，有权向列入机关提交书面陈述、申辩及相关证明材料，列入机关应当在 15 个工作日内给予书面答复）
- 4. 列前对比"红名单"，是"黑"否"红"
- 5. 书面告知
- 6. 跨区通报

3. 黑名单的移出时限

列入旅游市场黑名单所依据的行政处罚决定被撤销的，文化和旅游行政部门或者文化市场综合执法机构应当自行政处罚决定被撤销之日起 30 个工作日内，将相关市场主体和从业人员信息移出旅游市场黑名单。

4. 黑名单信息记录与发布共享

序号	类别	内容
1	信息记录	旅游市场主体黑名单信息包括：基本信息（法人和其他组织名称、统一社会信用代码、全球法人机构识别编码、法定代表人姓名及其身份证件类型和号码）、列入事由（认定严重违法失信行为的事实、认定部门、认定依据、认定日期、有效期）和其他信息（联合奖惩、信用修复、退出信息等） 从业人员黑名单信息包括：基本信息（姓名、公民身份证号码、港澳台居民的公民社会信用代码、外国籍人身份号码）、列入事由（认定严重违法失信行为的事实、认定部门、认定依据、认定日期、有效期）和其他信息（联合奖惩、信用修复、退出信息等）
2	发布共享	各级文化和旅游行政部门应当通过其门户网站、地方政府信用网站、全国旅游监管服务平台、国家企业信用信息公示系统、"信用中国"网站等渠道发布本辖区旅游市场黑名单，实现信息共享。对涉及企业商业秘密和个人隐私的信息，发布前应进行必要的技术处理

5. 黑名单动态管理

三类情形及要求时限
1. 因"在旅游经营活动中因妨害国（边）境管理受到刑事处罚"列入黑名单的，黑名单信息自公布之日起满 5 年，由列入机关自届满之日起 30 个工作日内移出旅游市场黑名单
2. 因"人民法院认定的失信被执行人"被列入黑名单的，在人民法院将其失信信息删除后 10 个工作日内由列入机关移出旅游市场黑名单（同时符合本办法第 4 条第 1 款情形的除外）
3. 因办法其他情形列入黑名单的，黑名单信息自公布之日起满 3 年，或者在规定期限内纠正失信行为、消除不良影响的（不含"受到文化和旅游行政部门或者文化市场综合执法机构吊销旅行社业务经营许可证、导游证处罚的"），由列入机关自届满之日起 30 个工作日内移出旅游市场黑名单

6. 黑名单修复信用

序号	类别	内容
1	方式	鼓励黑名单主体通过纠正失信行为、消除不良影响等方式修复信用。黑名单主体修复信用后，文化和旅游行政部门按照相应程序将其移出黑名单
		"因侵害旅游者合法权益，造成游客滞留或者严重社会不良影响的；连续 12 个月内两次被列入旅游市场重点关注名单的" 被列入黑名单的，可在列入之日起 3 个月内向列入机关提出信用修复申请，并在 3 个月内完成信用修复
2	内容	公开信用承诺。承诺内容包括依法诚信经营的具体要求、自愿接受社会监督、违背承诺自愿接受联合惩戒等。信用承诺书须通过当地文化和旅游行政部门网站、全国旅游监管服务平台、"信用中国"网站同步向社会公布
		参加信用修复专题培训。培训时长不少于 3 小时，接受信用修复培训情况记入失信主体信用记录，纳入全国信用信息共享平台

考点十六

对列入黑名单的旅游市场主体和从业人员实施的惩戒措施（熟悉）

具体惩戒措施
1. 作为重点监管对象，增加检查频次，加大监管力度，发现再次违法违规经营行为的，依法从重处罚
2. 法定代表人或者主要负责人列入黑名单期间，依法限制其担任旅游市场主体的法定代表人或者主要负责人，已担任相关职务的，按规定程序要求变更，限制列入黑名单的市场主体变更名称
3. 对其新申请的旅游行政审批项目从严审查
4. 对其参与评比表彰、政府采购、财政资金扶持、政策试点等予以限制
5. 将其严重违法失信信息通报相关部门，实施联合惩戒。同时，文化和旅游行政部门应对列入旅游市场黑名单的失信被执行人及其法定代表人、主要负责人、实际控制人、影响债务履行的直接责任人员在高消费旅游方面实施惩戒，限制其参加由旅行社组织的团队出境旅游。

惩戒范围
1. 省级、地市级文化和旅游行政部门认为部分违法失信行为确需列入上一级旅游市场黑名单、实施更大范围惩戒的，应向上一级文化和旅游行政部门申请并经其复核确认后列入
2. 省级文化和旅游行政部门可直接将部分严重违法失信行为列入省级旅游市场黑名单，在本省辖区内实施惩戒
3. 文化和旅游部可直接将部分严重违法失信行为列入全国旅游市场黑名单，在全国范围内实施惩戒

考点十七

《民事诉讼法》民事证据的种类、证明对象、证明责任和证明标准的规定（熟悉）

证据种类（8种）

1. 八种证据：当事人的陈述、书证、物证、视听资料
电子数据、证人证言、鉴定意见、勘验笔录
2. 特别注意：视听资料包括录音资料和影像资料；电子数据是指通过电子邮件、电子数据交换、网上聊天记录、博客、微博客、手机短信、电子签名、域名等形成或者存储在电子介质中的信息。存储在电子介质中的录音资料和影像资料，适用电子数据的规定。

证明对象（4种）

1. 当事人主张的实体事实，包括权利产生所依据的事实、权利消灭的事实、阻碍权利产生的事实、权利变更的事实等
2. 当事人主张的程序事实，如管辖权问题、当事人资格以及行为能力等
3. 证据事实，如书证、物证等是否客观真实等
4. 外国法律和地方性法规，即在审理涉外案件的时候，如果涉及适用外国实体法，或者在审理国内案件时适用地方性法规，必须要将法律、法规出示出来就其合法性加以证明

证明责任

1. 举证责任，即当事人的主张由当事人提供证据加以证明
2. 当事人因不履行举证责任而应当承担的法律后果
3. 特别注意：①当事人及其诉讼代理人由于客观原因不能自行收集的证据，或者人民法院认为审理案件需要的证据，人民法院应当调查收集
②当事人对自己提出的主张应当及时提供证据。人民法院根据当事人的主张和案件审理情况，确定当事人应当提供的证据及其期限。当事人在该期限内提供证据确有困难的，可以向人民法院申请延长期限，人民法院根据当事人的申请适当延长。当事人逾期提供证据的，人民法院应当责令其说明理由；拒不说明理由或者理由不成立的，人民法院根据不同情形可以不予采纳该证据，或者采纳该证据但予以训诫、罚款

序号	证据种类	证明标准
1	书证和物证	书证应当提交原件。物证应当提交原物。提交原件或者原物确有困难的，可以提交复制品、照片、副本、节录本。提交外文书证，必须附有中文译本
2	视听资料和电子数据	人民法院对视听资料，应当辨别真伪，并结合本案的其他证据，审查确定能否作为认定事实的根据

续表

序号	证据种类	证明标准
3	证人证言	不能正确表达意思的人，不能做证 经人民法院通知，证人应当出庭做证。有下列情形之一的，经人民法院许可，可以通过书面证言、视听传输技术或者视听资料等方式做证：①因健康原因不能出庭的；②因路途遥远，交通不便不能出庭的；③因自然灾害等不可抗力不能出庭的；④其他有正当理由不能出庭的
4	陈述	人民法院对当事人的陈述，应当结合本案的其他证据，审查确定能否作为认定事实的根据。当事人拒绝陈述的，不影响人民法院根据证据认定案件事实
5	鉴定意见	鉴定人应当提出书面鉴定意见，在鉴定书上签名或者盖章
6	勘验笔录	勘验人应当将勘验情况和结果制作笔录，由勘验人、当事人和被邀参加人签名或者盖章

序号	人民法院对证据有无证明力和证明力大小的判断	具体内容和要求
1	未经当事人质证的证据	证据应当在法庭上出示，由当事人互相质证。未经当事人质证的证据，不得作为认定案件事实的根据
2	法律规定的应当确认其证明力的证据	能够反映案件真实情况、与待证事实相关联、来源和形式符合法律规定的证据，应当作为认定案件事实的根据
3	非法来源的证据	对以严重侵害他人合法权益、违反法律禁止性规定或者严重违背公序良俗的方法形成或者获取的证据，不得作为认定案件事实的根据
4	当事人为达成调解或和解做出妥协而认可的事实不视同为不利证据	在诉讼中，当事人为达成调解协议或者和解协议做出妥协而认可的事实，不得在后续的诉讼中作为对其不利的根据，但法律另有规定或者当事人均同意的除外
5	存在具有高度可能性的待证事实	对负有举证证明责任的当事人提供的证据，人民法院经审查并结合相关事实，确信待证事实的存在具有高度可能性的，应当认定该事实存在。对一方当事人为反驳负有举证证明责任的当事人所主张事实而提供的证据，人民法院经审查并结合相关事实，认为待证事实真伪不明的，应当认定该事实不存在。法律对于待证事实所应达到的证明标准另有规定的，从其规定
6	对欺诈、胁迫、恶意串通事实及口头遗嘱或者赠予事实的证明	当事人对欺诈、胁迫、恶意串通事实的证明，以及对口头遗嘱或者赠予事实的证明，人民法院确信该待证事实存在的可能性能够排除合理怀疑的，应当认定该事实存在

考点十八

旅游投诉案件的受理和处理（掌握）

1. 旅游投诉的受理机构及其职责、受理范围、案件管辖

（1）旅游投诉受理机构及其职责。县级以上人民政府应当指定或者设立统一的旅游投诉受理机构。受理机构接到投诉，应当及时处理或者移交有关部门处理，并告知投诉者。

旅游投诉受理机构的主要职能：统一接受旅游者的投诉；自行处理或将投诉转交各有关部门进行处理；对投诉人履行告知义务。在处理旅游投诉中，旅游投诉处理机构发现被投诉人或者其从业人员有违法或者犯罪行为的，应当按照法律、法规和规章的规定，做出行政处罚、向有关行政管理部门提出行政处罚建议或者移送司法机关。旅游投诉处理机构应当每季度公布旅游者的投诉信息，使用统一规范的旅游投诉处理信息系统，为受理的投诉制作档案并妥善保管相关资料。

（2）旅游投诉受理及其范围。旅游投诉的受理是指有管辖权的旅游投诉处理机构，接到旅游投诉者的投诉状或者口头投诉，经审查认为符合投诉受理条件，在法定期限内予以立案，或者认为投诉不符合投诉受理条件，决定不予受理的行政行为。

受理范围
①认为旅游经营者违反合同约定的
②因旅游经营者的责任致使投诉人人身、财产受到损害的
③因不可抗力、意外事故致使旅游合同不能履行或者不能完全履行，投诉人与被投诉人发生争议的
④其他损害旅游者合法权益的

（3）旅游投诉案件的管辖。①旅游投诉案件的管辖原则：一般地域管辖为主、特殊地域管辖为辅。②地域管辖。是指同级旅游投诉处理机构之间横向划分在各辖区内处理旅游投诉案件的分工和权限，即确定旅游投诉处理机构实施其行政权力的地域范围。旅游投诉由旅游合同签订地或者被投诉人所在地县级以上地方旅游投诉处理机构管辖。③级别管辖与指定管辖。级别管辖，是划分上下级旅游投诉处理机构之间对处理投诉案件的分工和权限。上级旅游投诉处理机构有权处理下级旅游投诉处理机构管辖的投诉处理案件。指定管辖，是指上级旅游投诉处理机构以决定方式指定下一级投

诉处理机构对某一案件行使管辖权。发生管辖争议的，旅游投诉处理机构可以协商确定，或者报请共同的上级旅游投诉处理机构指定管辖。

管辖标准
- ①旅游合同签订地。旅游者与旅行社签订旅游合同的所在地，通常指组团社所在地。
- ②被投诉者所在地。被投诉者是公民的，所在地是其长久居住地场所。公民以其户籍所在地的居住地为住所，经常居住地与住所不一致的，经常居住地视为住所。据此，被投诉者是法人的，以其主要办事机构所在地为住所。法人的办事机构可以有一个，也可以有多个。旅游企业法人以其主要办事机构所在地或主要营业场所所在地为其所在地
- ③损害行为发生地。导致投诉人人身、财产权利或其他权利受到损害的被投诉人的过错行为发生地。需要立即制止、纠正被投诉人的损害行为的，应当由损害行为发生地旅游投诉处理机构管辖

2. 旅游投诉处理机构对接到投诉的处理及其程序、投诉时效期

投诉处理
- （1）旅游投诉处理机构应当在5个工作日内做出以下处理：投诉符合受理条件的，予以受理；投诉不符合受理条件的，应当向投诉人送达旅游投诉不予受理通知书，告知不予受理的理由
- （2）不符合受理条件的情形
  - ①人民法院、仲裁机构、其他行政管理部门或者社会调解机构已经受理或者处理的
  - ②旅游投诉处理机构已经做出处理，且没有新情况、新理由的
  - ③不属于旅游投诉处理机构职责范围或管辖范围的
  - ④超过旅游合同结束之日90天的
  - ⑤不符合旅游投诉的实质要件的
  - ⑥《旅游投诉处理办法》规定情形之外的其他经济纠纷
- （3）转办制度。依照有关法律、法规或者办法规定，接到投诉的旅游投诉处理机构无管辖权的，应当以旅游投诉转办通知书或者旅游投诉转办函，将投诉材料转交有管辖权的旅游投诉处理机构或者其他有关行政部门，并书面告知投诉人
- （4）投诉者在投诉时效期间内提起投诉。当事人向旅游投诉处理机构请求保护合法权益的投诉时效期间为90天，从旅游合同结束之日起算

（1）简易程序。旅游投诉处理机构对于事实清楚、应当即时制止或者纠正被投诉人损害行为的，可以不填写旅游投诉立案表和向被投诉人送达旅游投诉受理通知书，但应当对处理情况进行记录存档

处理程序

（2）一般程序

①立案。填写旅游投诉立案表，并附有关投诉材料，在受理投诉之日起 5 个工作日内，将旅游投诉受理通知书和投诉书副本送达被投诉人

②被投诉人的书面答复。被投诉人应当在接到通知之日起 10 日内做出书面答复，提出答辩的事实、理由和证据

③调查取证。旅游投诉处理机构应当对双方当事人提出的事实、理由及证据进行审查。投诉人和被投诉人应当对自己的投诉和答辩提供证据。旅游投诉处理机构认为有必要收集新的证据，可以根据有关法律、法规的规定，自行收集或者召集有关当事人进行调查。需要委托其他投诉处理机构协助调查、取证的，应当出具旅游投诉调查取证委托书

④鉴定检测。对专门性事项需要鉴定或者检测的，可以由当事人双方约定的鉴定或者检测部门鉴定。没有约定的，当事人一方可以自行向法定鉴定或者检测机构申请鉴定或者检测。鉴定、检测费用按双方约定承担。没有约定的，由鉴定、检测申请方先行承担；达成调解协议后，按调解协议承担

⑤和解。投诉人与被投诉人自行和解的，应当将和解的结果告知旅游投诉处理机构；旅游投诉处理机构在核实后应当予以记录并由双方当事人、投诉处理人员签名或者盖章

⑥投诉处理。旅游投诉处理机构应当在受理旅游投诉之日起 60 日内，做出处理。鉴定、检测的时间不计入投诉处理时间。对于双方达成调解协议的，应当制作旅游投诉调解书，载明投诉请求、查明事实、处理过程和调解结果，由当事人双方签字并加盖旅游投诉处理机构印章；对于调解不成的，终止调解，旅游投诉处理机构应当向双方当事人出具旅游投诉终止调解书。调解不成的，或者调解书生效后没有执行的，投诉人可以按照国家法律、法规的规定，向仲裁机构申请仲裁或者向人民法院提起诉讼

考点十九

《旅游市场黑名单管理办法（试行）》关于列入黑名单情形的规定（掌握）

列入黑名单的情形
- 1. 具有下列情形之一的旅游市场主体和从业人员
  - ①因侵害旅游者合法权益，被人民法院判处刑罚的
  - ②在旅游经营活动中因妨害国（边）境管理受到刑事处罚的
  - ③受到文化和旅游行政部门或者文化市场综合执法机构吊销旅行社业务经营许可证、导游证处罚的
  - ④旅游市场主体发生重大安全事故，属于旅游市场主体主要责任的
  - ⑤因侵害旅游者合法权益，造成游客滞留或者严重社会不良影响的
  - ⑥连续 12 个月内两次被列入旅游市场重点关注名单的
  - ⑦法律法规规章规定的应当列入旅游市场黑名单的其他情形
- 2. 人民法院认定的失信被执行人

导游业务

下篇

DAOYOU YEWU

1. 考试大纲

了解导游服务的产生及发展历程；导游服务的定义和特点；熟悉导游服务的性质、地位和作用。

2. 大纲解读

序号	主要内容	考纲要求	考试频率
1	导游服务的定义和特点	了解	★★★
2	导游服务的产生及发展历程	了解	★★★
3	导游服务的性质、地位和作用	熟悉	★★★★★

3. 2019 年考点分析

（1）今年没有新增加知识点。

（2）关于学习要求的变化：2018 年考纲中"现代导游服务的特点"描述变为"导游服务的特点"，去掉了时间节点。

（3）关于学习内容的变化：2019 年增加了三种导游管理体制；我国导游服务发展阶段增加了深化导游改革阶段。

考 点 精 讲

 考点一

导游服务的定义和特点（了解）

定义 {
导游服务是指导游代表被委派的旅游企业接待或陪同游客进行旅游活动，并按照组团合同或约定的内容和标准向游客提供的旅游接待服务

1. 导游服务的主体是具有导游资格的导游，而且导游必须是旅游企业（包括线上和线下旅游企业或景区景点）委派的

2. 导游服务的主要内容是游客的接待

3. 向游客提供的接待服务，对于团队游客而言，导游必须按组团合同的规定和导游服务质量标准实施，对于散客则应按事前约定的内容和标准实施
}

类型 {
导游服务包括图文声像导游和实地口语导游两种方式

1. 图文声像导游：图册类、纪念品类、声像类、语音导览器、智慧旅游

2. 实地口语导游：实地口语导游亦称讲解导游，它包括导游在游客旅行、游览途中所做的介绍、交谈和问题解答等导游活动，以及在参观游览途中所做的导游讲解
}

范围：导游讲解服务、旅行生活服务和市内交通服务

考点二

导游服务的产生及发展历程（了解）

导游服务的产生 {
1841 年：英国人托马斯·库克组织了世界公认的第一次商业性旅游活动

1845 年：托马斯·库克又组织了一次 350 人的团体消遣性旅游活动，从莱斯特到利物浦，为期一周，这是世界上第一次大规模的、有组织的、纯粹以商业为目的的旅游活动

1865 年：托马斯·库克旅行社更名为托马斯·库克父子公司

1872 年：托马斯·库克亲自带领一个 9 人旅行团访问纽约、南北战争战场、多伦多等地，把旅游业务扩展到了北美洲

1892 年：托马斯·库克创造性地发明了旅行支票
}

导游服务的发展

- 1. "封闭式·严格型"的导游管理体制：资格准入门槛高、执业管理很严格
- 2. "开放式·宽松型"的导游管理体制：资格准入很宽松、执业管理靠游客
- 3. "开放式·严格型"的导游管理体制：导游资格终身制、导游多渠道执业、导游管理信息化
- 4. 我国导游服务的发展演变
  - 起步阶段（1923～1949年）
  - 开拓阶段（1949～1978年）
  - 发展阶段（1978～1988年）
  - 全面建设导游队伍阶段（1988～2016年）
  - 深化导游改革阶段（2016年至今）
    - 两大类型：线上导游自由执业和线下导游自由执业
    - 五种模式：
      - "旅行社委派"模式
      - "旅行社预订"模式
      - "协会预订"模式
      - "导游公司"模式
      - "游客直联"模式

考点三

导游服务的性质、地位和作用（熟悉）

导游服务的性质

- 1. 社会性：旅游活动是一种社会现象
- 2. 文化性：促进文化交流的重要渠道，引导审美和求知的媒介
- 3. 服务性：提高游客的旅游生活质量，满足游客心理需求
- 4. 经济性：优质服务，直接创收；扩大客源，间接创收；因势利导，促销商品；增进了解，促进经济交流
- 5. 涉外性：积极宣传社会主义中国，充分发挥民间大使的作用

导游服务的地位

- 1. 导游服务在旅游服务中具有主导地位
- 2. 导游服务是旅游服务水平和质量的体现
- 3. 导游服务是旅游竞争的焦点
- 4. 导游服务是旅游产品改进的主要途径

导游服务的作用

- 1. 纽带作用：沟通上下、连接内外、协调左右
- 2. 标志作用
- 3. 反馈作用
- 4. 扩散作用

第二章

导游

1. 考试大纲

了解导游的定义和分类；熟悉导游职业道德规范的基本内容，导游的从业素质、职责要求，导游应具备的修养和行为规范；掌握社会主义核心价值观和旅游行业核心价值观。

2. 大纲解读

序号	主要内容	考纲要求	考试频率
1	导游的定义和分类	了解	★★
2	导游职业道德规范的基本内容	熟悉	★★★★
3	导游的从业素质、职责要求	熟悉	★★★★
4	导游应具备的修养和行为规范	熟悉	★★★★
5	社会主义核心价值观和旅游行业核心价值观	掌握	★★★★★

3. 2019 年考点分析

（1）今年没有新增加知识点。

（2）关于学习要求的变化："导游的定义和分类"由熟悉改为了解。

考 点 精 讲

考点一

导游的定义和分类（了解）

导游的定义和分类
- 导游的定义：导游是指取得导游证，接受旅行社委派，为游客提供向导、讲解及其他服务的人员
- 导游的分类
  1. 按业务范围划分：出境旅游领队、全程陪同导游、地方陪同导游、景区导游
  2. 按劳动就业方式划分：旅行社专职导游、社会导游（自由执业导游、兼职导游）
  3. 按使用语言划分：中文导游、外语导游
  4. 按技术等级划分：初级导游、中级导游、高级导游、特级导游

考点二

导游职业道德规范的基本内容（熟悉）

导游职业道德的定义和具体内容
- 定义：导游在工作的过程中所应遵循的与其职业相适应的道德原则和道德规范的总和
- 基本内容
  1. 爱国爱企、自尊自强
  2. 遵纪守法、敬业爱岗
  3. 公私分明、诚实善良
  4. 克勤克俭、宾客至上
  5. 热情大度、清洁端庄
  6. 一视同仁、不卑不亢
  7. 耐心细致、文明礼貌
  8. 团结服从、顾全大局
  9. 优质服务、好学向上

考点三

导游的从业素质、职责要求（熟悉）

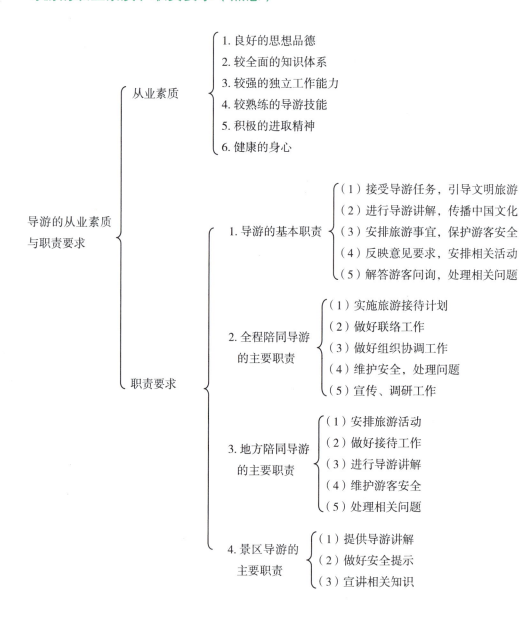

从业素质
1. 良好的思想品德
2. 较全面的知识体系
3. 较强的独立工作能力
4. 较熟练的导游技能
5. 积极的进取精神
6. 健康的身心

导游的从业素质与职责要求

职责要求

1. 导游的基本职责
（1）接受导游任务，引导文明旅游
（2）进行导游讲解，传播中国文化
（3）安排旅游事宜，保护游客安全
（4）反映意见要求，安排相关活动
（5）解答游客问询，处理相关问题

2. 全程陪同导游的主要职责
（1）实施旅游接待计划
（2）做好联络工作
（3）做好组织协调工作
（4）维护安全，处理问题
（5）宣传、调研工作

3. 地方陪同导游的主要职责
（1）安排旅游活动
（2）做好接待工作
（3）进行导游讲解
（4）维护游客安全
（5）处理相关问题

4. 景区导游的主要职责
（1）提供导游讲解
（2）做好安全提示
（3）宣讲相关知识

考点四

导游应具备的修养和行为规范（熟悉）

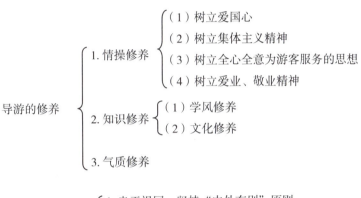

导游的修养
- 1. 情操修养
  - （1）树立爱国心
  - （2）树立集体主义精神
  - （3）树立全心全意为游客服务的思想
  - （4）树立爱业、敬业精神
- 2. 知识修养
  - （1）学风修养
  - （2）文化修养
- 3. 气质修养

导游的行为规范
- 1. 忠于祖国，坚持"内外有别"原则
- 2. 严格按规章制度办事，执行请示汇报制度
- 3. 自觉遵纪守法
- 4. 自尊、自爱，不失人格、国格
- 5. 注意一些小节

考点五

社会主义核心价值观和旅游行业核心价值观（掌握）

社会主义核心价值观

1. 主要内容：2012 年 11 月 8 日党的十八大报告，明确提出"三个倡导"，即"倡导富强、民主、文明、和谐，倡导自由、平等、公正、法治，倡导爱国、敬业、诚信、友善，积极培育社会主义核心价值观"

（1）"富强、民主、文明、和谐"是我国社会主义现代化国家的建设目标，也是从价值目标层面对社会主义核心价值观基本理念的凝练，在社会主义核心价值观中居于最高层次，对其他层次的价值理念具有统领作用

（2）"自由、平等、公正、法治"是对美好社会的生动表述，也是从社会层面对社会主义核心价值观基本理念的凝练。它反映了中国特色社会主义的基本属性，是我们党矢志不渝、长期实践的核心价值理念

（3）"爱国、敬业、诚信、友善"是公民基本道德规范，是从个人行为层面对社会主义核心价值观基本理念的凝练。它覆盖社会道德生活的各个领域，是公民必须恪守的基本道德准则，也是评价公民道德行为选择的基本价值标准

旅游行业核心价值观 {

2. 主要内容："游客为本，服务至诚"

（1）"游客为本"是指一切旅游工作都要以游客需求作为最根本的出发点和落脚点，它是旅游行业赖以生存和发展的根本价值取向，解决的是"旅游发展为了谁"的理念问题

（2）"服务至诚"是指以最大限度的诚恳、诚信和真诚做好旅游服务工作。它是旅游行业服务社会的精神内核，是旅游从业人员应当树立的基本工作态度和应当遵循的根本行为准则，解决的是"旅游发展怎么做"的理念问题

1. 考试大纲

熟悉导游礼仪规范。

2. 大纲解读

序号	主要内容	考纲要求	考试频率
1	导游礼仪规范	熟悉	★★★★

3. 2019 年考点分析

（1）今年没有新增加知识点。

（2）关于学习内容的变化：增加了导游人际沟通礼仪的相关知识。

考 点 精 讲

考点

导游礼仪规范（熟悉）

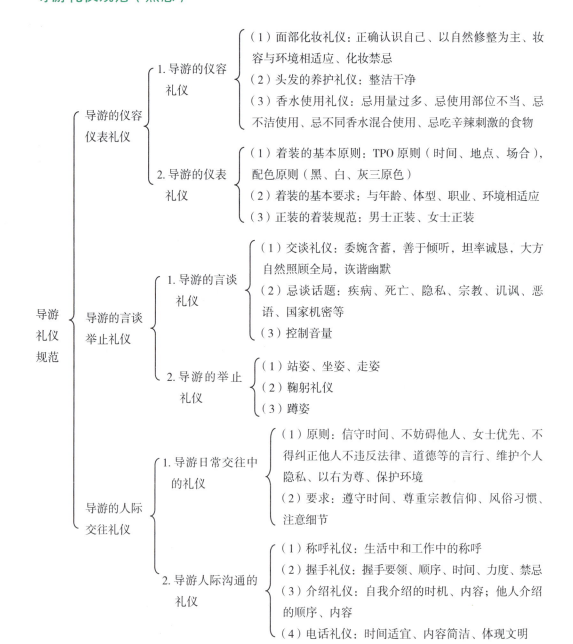

第四章

地方导游服务程序与服务质量

1. 考试大纲

掌握旅游团的地方导游服务程序和服务质量要求。

2. 大纲解读

序号	主要内容	考纲要求	考试频率
1	地方导游服务总流程	掌握	★★★★★
2	准备工作	掌握	★★★★★
3	接站服务	掌握	★★★★★
4	进住饭店服务	掌握	★★★★★
5	核对商定日程	掌握	★★★★★
6	参观游览服务	掌握	★★★★★
7	食、购、娱服务	掌握	★★★★★
8	送站服务	掌握	★★★★★
9	善后工作	掌握	★★★★★

3. 2019 年考点分析

（1）今年本章内容无新增部分、删除部分和调整部分。

（2）2019 年预计考点为地方导游服务的所有服务流程及其质量要求。

地方导游服务总流程（掌握）

地方导游服务亦称地陪服务，是指地方接待社（简称地接社）委派的导游，称为地方导游、地方陪同，简称地陪。

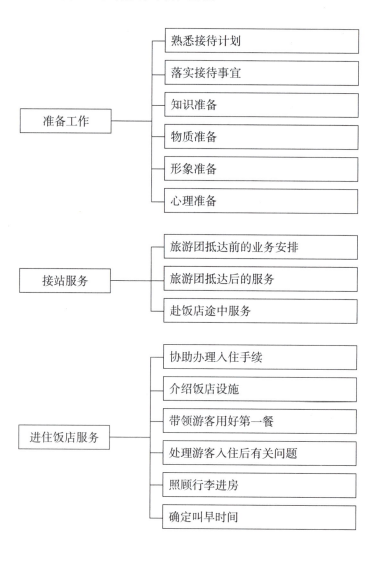

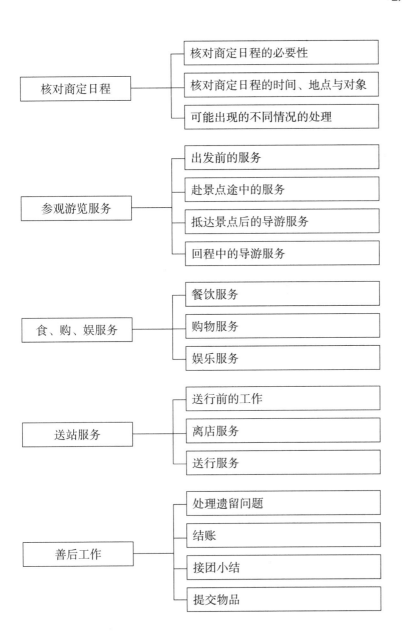

考点二

准备工作（掌握）

序号	准备工作	具体内容
1	熟悉接待计划	1. 旅游团基本信息 （1）组团社信息;（2）旅游团队信息 2. 旅游团成员情况 3. 旅游团抵离本地情况 4. 旅游团交通票据情况 5. 特殊要求和注意事项 （1）旅游团的服务接待特殊要求;（2）增收费用项目情况;（3）特殊游客情况
2	落实接待事宜	1. 核对日程安排表 2. 落实接待车辆 3. 落实住房 4. 落实用餐 5. 落实行李运送 6. 了解不熟悉的参观游览点 7. 核实旅游团（者）离开当地的出票情况 8. 落实其他计划内项目的安排情况 9. 与全陪联系 10. 掌握有关联系电话号码
3	知识准备	1. 专业知识准备 2. 语言准备
4	物质准备	1. 领取必要的票证、表格和费用 2. 准备工作物品 3. 准备个人物品
5	形象准备	1. 仪容准备 2. 仪表准备
6	心理准备	1. 准备面临艰苦复杂的工作 2. 准备承受抱怨和投诉 3. 准备面对形形色色的"精神污染"和"物质诱惑"

接站服务（掌握）

序号	接站服务	具体内容
1	旅游团抵达前的业务安排	1. 确认旅游团所乘交通工具抵达的准确时间 2. 与旅游车司机联系，与其商定出发时间，确保旅游车提前半小时抵达接站地点 3. 与行李员联系 4. 再次核实航班（车次）抵达的准确时间 5. 持接站牌迎候旅游团
2	旅游团抵达后的服务	1. 认找旅游团 地陪站在明显的位置举起接站牌或导游旗，以便领队、全陪（或客人）前来联系，与此同时地陪应通过手机与全陪或领队联系，了解游客出站情况 2. 认真核实人数 3. 集中检查行李 4. 集合登车 地陪要站在车门旁，搀扶或协助客人上车。待客人坐定后，地陪要做好的第一件事是礼貌地清点人数，清点无误后方可示意司机开车。为了保证安全，地陪应当坐在导游专座上。
3	赴饭店途中服务	1. 致欢迎词 （1）问候语：真诚问候游客 （2）欢迎语：代表所在旅行社、本人及司机欢迎游客光临本地 （3）介绍语：介绍自己的姓名及所属单位，介绍司机 （4）希望语：表示提供服务的诚挚愿望 （5）祝愿语：预祝游客旅游愉快顺利 2. 调整时间 3. 首次沿途导游 （1）本地概况介绍 （2）风光风情导游：景物取舍要恰当，要见人说人、见物说物，与游客的观赏同步 （3）介绍下榻的饭店 4. 宣布当日或次日的活动安排 5. 宣布集合时间、地点和停车地点

考点四

进住饭店服务（掌握）

序号	进住饭店服务	具体内容
1	协助办理入住手续	（1）游客进入饭店后，地陪应安排游客在大堂指定的位置休息。尽快向饭店前台讲明团队名称、订房单位，请领队或全陪收齐游客证件，与游客名单表一起交给饭店前台，尽快协助领队或全陪办理好住店登记手续。拿到客房号和住房卡（钥匙）后，请领队根据准备好的住房名单分发住房卡 （2）如旅游团无领队，可请团长分房。如旅游团无领队又无团长，则请全陪分房
2	介绍饭店设施	地陪应向全团介绍饭店的主要设施，饭店安全通道位置以及房间安全注意事项，并讲清住店注意事项，提醒游客将贵重物品交前台保管
3	带领游客用好第一餐	地陪要向客人介绍该团就餐餐厅的地点、时间、就餐形式。待全体团员到齐后，带领他们进入餐厅，用餐前，地陪还要核实餐厅有否根据该团用餐的特殊要求和饮食忌讳安排团餐
4	处理游客入住后有关问题	地陪应及时与饭店联系，迅速解决，并向游客说明情况，表示歉意
5	照顾行李进房	确保游客带着自己的行李进入房间。配备行李车的旅游团，地陪要等到该团行李运抵饭店时与行李员、领队、全陪一起核对行李，然后交给饭店行李员，督促其尽快将行李送到游客的房间
6	确定叫早时间	与领队确定第二天的叫早时间，请领队通知全团，并将商定的叫早时间通知饭店前台办理

考点五

核对商定日程（掌握）

核对商定日程是旅游团抵达后的一项重要工作，<u>标志着两国（或两地）导游（领队）开始实质性的合作共事</u>。

序号	核对商定日程	具体内容
1	核对商定日程的必要性	（1）导游与游客商定活动日程是对购买者和消费者的尊重，也是一种礼遇 （2）领队作为旅游团的代言人，也希望得到所访之地导游的尊重和合作，使商定和宣布活动日程成为其行使职权的表现
2	核对商定日程的时间、地点与对象	（1）在旅游团抵达后，地陪应抓紧时间尽早进行核对商定日程的工作 （2）商谈日程的对象应根据旅游团的性质而定

续表

序号	核对商定日程	具体内容	
3	可能出现的不同情况的处理	1. 对方提出较小的修改意见	（1）地陪应及时报告旅行社查明原因，以分清责任 （2）若是接待方的责任，地陪应实事求是地说明情况，向领队和全体游客说明情况，并致歉，并及时做出调整 （3）若责任不在接待方，必要时，可请领队向游客做好解释工作
		2. 对方提出的要求与原计划的日程有较大变动，或涉及接待规格	（1）对于这种要求地陪一般应予以婉言拒绝 （2）如经领队和全体游客提出的要求确有特殊理由，地陪必须请示旅行社有关领导，按领导指示而定
		3. 领队（或全陪）手中的旅行计划与地陪的接待计划有部分出入	（1）地陪可在不违背旅游合同的前提下，对合理而又可能满足的项目，应努力予以安排 （2）如对方提出增加新的游览项目，在旅行社知晓、游客同意的前提下订立书面合同，按规定收费，但新增项目的安排不得影响计划项目的实施 （3）对确有困难而无法满足对方的要求，地陪要耐心做好解释和说服工作

考点六

参观游览服务（掌握）

序号	参观游览服务	具体内容
1	出发前的服务	1. 做好出发前的准备 （1）准备好导游旗、电子导游证、导游身份标识和必要的票证；（2）督促司机做好出车的各项准备工作；（3）核实旅游团午、晚餐落实情况 2. 提前到达出发地点：地陪至少提前10分钟到达集合地点 （1）这是地陪工作负责任的表现；（2）礼貌招呼早到的游客，向他们征询服务的意见和建议；（3）在时间上留有余地 3. 核实实到人数 4. 提醒注意事项：报告当日的天气情况，讲明游览点的地形、行走线路的长短等 5. 准时集合登车
2	赴景点途中的服务	1. 重申当日活动安排 2. 沿途风光导游：讲解中要注意所见景物与介绍"同步"，并留意游客的反应 3. 介绍旅游景点：抵达景点前，地陪应向游客介绍该景点的简要概况，尤其是其形成原因、价值和特色 4. 活跃气氛

续表

序号	参观游览服务	具体内容
3	抵达景点后的导游服务	1. 交代游览中的注意事项 （1）抵达景点时，地陪在下车前要讲清和提醒游客记住旅游车的型号、颜色、标志、车号和停车地点以及开车时间 （2）在景点示意图前，地陪应讲明游览线路、游览所需时间以及集合时间和地点等 （3）地陪还应向游客讲明游览参观中的注意事项 2. 游览中的导游讲解 （1）抵达景点后，地陪要对景点有关景物进行导游讲解 （2）地陪应保证在计划的时间与费用内，能使游客充分地游览、观赏，注意做好导游与讲解的结合 （3）讲解的语言要生动、优美、富有表现力 3. 注意游客安全
4	回程中的导游服务	1. 回顾当天活动：用画龙点睛的方法对当天内容做简要小结，必要时可做补充讲解 2. 进行风光导游 3. 提醒注意事项 4. 宣布次日活动日程：下车前，地陪要向游客宣告当日晚上和次日的活动日程、出发时间、集合地点等 5. 安排叫早服务

考点七

食、购、娱服务（掌握）

序号	食、购、娱服务	具体内容
1	餐饮服务	1. 计划内团餐的服务 （1）对于安排旅游团在饭店外用午、晚餐，地陪要提前按照合同规定予以落实 （2）用餐时，地陪应引领游客进入餐厅，然后清点人数，介绍餐厅的有关设施、菜肴特色、酒水类别和洗手间位置，告知餐饮标准所含范围与自费项目 （3）向领队告知全陪和地陪的用餐地点与用餐后全团的出发时间 （4）用餐过程中，地陪要巡视旅游团用餐情况1～2次 （5）用餐后，地陪要严格按照实际用餐情况与餐厅结账，并索要正规发票 2. 自助餐的服务 用自助餐时，地陪要强调自助餐的用餐要求，告诫游客以吃饱为标准，注意节约、卫生，不可打包带走 3. 风味餐的服务 计划内风味餐：在品尝风味餐之前，地陪要做好各项联系落实工作，用餐时要介绍风味餐的特色；计划外风味餐由游客自费预订的，如游客邀请地陪参加，在这种情况下地陪要注意不要反客为主

续表

序号	食、购、娱服务	具体内容	
1	餐饮服务	在旅游团队用风味餐时，地陪应对风味餐的历史、特色、人文精神及其吃法予以必要的介绍 4.宴请服务 地陪要重视宴请礼仪，着装符合宴请活动，按照就餐安排的座次入座，同时提醒自己不能放松服务这根"弦"	
2	购物服务	1.根据接待计划规定的购物次数、购物场所和停留时间带领游客购物 2.游客购物时，地陪应向全团讲清停留时间和有关购物的注意事项，并介绍本地商品的特色及有关商品知识 3.对在景点游览中遇到小贩强拉强卖的情况，地陪有责任提醒游客不要上当受骗	
3	娱乐服务	1.计划内的文娱活动	（1）地陪应陪同前往，并向游客简单介绍节目内容和特点 （2）到达演出场所后，地陪要引领游客入座，并自始至终和游客在一起 （3）对入境游客，地陪要做好剧情介绍和必要的翻译工作 （4）演出结束后，要提醒游客不要遗留物品并带领游客依次退场 （5）在大型娱乐场所，地陪要提醒游客不要走散
		2.计划外的文娱活动	地陪应告知演出时间、地点和票价，可协助他们购票，但一般不陪同前往

考点八

送站服务（掌握）

序号	送站服务	具体内容
1	送行前的工作	1.核实交通票据 （1）旅游团离开的前一天，地陪应认真核实旅游团离开的机（车、船）票，时间要做到四核实：计划时间、时刻表时间、票面时间、问询时间 （2）乘飞机离境的旅游团，地陪还应掌握该团机票的种类，并提醒领队和游客提前准备好海关申报单，以备海关查验 2.商定出行李时间 （1）与饭店礼宾部商定地陪、全陪、领队与饭店行李员四方交接行李的时间 （2）再与领队、全陪一起商定游客出行李的时间 （3）普通旅游团不安排行李车，客人行李随车运送，地陪通知客人出发时间时一并提醒客人带上行李即可 3.商定集合出发时间 4.商定叫早和早餐时间

续表

序号	送站服务	具体内容
1	送行前的工作	5. 提醒结账 6. 及时归还证件 一般情况下，地陪不应保管旅游团的证件，用完后应立即归还游客或领队
2	离店服务	1. 集中交运行李 2. 办理退房手续：办理退房手续时，要认真核对旅游团的用房数，无误后按规定结账签字 3. 集合登车 （1）出发前，地陪应询问游客是否结清了饭店的账目，是否有物品遗留在饭店；请游客将房卡交到总服务台 （2）引领游客登车：地陪要仔细清点实到人数
3	送行服务	1. 回顾行程 2. 致欢送词 （1）感谢语：对游客及领队、全陪、司机的合作表示感谢 （2）惜别语：表达友谊和惜别之情 （3）征求意见语：诚恳地征询意见和建议 （4）致歉语：若旅游活动中有不尽如人意之处，可借此机会表示真诚的歉意 （5）祝愿语：表达美好的祝愿，期待再次相逢 3. 提前到达机场（车站、码头），照顾游客下车：出境航班提前 3 小时或按航空公司规定的时间；乘国内航班提前 2 小时；乘火车、轮船提前 1 小时 4. 办理离站手续：旅游团进入安检区后，地陪方可离开 5. 与司机结账

考点九

善后工作（掌握）

序号	善后工作	具体内容
1	处理遗留问题	地陪下团后，应认真、妥善地处理好旅游团的遗留问题
2	结账	地陪要按旅行社的具体要求在规定的时间内，到财务部门结清账目
3	接团小结	1. 由于自身原因导致接团中出现问题的，要认真思考，积极调整，总结提高 2. 涉及相关接待单位，如餐厅、饭店、车队等方面的意见，地陪应主动说明真实情况 3. 涉及一些严重、意见较大的问题时，地陪要整理成书面材料，内容要翔实，尽量引用原话，并注明游客的身份，以便旅行社有关部门和相关单位进行交涉 4. 若发生重大事故，应实事求是地写出事故报告，及时向接待社和组团社汇报
4	提交物品	提交导游日志及旅游服务质量评价表，并及时归还在接待社里所借物品

第五章

全程导游服务程序与服务质量

1. 考试大纲

掌握旅游团的全程导游服务程序和服务质量要求。

2. 大纲解读

序号	主要内容	考纲要求	考试频率
1	全程导游服务总流程	掌握	★★★★★
2	准备工作	掌握	★★★★★
3	首站接团服务	掌握	★★★★★
4	进住饭店服务	掌握	★★★★★
5	核对商定日程	掌握	★★★★★
6	沿途各站服务	掌握	★★★★★
7	离站、途中、抵站服务	掌握	★★★★★
8	末站服务	掌握	★★★★★
9	善后工作	掌握	★★★★★

3. 2019 年考点分析

（1）今年本章内容无新增部分、删除部分和调整部分。

（2）2019 年预计考点为全程导游服务的所有服务流程及其质量要求。

考点一

全程导游服务总流程（掌握）

　　全程导游服务流程是指全陪自接受了旅行社下达的旅游团（者）接待任务起至送走旅游团（者）整个过程的工作程序。全程导游服务的任务是保证旅游团的各项旅游活动按计划顺利、安全地实施。

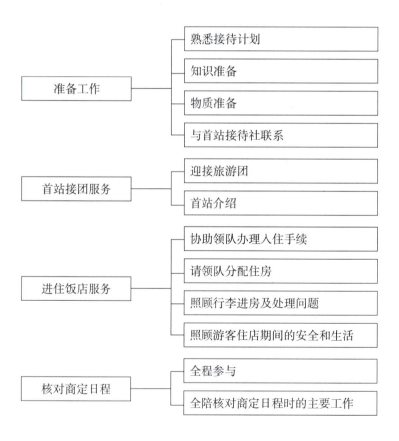

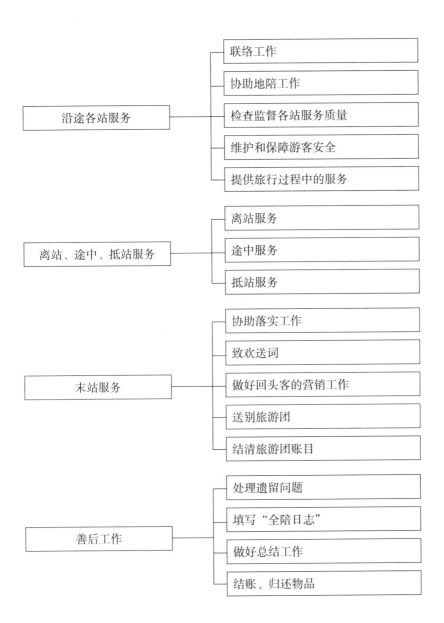

考点二

准备工作（掌握）

序号	准备工作	具体内容
1	熟悉接待计划	1. 熟悉旅游团的基本情况 2. 熟悉旅游团的行程计划 （1）旅游团所到各地接待社名称、联系人、联系电话和地陪的联系电话 （2）旅游团抵离旅游线路上各站的时间、所乘交通工具，以及交通票据是否订妥或是否需要确认、有无变更等情况 （3）了解旅游团在各地下榻饭店的名称、位置、星级和特色等 （4）了解行程中各站的主要参观游览项目 （5）了解全程各站安排的文娱节目、风味餐食、计划外项目及是否收费等 （6）了解重点团是否有特殊安排
2	知识准备	1. 对象国（地区）知识 2. 旅游线路沿线概况 3. 专题知识
3	物质准备	1. 必带的证件 2. 结算单据和费用 3. 接团资料和物品 4. 个人物品
4	与首站接待社联系	全陪接团前一天与第一站接待社取得联系，互通情况，妥善安排好接待事宜。

考点三

首站接团服务（掌握）

序号	首站接团服务	具体内容
1	迎接旅游团	1. 迎接入境旅游团时，全陪应在接团前一天与首站接待社联系，了解接待工作详细安排情况 2. 与首站地陪一起提前 30 分钟到达接站地点，迎候旅游团 3. 认准旅游团后，全陪要向领队和游客问好，进行自我介绍，并介绍地陪，然后应立即询问和确认该团实到人数 4. 如该团配备行李车，将游客的行李集中，并与领队、地陪一起进行清点，然后移交给接待社行李员 5. 若迎接的是首站国内旅游团，全陪也应提前 30 分钟到达组团社与游客事先约定的集合地点，手举社旗等候游客的到来，待他们到齐后再出发

续表

序号	首站接团服务	具体内容
2	首站介绍	1. 致欢迎词：自我介绍，将地陪介绍给全团，真诚地表达提供全程服务的意愿，预祝旅行顺利愉快等 2. 全程安排概述 3. 向游客说明行程中的注意事项和一些具体的要求

考点四

进住饭店服务（掌握）

序号	进住饭店服务	具体内容
1	协助领队办理入住手续	主动协助领队办理旅游团住店手续
2	请领队分配住房	请领队根据准备好的分房名单分配房卡；在掌握全团分房名单后，要与领队互通各自房号以便联系；提醒游客住店期间注意安全
3	照顾行李进房及处理问题	游客进房后，全陪应巡视客人住房情况，询问他们是否都拿到了各自的行李，是否对房间满意
4	照顾游客住店期间的安全和生活	全陪应将自己的房号和联系电话告知游客，以便联系。如果地陪不住饭店，全陪要负起照顾旅游团的安全和生活的责任

考点五

核对商定日程（掌握）

序号	核对商定日程	具体内容
1	全程参与	全陪应全程参与，与领队和地陪核对商定日程，以免出差错，造成不必要的误会和经济损失
2	全陪核对商定日程时的主要工作	1. 核商日程原则：服务第一、宾客至上、遵循合同、平等协商的原则 2. 核商日程的重要性 3. 全陪核对商定日程时的步骤 （1）一般以组团社的接待计划为依据 （2）核对商定日程时应尽量避免大的变动 （3）如果变动较小而又能予以安排，可主随客便 （4）若变动较大而又无法安排，应做详细解释 （5）如遇难以解决的问题应立即反馈给组团社，并使领队得到及时的答复 （6）如果领队和游客坚持，又有特殊理由，全陪应及时请示组团社，再做决定 （7）详细日程商定后，请领队向全团正式宣布

考点六

沿途各站服务（掌握）

序号	沿途各站服务	具体内容
1	联络工作	1. 做好领队与地陪、游客与地陪之间的联络、协调工作 2. 做好旅游线路上各站间，特别是上、下站之间的联络工作。若实际行程和计划有出入时，全陪要及时通知下一站
2	协助地陪工作	1. 全陪有责任向地陪通告旅游团的有关情况，以便能更好地与地陪合作，有针对性地做好各站接待工作 2. 进入饭店后，全陪应协助领队办理入住登记手续，并掌握住房分配名单；如果地陪不住饭店，全陪要负起照顾好旅游团的责任 3. 景点游览时，地陪带团前行，全陪应殿后，招呼滞后的游客，并不时清点人数，以防走失。如果有游客走失，一般情况下应由全陪和领队分头寻找，而地陪则带领其他游客继续游览。如果游览中需要登山，而少数老年游客不愿爬山，全陪应留下来照顾他们，地陪则带领其他游客登山 4. 旅游活动中若有游客突然生病，通常情况下由全陪及患者亲友将其送往医院，地陪则带团继续游览
3	检查监督各站服务质量	1. 通过观察和征询游客意见来了解和检查 2. 若发现有不符合规范的情况，要及时向地陪提出改进或补偿意见，必要时向组团社报告，并在"全陪日志"中注明 3. 若地陪安排的具体活动内容与上几站有明显重复，应建议地陪做必要的调整 4. 在地陪导游缺位或失职的情况下，应兼顾地陪导游的职责 5. 若对当地的接待工作有意见和建议，要诚恳地向地陪提出
4	维护和保障游客安全	1. 入住饭店时，要提醒游客将贵重物品存放在前台或房间保险柜中；入睡前，将门窗关好，且不要躺在床上抽烟 2. 每次上车和集合时，要清点人数；下车时，提醒游客带好随身物品 3. 景点游览中，走在最后，随时留意游客的动向，多做提醒工作 4. 旅游团抵离各站时，负责清点行李
5	提供旅行过程中的服务	1. 生活服务 （1）出发、返回、上车、下车时，要协助地陪清点人数，照顾年老体弱的游客上下车 （2）游览过程中，要留意游客的举动，以确保游客人身和财产安全 （3）帮助游客解决旅行过程中的一些疑难问题 （4）融洽气氛 2. 讲解服务：两站之间，在汽车、火车上做较长时间的旅行时，全陪也要提供一定的讲解服务 3. 为游客当好购物顾问：全陪一定要从游客的角度考虑，结合自己所掌握的旅游商品方面的知识，为游客着想，当好购物顾问

考点七

离站、途中、抵站服务（掌握）

序号	离站、途中、抵站服务	具体内容
1	离站服务	1. 提前提醒地陪再次核实旅游团离开本地的交通票据以及离开的准确时间 2. 离开前，要向游客讲清航空（铁路、水路）有关行李托运和手提行李的规定 3. 协助领队和地陪清点行李，与行李员办理交接手续 4. 离站前，要与地陪、旅游车司机话别，对他们的热情工作表示感谢 5. 到达机场（车站、码头）后，应与地陪交接交通票据和行李托运单，点清、核实后妥善保存 6. 进入候机厅后，如遇旅游团所乘航班延误或取消的情况时，全陪应立即向机场有关方面进行确认。协同航空公司安排好游客的餐饮或住宿问题
2	途中服务	1. 如果旅游团乘长途火车（轮船），全陪应事先请领队分配好包房、卧铺铺位，无领队的旅游团，则由全陪负责此项工作。上车（船）后，应立即找餐厅负责人订餐 2. 如果旅游团乘坐飞机，全陪应协助游客办妥登机、安检和行李托运等相关手续，并适时引导游客及时登机 3. 如有晕机（车、船）的游客，全陪要给予重点照顾。若有游客突患重病，全陪应通过所乘交通工具上的广播系统在乘客中寻找医生对其进行初步急救，并设法通知下站有关方面（急救站、旅行社）尽早落实车辆，以便到站后争取时间送患者到就近医院救治 4. 长途旅行中，全陪应在旅行途中加强与游客之间的信息沟通，了解游客的最新需求动态，回答游客的各种问题，征求他们对旅游服务质量的评价并组织一些活动活跃气氛 （1）了解游客；（2）解答问题；（3）征求意见；（4）组织活动 5. 全陪要提醒游客注意长途旅行中的人身和财物安全 6. 若交通工具不正常运行时，全陪应与交通部门和组团社保持有效沟通，并稳定好游客的情绪，适时安排和引导客登机（车、船）
3	抵站服务	1. 通报旅游团信息 2. 带领旅游团出站：在游客乘坐的交通工具抵达下一站前，全陪应通知游客整理好随身物品，做好下机（车、船）的准备。下机（车、船）后，清理人数，手举组团社社旗，带领游客到指定的出口出站 3. 做好与地陪的接头工作 4. 转告游客有关情况

考点八

末站服务（掌握）

序号	末站服务	具体内容
1	协助落实工作	在离开最后一站之前，全陪要提醒和协助地陪落实好旅游团返程的交通票据和行李托运等事宜。如果是入境旅游团，全陪要提醒和协助领队落实该团游客机票的确认和行李托运等事项
2	致欢送词	在离开最后一站前一天的晚上，全陪应与旅游团话别，致欢送词 1. 简明扼要地回顾全程中的主要活动，对全团给予的合作表示感谢 2. 欢迎他们再次光临，表示愿意再度同他们合作 3. 征求游客对整个接待工作的意见和建议 4. 提醒游客离店前捆扎好（锁好）托运行李，带好自己的随身物品和证件
3	做好回头客的营销工作	对其中有意愿再次出游的游客进行必要的营销工作，适当介绍一些他们感兴趣的线路和景点，希望他们下次出游时再次与该组团社联系，自己将继续为之服务
4	送别旅游团	1. 游客登车后，全陪应再次提醒他们带好随身物品和证件。抵达机场（车站、码头）后，应提醒游客各自携带好行李。如果是送别出境旅游团，全陪还应提醒领队出关时准备好行李托运所需的证件和表单，提醒游客准备好证件、交通票据、出境卡和申报单等 2. 当游客即将进入安检区时，全陪应热情地与他们一一握手道别，并与地陪一起目送他们离开
5	结清旅游团账目	送走旅游团后，全陪要与地陪结清旅游团在当地活动期间的账目。结账的方式有两种：一是现结；二是全陪给地陪的单据签字

考点九

善后工作（掌握）

序号	善后工作	具体内容
1	处理遗留问题	全陪应根据旅行社领导的指示，认真处理好旅游团的遗留问题，办理好游客的委托事项，提供尽可能的延伸服务
2	填写"全陪日志"	全陪应认真、如实地填写"全陪日志"。"全陪日志"的内容包括：旅游团的基本情况，旅游日程安排及旅程中的交通运输情况，各地接待质量，发生的问题及事故的处理经过，游客的反映及改进意见等
3	做好总结工作	对团队的整个行程做好总结，若有重大情况发生或有影响到旅行社以后团队操作的隐患问题，应及时向领导汇报
4	结账、归还物品	送走旅游团后，全陪应按账务规定与旅行社财务部门结清账目，并及时归还所借钱物

第六章

景区导游服务程序与服务质量

1. 考试大纲

熟悉旅游团的景区导游服务程序和服务质量要求。

2. 大纲解读

序号	主要内容	考纲要求	考试频率
1	景区导游服务总流程	熟悉	★★★★
2	准备工作	熟悉	★★★★
3	导游服务	熟悉	★★★★
4	善后工作	熟悉	★★★★

3. 2019 年考点分析

（1）今年本章内容无新增考点和删除部分。调整部分为将"掌握景区导游服务程序与服务质量"调整为"熟悉景区导游服务程序与服务质量"。

（2）2019 年预计考点为景区导游服务流程及服务质量。

考 点 精 讲

考点一

景区导游服务总流程（熟悉）

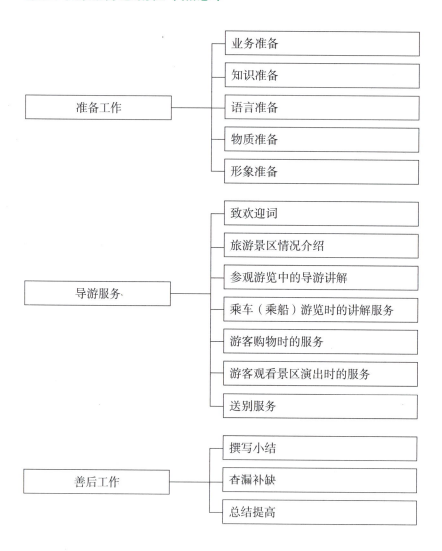

考点二

准备工作（熟悉）

序号	准备工作	具体内容
1	业务准备	1. 了解所接团队或游客的有关情况 2. 预先了解来访游客所在地区或国家的宗教信仰、风俗习惯和禁忌 3. 对游客特殊需要的讲解内容事先应进行准备 4. 提前了解服务当天的天气和景区景点道路情况 5. 应急预案的准备：景区（点）导游应该在带团前对游览中可能发生的各种意外做出处理预案，备好有关联系电话
2	知识准备	1. 熟悉并掌握本景区讲解内容所需的情况和知识 2. 根据游客对讲解的时间长度、认知深度的不同要求，讲解员应对讲解内容做好两种或两种以上讲解方案的准备，以适应不同旅游团队或个体游客的不同需要 3. 掌握必要的环境保护和文物保护知识以及安全知识 4. 熟悉本景区的有关管理规定
3	语言准备	应在以普通话为普遍使用的语言的基础上，根据游客的文化层次做好有关专业术语的解释；对于民族地区的景区，讲解员还应根据游客情况提供民族语言和普通话的双语讲解服务；对于外籍客人，外语讲解员应准备相应语言词汇的讲解服务
4	物质准备	1. 佩戴好本景区讲解员的上岗标志 2. 如有需要，准备好无线传输讲解用品 3. 需要发放的相关资料，如景区导游图、景区景点介绍等 4. 接待团队时所需的票证
5	形象准备	1. 着装整洁、得体 2. 饰物佩戴及发型，以景区的原则要求为准 3. 言谈举止应文明稳重，自然而不做作 4. 讲解活动中可适度使用肢体语言，力避无关的小动作 5. 接待游客应热情诚恳，符合礼仪规范 6. 工作中应始终情绪饱满，不抽烟或进食 7. 注意个人卫生

考点三

导游服务（熟悉）

序号	导游服务	具体内容
1	致欢迎词	1. 代表本景区对游客表示欢迎 2. 介绍本人姓名及所属单位 3. 表达景区对提供服务的诚挚意愿 4. 表达希望游客对讲解工作给予支持配合的意愿 5. 预祝游客旅游愉快
2	旅游景区情况介绍	1. 本景区开设背景（包括历史沿革）、规模、布局、价值和特色 2. 本景区所在旅游地的位置以及周边的自然、人文景观和风土人情 3. 提醒团队游客注意自己团队原定的游览计划安排 4. 讲清游览过程中的注意事项，并提醒游客保管好自己的贵重物品 5. 景区游程中如需讲解员陪同游客乘车或乘船游览，讲解员应协助游客联系有关车辆或船只
3	参观游览中的导游讲解	1. 导游讲解是景区讲解员的核心工作，讲解员应根据景区的规模和布局，视游客的类型、兴趣、爱好的不同有所侧重，因人施讲，内容的取舍应以科学性和真实性为原则 2. 讲解的语言应准确易懂，吐字清晰 3. 做好讲解与引导游览的有机结合 4. 讲解中应结合景物或展品相机宣传环境、生态系统维护或文物保护知识 5. 讲解中涉及的民间传说应有故事来源或历史传承，不得随意编造 6. 有关景区内容的讲解应力避同音异义词语造成的歧义 7. 讲解中若使用文言文，宜以大众化语言给予补充解释 8. 对讲解中涉及的历史人物或事件，应充分尊重历史的原貌，如遇尚存争议的科学原理或人物、事件，则宜选用中性词语给予表达 9. 若讲解的某方面内容系引据他人此前研究成果，应在解说中给予适度的说明 10. 在时间允许和个人能力所及的情况下，宜与游客有适度的问答互动 11. 在讲解过程中，讲解员应自始至终与游客在一起，对游客中的弱势群体给予合理关照，注意游客的安全，随时做好安全提示，避开景区中存在安全隐患的地方 12. 如在讲解过程中发生意外情况，讲解员应及时联络景区有关部门
4	乘车（乘船）游览时的讲解服务	1. 协助司机（或船员）安排游客入座 2. 在上车（船）、乘车（船）、下车（船）时提醒游客有关安全事项 3. 注意保持讲解内容与行车（行船）节奏的一致 4. 努力做好与行车安全（或行船安全）的配合

续表

序号	导游服务	具体内容
5	游客购物时的服务	1. 如实向游客介绍本地区、本景区的商品内容与特色 2. 如实向游客介绍本景区合法经营的购物场所 3. 不得强迫或变相强迫游客购物
6	游客观看景区演出时的服务	1. 如实向游客介绍本景区演出的节目内容与特色 2. 按时组织游客入场,引导游客文明观看节目 3. 在游客观看节目过程中,讲解员应自始至终坚守岗位 4. 如个别客人因特殊原因需要中途退场,讲解员应设法给予妥善安排 5. 不得强迫或变相强迫游客增加需要另行付费的演出项目
7	送别服务	参观游览结束后,景区讲解员要向游客致简短的欢送词。若备有景区(点)有关资料或小纪念品,可赠予游客,以作留念,并热情地向游客道别。一般情况下,在游客离开之后方可离开

考点四

善后工作(熟悉)

序号	善后工作	具体内容
1	撰写小结	1. 接待游客的人数、抵离时间 2. 游客成员的基本情况、背景及特点 3. 重点游客的反映,尽量引用原文,并注明游客的姓名和身份 4. 游客对景区(点)景观及建设情况的感受和建议 5. 对接待工作的反馈 6. 尚需办理的事情 7. 自己的体会及对今后工作的建议 8. 若发生重大问题,需另附专题报告
2	查漏补缺	景区(点)导游在总结工作中,应及时找出工作中的不足或存在的问题,根据这些问题进行有针对性的补课,请教有经验的同行,以提高自己的导游讲解水平
3	总结提高	游客提出的意见和建议涉及景区(点)导游的,景区(点)导游应认真检查,汲取教训,不断改进,以提高自己的导游水平和服务质量;涉及其他接待部门的应及时反馈到所在单位,以便改进工作

第七章

散客旅游服务程序与服务质量

1. 考试大纲

了解散客旅游的定义，熟悉散客旅游的特点，掌握散客导游服务程序和服务质量要求。

2. 大纲解读

序号	主要内容	考纲要求	考试频率
1	散客旅游的定义	了解	★★★
2	散客旅游的特点	熟悉	★★★★
3	散客旅游规范服务总流程	掌握	★★★★★
4	接站服务	掌握	★★★★★
5	导游服务	掌握	★★★★★
6	送站服务	掌握	★★★★★

3. 2019 年考点分析

（1）今年本章无新增考点和删减部分，调整部分为将"了解散客旅游的特点"调整为"熟悉散客旅游的特点"。

（2）2019 年预计考点为散客旅游的特点、散客旅游服务程序及质量要求。

考 点 精 讲

考点一

散客旅游的定义（了解）

1. 散客旅游是指游客自行安排旅游行程，以零星现付的方式购买各项旅游服务的旅游形式。

2. 散客旅游之所以越来越受到游客的青睐，除了它的旅游形式比团队旅游灵活、伸缩性强、自由度大以及可供游客自由选择等原因外，还与以下因素有关：（1）游客自主意识增强；（2）游客内在结构改变；（3）交通和通信的发展；（4）散客接待条件改善。

3. 散客团旅游与团体旅游的区别

	散客团旅游	团体旅游
旅游方式	散客旅游自助游游客外出旅游的计划和行程都是自行安排，定制游客则是旅行社根据游客要求为其定制安排行程	团队旅游的食、住、行、游、购、娱一般都是旅行社或者旅游服务中介机构提前安排
游客人数	散客旅游以人数少为特点，一般界定为由 10 人（不包括 10 人）以下的游客组成	一般都是由 10 人（包括 10 人）以上的游客组成
服务内容	随意性很强，变化多，服务项目不固定，自由度大	团队旅游是有组织按预订的行程、计划进行旅游
付款方式和价格	零星现付，即购买什么、购买多少，按零售价格当场现付	全部或部分旅游服务费用由游客在出游前一次性支付或者是支付大部分
服务难度	常常没有领队和全陪，难度要大得多、复杂得多、琐碎得多	相对容易

考点二

散客旅游的特点（熟悉）

散客旅游的特点
1. 规模小
2. 批次多
3. 要求多
4. 变化大
5. 自由度大
6. 预订期短

考点三

散客旅游规范服务总流程（掌握）

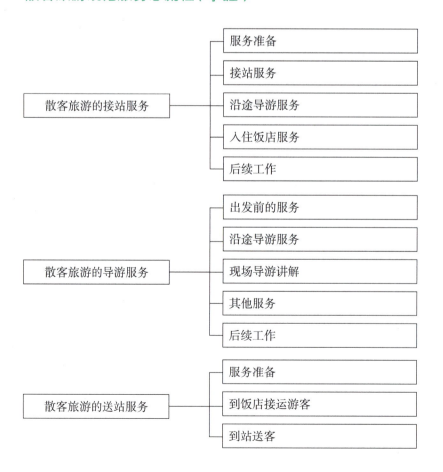

散客旅游的接站服务
- 服务准备
- 接站服务
- 沿途导游服务
- 入住饭店服务
- 后续工作

散客旅游的导游服务
- 出发前的服务
- 沿途导游服务
- 现场导游讲解
- 其他服务
- 后续工作

散客旅游的送站服务
- 服务准备
- 到饭店接运游客
- 到站送客

考点四

接站服务（掌握）

序号	接站服务	具体内容
1	服务准备	1. 认真阅读接待计划 2. 做好出发前的准备 3. 联系交通工具
2	接站服务	1. 提前到机场（车站、码头）等候 导游若迎接的是乘飞机来的散客，应随时通过航班动态查询软件查询航班动态，确保在航班抵达前 30 分钟到达机场，在国际或国内进港安检区门外等候；若是迎接乘火车而来的散客，应提前 30 分钟在出站口等候 2. 迎接游客 应与司机站在不同的出口易于被游客发现的位置举牌等候。及时联系客人，也可根据游客的民族特征上前询问。向游客询问行李件数并进行清点，帮助其提取行李和引导其上车 如果未接到，应立刻拨打应接散客的手机号码，如客人未接听电话，询问机场（车站）人员，确认本次航班（列车）的旅客确已全部出站，在尽可能的范围内寻找至少 20 分钟。如果确实找不到，应同旅行社的计调报告，经计调部门同意，方可离开机场（车站）。导游回到市区后，应到所接散客下榻的饭店前台，询问该散客是否已入住饭店。如果已入住，必须主动与其联系，并表示歉意
3	沿途导游服务	在从机场（车站）至下榻饭店的途中，导游介绍所在城市的概况，下榻饭店的地理位置和设施，以及沿途景物和有关注意事项等。<u>沿途导游服务可采取对话的形式进行</u>
4	入住饭店服务	1. 帮助办理住店手续 2. 确认日程安排 办理入住手续后，要与其确认日程安排。当游客确认后，导游应将填好的安排表、游览券及赴下一站的飞机（火车）票交与游客，并让其确认 3. 提前订购机票 4. 推销旅游服务项目
5	后续工作	迎接工作结束后，导游应及时将同接待计划有出入的特殊要求反馈给散客部

考点五

导游服务（掌握）

为了做好散客的导游服务工作，导游应有高度的工作责任感，多倾听游客的意见，并在此基础上做好组织协调工作。导游应更加尽心尽力，多做提醒工作，多提合理化建议，努力使游客的参观游览活动得以安全、顺利进行。

序号	导游服务	具体内容
1	出发前的服务	1. 出发前，导游应做好有关的物质准备工作等，并与司机联系集合的时间、地点，督促司机做好有关准备工作 2. 导游应提前 15 分钟抵达集合地点引导游客上车。如果游客分住不同的饭店，导游应协同司机驱车按时到各饭店接运游客
2	沿途导游服务	散客的沿途导游服务与全包价旅游团大同小异。导游除做好沿途导游之外，应特别向游客强调在游览中注意安全
3	现场导游讲解	1. 抵达游览景点后，导游应对景点的历史背景、特色等进行讲解 2. 对于散客，导游可采取对话的形式进行讲解，应向其提供游览线路的合理建议，由其自行选择，但需要提醒其记住上车时间、地点和车型、车号 3. 游览时，导游应注意观察散客的动向和周围的情况，以防游客走失或发生意外事故 4. 游览结束后，导游要随车将游客一一送回各自下榻的饭店
4	其他服务	1. 由于散客自由活动时间较多，导游应当好他们的参谋和顾问 2. 如果散客要外出购物或参加晚间娱乐活动，导游应提醒其外出时注意安全，并引导他们去健康的娱乐场所 3. 若是全程私人定制旅游，要根据游客的需求，即游客的喜好和需求定制旅游行程，给游客带来个性化的服务
5	后续工作	导游及时将接待中的有关情况反馈给散客部，或填写"零散游客登记表"

考点六

送站服务（掌握）

序号	送站服务	具体内容
1	服务准备	1. 详细阅读送站计划 2. 做好送站准备 必须在送站前 24 小时与游客确认送站时间和地点。导游必须为需要送站的散客到达机场（车站、码头）留出充裕的时间。按照要求，出境航班提前 3 小时或按航空公司规定的时间；乘国内航班提前 2 小时；乘火车、轮船提前 1 小时

序号	送站服务	具体内容
2	到饭店接运游客	1. 按照与散客约定的时间，导游必须提前 20 分钟到达散客下榻的饭店 2. 若导游到达散客下榻的饭店后，未找到应送的游客，导游应到饭店前台了解该客人是否已离店，并通过微信、QQ、短信或电话联系客人，视情况决定是继续等待还是返回或者前去接送下一批客人 3. 若需送站的散客与住在其他饭店的散客合乘一辆车去机场（车站、码头），导游要严格按约定的时间顺序抵达各个饭店。途中如果遭遇严重交通堵塞或其他极特殊情况，需调整原来约定的时间顺序和行车线路，导游应及时打电话将时间上的变化情况通知下面饭店等候的客人，必要时可以请示计调部门，请客人采取其他措施前往机场（车站、码头）
3	到站送客	1. 途中，导游应向游客征询在本地停留期间的感受与对服务的意见和建议 2. 到达后，导游应提醒和帮助其带好行李与物品，协助其办理离站手续。如果送游客出境，导游应协助其办理机场税 3. 导游在同游客告别前，应向机场人员确认航班是否准时起飞。如果航班延时起飞，导游应主动为游客提供力所能及的帮助 4. 若确认航班准时起飞，导游应将散客送至安检区入口处同其告别，热情欢迎下次再来。若散客将再次返回本地，要同客人约好返回等候的时间和地点 5. 送别散客后，导游应及时结清所有账目，将有关情况反馈给散客部或计调部

第八章

导游领队引导文明旅游规范

1. 考试大纲

掌握导游引导文明旅游的规范内容，引导游客文明旅游。

2. 大纲解读

序号	主要内容	考纲要求	考试频率
1	导游引导文明旅游的基本要求	掌握	★★★★★
2	导游引导文明旅游的主要内容	掌握	★★★★★
3	导游引导游客文明旅游	掌握	★★★★★

3.2019 年考点分析

（1）今年本章内容无新增部分、删除部分和调整部分。

（2）2019 年预计考点为导游引导文明旅游的基本要求、主要内容，引导文明旅游的具体规范、特殊／突发情况处理和总结反馈。

考 点 精 讲

考点一

导游引导文明旅游的基本要求（掌握）

序号	基本要求	具体内容	
1	一岗双责	1. 导游领队人员应兼具为游客提供服务，与引导游客文明旅游两项职责	
		2. 导游领队人员在引导游客文明旅游过程中应体现服务态度、坚持服务原则，在服务游客过程中应包含引导游客文明旅游的内容	
2	掌握知识	1. 具备从事导游领队工作的基本专业知识和业务技能	
		2. 掌握我国旅游法律、法规、政策以及有关规范性文件中关于文明旅游的规定和要求	
		3. 掌握基本的文明礼仪知识和规范	
		4. 熟悉旅游目的地法律规范、宗教信仰、风俗禁忌、礼仪知识、社会公德等基本情况	
		5. 掌握必要的紧急情况处理技能	
3	率先垂范	1. 以身作则、遵纪守法、恪守职责，体现良好的职业素养和职业道德，为游客树立榜样	
		2. 注重仪容仪表、衣着得体，展现导游领队职业群体的良好形象	
		3. 言行规范、举止文明，为游客做出良好示范	
4	合理引导	1. 对游客文明旅游的引导应诚恳、得体	
		2. 有维护文明旅游的主动性和自觉性，关注游客的言行举止，在适当时机对游客进行相应提醒、警示、劝告	
		3. 积极主动地营造轻松和谐的旅游氛围，引导游客友善共处、互帮互助、相互督促并适时地给予游客友善的提醒	
5	正确沟通	1. 在引导时，应注意与游客充分沟通	
		2. 对游客的正确批评和合理意见，应认真听取，虚心接受	
6	分类引导	1. 针对不同游客的引导	（1）在带团工作前，应熟悉团队成员、旅游产品、旅游目的地的基本情况，为恰当引导游客做好准备
			（2）对未成年人较多的团队，应侧重对家长的引导
			（3）对无出境记录的游客，应特别提醒其注意旅游目的地的风俗禁忌和礼仪习惯
			（4）游客生活环境与旅游目的地环境差异较大时，导游领队应提醒游客注意相关习惯、理念差异，避免言行举止不合时宜而导致的不文明现象
		2. 针对不文明行为的处理	（1）对于游客的无心之过应及时提醒和劝阻，必要时应协助游客赔礼道歉
			（2）对于从事违法或违反社会公德活动的游客，以及从事严重影响其他游客权益的活动，不听劝阻、不能制止的游客，根据旅行社的指示，导游领队可代表旅行社与其解除旅游合同
			（3）对于从事违法活动的游客，不听劝阻、无法制止、后果严重的，导游领队人员应主动向相关执法、管理机关报告，寻求帮助，依法处理

考点二

导游引导文明旅游的主要内容（掌握）

序号	主要内容	具体内容
1	法律法规	将我国及旅游目的地国家和地区文明旅游的有关法律规范和相关要求向游客进行提示和说明，避免游客出现触犯法律的不文明行为
2	风俗禁忌	主动提醒游客尊重当地风俗习惯、宗教禁忌。在有支付小费习惯的国家和地区，应引导游客以礼貌的方式主动向服务人员支付小费
3	绿色环保	向游客倡导绿色出游、节能环保，宜将具体环保常识和方法向游客进行说明。引导游客爱护旅游目的地自然环境，保持旅游场所的环境卫生
4	礼仪规范	提醒游客注意基本的礼仪规范：仪容整洁，遵序守时，言行得体。提醒游客不在公共场合大声喧哗、违规抽烟，提醒游客依序排队、不拥挤争抢
5	诚信善意	引导游客在旅游过程中保持良好心态，尊重他人、遵守规则、恪守契约、包容礼让，展现良好形象，通过旅游提升文明素养

考点三

导游引导游客文明旅游（掌握）

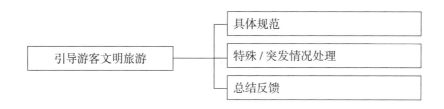

引导游客文明旅游
- 具体规范
- 特殊／突发情况处理
- 总结反馈

序号	环节	具体内容
1	出行前	（1）在出行前将旅游文明需要注意的事项以适当方式告知游客 （2）在行前说明会上向游客讲解《中国公民国内旅游文明行为公约》或《中国公民出境旅游文明行为指南》，为文明旅游做好准备 （3）向游客发送电子邮件、传真，或通过电话沟通等方式说明和告知 （4）在旅游出发地机场、车站等集合地点，导游领队应重申 （5）当旅游产品具有特殊安排，导游领队应向游客事先告知和提醒

续表

序号	环节	具体内容
2	登机（车、船）与出入口岸	（1）提醒游客提前办理检票、安检、托运行李等手续，不携带违禁物品 （2）组织游客依序候机（车、船），并优先安排老、弱、残、孕 （3）提醒游客不抢座、不占位，主动让座 （4）导游领队应引导游客主动配合机场、车站、港口以及安检、边防（移民局）、海关的检查和指挥
3	乘坐公共交通工具	（1）宜利用乘坐交通工具的时间，将文明旅游的规范要求向游客进行说明和提醒 （2）提醒游客遵守和配合乘务人员指示，确保交通工具安全有序运行 （3）提醒游客乘坐交通工具的安全规范和基本礼仪，遵守秩序，尊重他人 （4）提醒游客保持交通工具内的环境卫生，不乱扔乱放废弃物
4	住宿	（1）提醒游客尊重服务人员，服务人员问好时要友善回应 （2）指引游客爱护和正确使用住宿场所的设施设备，注意维护整洁卫生，提醒游客不在酒店禁烟区域抽烟 （3）引导游客减少一次性物品的使用，减少环境污染，节水节电 （4）提醒游客在客房区域举止文明 （5）提醒游客在客房内消费的，应在离店前主动声明并付费
5	餐饮	（1）提醒游客注意用餐礼仪，有序就餐 （2）引导游客就餐时适量点用，避免浪费 （3）提醒游客自助餐区域的食物、饮料不能带离就餐区 （4）集体就餐时，导游领队应提醒游客正确使用公共餐具 （5）游客如需在就餐时抽烟，导游领队应指示游客到指定抽烟区域就座，如果就餐区禁烟，游客应遵守相关规则 （6）就餐环境对服装有特殊要求的，应事先告知游客，以便游客准备 （7）在公共交通工具或博物馆、展览馆、音乐厅等场所，应遵守相关规则，勿违规饮食
6	游览	（1）宜将文明旅游的内容融合在讲解词中，进行提醒和告知 （2）提醒游客遵守游览场所规则，依序文明游览 （3）在自然环境中游览时，导游领队应提示游客爱护环境 （4）观赏人文景观时，应提示游客爱护公物、保护文物，不攀登骑跨或胡写乱画 （5）在参观博物馆、教堂等室内场所时，提示游客保持安静，根据场馆要求规范使用摄影摄像设备。不随意触摸展品 （6）游览区域对游客着装有要求的，应提前一天向游客说明，提醒准备 （7）提醒游客摄影摄像时先后有序，不妨碍他人
7	娱乐	（1）组织游客安全、有序、文明、理性地参与娱乐活动 （2）提示游客观赏演艺、比赛类活动时遵守秩序 （3）提示游客观看体育比赛时，尊重参赛选手和裁判，遵守赛场秩序 （4）游客参加涉水娱乐活动的，事先提示游客听从工作人员指挥，注意安全，爱护环境 （5）提示游客在参加和其他游客、工作人员互动活动时，文明参与

续表

序号	环节	具体内容
8	购物	（1）提醒游客理性、诚信消费，适度议价，善意待人，遵守契约 （2）提醒游客遵守购物场所规范，保持购物场所秩序 （3）提醒游客尊重购物场所购物数量限制 （4）在购物活动前，提醒游客购物活动结束时间和购物结束后的集合地点
9	如厕	（1）在旅游过程中，提示游客正确使用卫生设施 （2）提示游客维护卫生设施清洁，适度取用公共卫生用品，并遵照相关提示和说明 （3）在乘坐长途汽车前，提示游客行车时间，提醒游客提前上卫生间。在长途行车过程中，导游领队应与司机协调，在中途安排停车如厕 （4）游览过程中，应适时提示卫生间位置，尤其应注意引导家长带领未成年人使用卫生间，不随地大小便 （5）在游客众多的情况下，引导游客依序排队使用卫生间 （6）在野外无卫生间等设施设备的情况下，引导游客在适当的位置如厕
	特殊／突发情况处理	1. 旅游过程中遭遇特殊／突发情况，如财物被抢被盗、感染重大传染性疾病、遭受自然灾害、交通工具延误等，导游领队应沉着应对，冷静处理 2. 需要游客配合相关部门处理的，导游领队应及时向游客说明，进行安抚劝慰，并积极协助有关部门进行处理。在突发紧急情况下，导游领队应立即采取应急措施，避免损失扩大和事态升级 3. 导游领队应在游客和相关机构与人员发生纠纷时，及时处理、正确疏导，引导游客理性维权、化解矛盾 4. 遇游客采取拒绝上下机（车、船）、滞留等方式非理性维权的，导游领队应与游客进行沟通、晓以利害
	总结反馈	1. 旅游行程全部结束后，导游领队向旅行社递交的《带团报告》或《团队日志》中，宜有总结和反馈文明旅游引导工作的内容 2. 旅游行程结束后，宜与游客继续保持友好交流，并妥善处理遗留问题 3. 对旅游过程中严重违背社会公德，违反法律规范，影响恶劣、后果严重的游客，应将相关情况通过旅行社向旅游管理部门报告，经核实后，纳入游客不文明旅游记录 4. 旅行社、导游行业组织等机构应做好导游领队引导文明旅游的宣传培训和教育工作

1. 考试大纲

了解导游语言的内涵及特性，熟悉导游语言的沟通技巧，掌握导游口头语言的表达技巧和态势语言的运用技巧。

2. 大纲解读

序号	主要内容	考纲要求	考试频率
1	导游语言的内涵	了解	★★★
2	导游语言的特性	了解	★★★
3	导游口头语言的表达技巧	掌握	★★★★★
4	导游态势语言的运用技巧	掌握	★★★★★
5	导游态势语言运用技巧——手势语	掌握	★★★★★
6	导游语言的沟通技巧	熟悉	★★★★
7	导游语言的沟通技巧——交谈的语言技巧	熟悉	★★★★

3. 2019 年考点分析

2019 年考试大纲与 2018 年考试大纲相比，无变化。

考 点 精 讲

考点一

导游语言的内涵（了解）

导游语言的内涵
- 口头语言（狭义）
  - 1. 交流思想感情
  - 2. 指导游览
  - 3. 进行讲解
  - 4. 传播文化
- 一种符号（广义）
  - 1. 在服务过程中的
  - 2. 必须熟练掌握和运用的
  - 3. 所有的、含有一定意义并能引起互动的
- 辨析
  - 1."所有"：导游语言不仅包括口头语言，还包括态势语言、书面语言和副语言
  - 2."引起互动"：游客通过感受导游语言行为所产生的反应
  - 3."一种符号"，是指导游过程中的一种有意义的媒介物

考点二

导游语言的特性（了解）

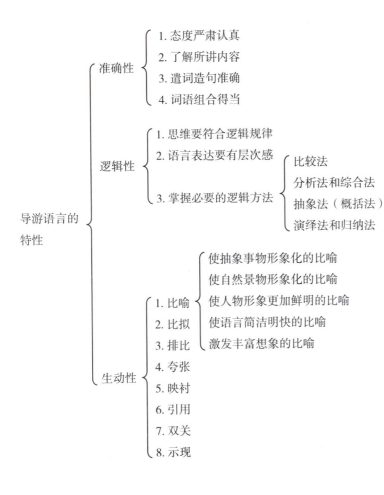

考点三

导游口头语言的表达技巧（掌握）

导游口头语言表达技巧
├── 口头语言的基本形式
│   ├── 1.独白式：独白式是导游讲述而游客倾听的语言传递方式。如导游致欢迎词、欢送词或进行独白式的导游讲解等。特点包括：目的性强、对象明确、表述充分
│   └── 2.对话式：对话式是导游与一个或一个以上游客之间所进行的交谈，如问答、商讨等。在散客导游中，导游常采用这种形式进行讲解。特点包括：依赖性强，反馈及时
│
└── 口头语言的表达要领
    ├── 1.音量大小适度：导游在进行导游讲解时要注意控制自己的音量，力求做到音量大小适度。一要恰当、适度；二要顺畅、自然
    ├── 2.语调高低有序
    │   ├── 升调：多用于表达兴奋、激动、惊叹、疑问等感情状态
    │   ├── 降调：多用于表达肯定、赞许、期待、同情等感情状态
    │   └── 直调：多用于表达庄严、稳重、平静等感情状态
    ├── 3.语言快慢相宜：在讲解中，语速应控制在每分钟 200 字左右
    └── 4.停顿长短合理
        ├── 语义停顿：指导游根据语句的含义所做的停顿。一句话说完要有较短的停顿，一个意思说完则要有较长的停顿
        ├── 暗示省略停顿：指导游不直接表示肯定或否定，而是用停顿来暗示，让游客自己去判断
        ├── 等待反应停顿：指导游先说出令人感兴趣的话，然后故意停顿下来以激起游客的反应
        └── 强调语气停顿：指导游讲解时，每讲到重要的内容，为了加深游客内心的印象所做的停顿

考点四

导游态势语言的运用技巧（掌握）

导游态势语言的运用技巧

- 首语：通过人的头部活动来表达语义和传递信息的一种态势语言，它包括点头和摇头

- 表情语
  - 1. 灵敏：导游面部表情的变化要随着讲解内容的需要迅速表现出来
  - 2. 鲜明：表情的鲜明是与敏感联系在一起的，先有了敏感的表情，进一步才是鲜明的表情
  - 3. 真诚：导游讲解时的面部表情要表现出真情实感，要让游客感到导游的表情是真诚的
  - 4. 有分寸：导游在讲解过程中的各种表情还要有分寸，要自然、合理、和谐，千万不能夸饰

- 目光语
  - 1. 目光的联结：导游在讲解时，应用热情而又诚挚的目光看着游客
  - 2. 目光的移动：导游在讲解某一景物时，首先要用目光把游客的目光牵引过去，然后再及时收回目光，并继续投向游客
  - 3. 目光的分配：应注意自己的目光要统摄全部听讲解的游客，既可把视线落点放在最后边两端游客的头部，也可不时环顾周围的游客
  - 4. 目光与讲解的统一：讲解传说故事和逸闻趣事时，讲解内容中常常会出现甲、乙两人对话的场景，需要加以区别，导游应在说甲的话时把视线略微移向一方，在说乙的话时把视线略微移向另一方，这样可使游客产生一种逼真的临场感，犹如身临其境一般

- 手势语：见考点五

考点五

导游态势语言运用技巧——手势语（掌握）

序号	分类	主要内容	具体内容
1	手指语	竖起大拇指	在世界上许多国家包括中国都表示"好"，用来称赞对方高明、了不起、干得好，但在有些国家还有另外的意思，如在韩国表示"首领""部长""队长"或"自己的父亲"，在日本表示"最高""男人"或"您的父亲"，在美国、墨西哥、澳大利亚等则表示"祈祷幸运"，在希腊表示叫对方"滚开"，在法国、英国、新西兰等国是请求"搭车"
		伸出食指	在新加坡表示"最重要"，在缅甸表示"拜托""请求"，在美国表示"让对方稍等"，而在澳大利亚则是"请再来一杯啤酒"的意思
		伸出中指	在墨西哥表示"不满"，在法国表示"下流的行为"，在澳大利亚表示"侮辱"，在美国和新加坡则是"被激怒和极度不愉快"的意思
		伸出小指	在韩国表示"女朋友""妻子"，在菲律宾表示"小个子"，在日本表示"恋人""女人"，在印度和缅甸表示"要去厕所"，在美国和尼日利亚则是"打赌"的意思
		伸出食指往下弯曲	在中国表示数字"9"，在墨西哥表示"钱"，在日本表示"偷窃"，在东南亚一带则是"死亡"的意思
		用拇指与食指尖形成一个圆圈并手心向前	这是美国人爱用的"OK"手势，在中国表示数字"0"，在日本则表示"金钱"，而希腊人、巴西人和阿拉伯人用这个手势表示"诅咒"
		伸出食指和中指构成英语"Victory"（胜利）的第一个字母"V"	西方人常用此手势来预祝或庆贺胜利，但应注意把手心对着观众，如把手背对着观众做这一手势，则被视为下流的动作
2	讲解时的手势	情意手势	情意手势是用来表达导游讲解情感的一种手势
		指示手势	指示手势是用来指示具体对象的一种手势
		象形手势	象形手势是用来模拟物体或景物形状的一种手势
3	服务时的手势	导游为游客提供服务时也要善于运用手势	

考点六

导游语言的沟通技巧（熟悉）

导游语言的沟通技巧

称谓的语言技巧
- 1.交际关系型：主要是强调导游与游客在导游交际中的角色关系
- 2.套用尊称型：在各种场合都比较适用，是对各个阶层、各种身份都比较合适的社交通称
- 3.亲密关系型：多用于关系比较密切的人际关系之间的称谓

自我介绍的语言技巧
- 1.热情友善，充满自信
- 2.介绍内容繁简适度
- 3.善于运用不同的方法
  - 自谦式
  - 调侃式
  - 自识式

交谈的语言技巧：见考点七

劝服的语言技巧
- 1.诱导式劝服：通过有意识、有步骤的引导，澄清事实，讲清利弊得失，使游客逐渐信服
- 2.迂回式劝服：不对游客进行正面、直接的说服，而采用间接或旁敲侧击的方式进行劝说，即通常所说的"兜圈子"
- 3.暗示式劝服：导游不明确表示自己的意思，而采用含蓄的语言或示意的举动使人领悟的劝说

提醒的语言技巧
- 1.敬语式提醒：导游使用恭敬口吻的词语，对游客直接进行的提醒方式，如"请""对不起"等
- 2.协商式提醒：导游以商量的口气间接地对游客进行的提醒方式，以取得游客的认同
- 3.幽默式提醒：导游用有趣、可笑而意味深长的词语对游客进行的提醒方式

回绝的语言技巧
- 1.柔和式回绝：导游采用温和的语言进行推托的回绝方式
- 2.迂回式回绝：指导游对游客的发问或要求不正面表示意见，而是绕过问题从侧面予以回应或回绝
- 3.引申式回绝：导游根据游客话语中的某些词语加以引申而产生新意的回绝方式
- 4.诱导式回绝：指导游针对游客提出的问题进行逐层剖析，引导游客对自己的问题进行自我否定的回应方式

道歉的语言技巧

1. 微笑式道歉：微笑不仅可以对导游和游客之间产生的紧张气氛起缓和作用，而且也是向游客传递歉意信息的载体

2. 迂回式道歉：指导游在不便于直接、公开地向游客致歉时，而采用其他的方式求得游客谅解的一种技巧

3. 自责式道歉：由于旅游供给方的过错，使游客的利益受到较大损害而引起强烈不满时，即使代人受过，导游也要勇于自责，以缓和游客的不满情绪

答问的语言技巧

1. 是非分明：导游在回答游客的提问时，能够给予明确回答的，就要是非分明、毫无隐讳地予以回答，以澄清对方的误解和模糊认识

2. 以问为答：导游对客人的有些问题，不直接给予肯定或否定的回答，而是以反问的形式，使对方从中得到答案

3. 曲语回避：有的客人提的问题很刁钻，导游答问时容易陷入"两难境地"，这时只能以曲折含蓄的语言予以回避，不给予正面回答

4. 诱导否定：对方提出问题之后，不马上回答，先讲一点理由，提出一些条件或反问一个问题，诱使对方自我否定，自我放弃原来提出的问题

考点七

导游语言的沟通技巧——交谈的语言技巧（熟悉）

序号	交谈的语言技巧	分类	具体内容
1	开头要寒暄	问候式	如"你好，挺辛苦吧"，显得亲切自然
		询问式	一般用于询问对方的姓名、职业。如"您贵姓""您从事什么工作（职业）呢"等。但切忌直接询问对方的履历、工资、收入、家庭财产、衣饰价格、女性年龄、婚姻状况等私人生活方面的问题
		夸赞式	如"王小姐，您的衣服真漂亮""张教授，您的身体比我们年轻人还棒啊"。诚心地赞美是一种活泼的寒暄方法
		描述式	以友好的语气描述对方正在进行时的动态。如"您累了休息一下吧""您对此挺有兴趣呀"
		言他式	用双方都认同的话打破沉默，引出话题。如"今天天气真热！""唉，又下雨了"

续表

序号	交谈的语言技巧	分类	具体内容	
2	说话要真诚	导游要给游客留下良好的印象，不能忘记真诚。所谓真诚，就是敢于把自己真实的思想开诚布公地说出来。同时，当对方真诚地对待你时，你也要以诚相报		
3	内容要健康	导游与游客交谈的内容一般不要涉及疾病、死亡等不吉利、不愉快的事情，不要说荒唐离奇、耸人听闻、黄色淫秽的事情，不要说他人的坏话，更不要谈有损国格、人格的事情		
4	言语要中肯	喋喋不休、夸夸其谈或吞吞吐吐、欲言又止，或者故弄玄虚、矫揉造作等，都是交谈时的禁忌，导游必须特别注意		
5	要"看"人说话	说话能力的五个因素：语气（S）、用词（W）、内容（I）、感情（E）、技巧（T）	对年长者 S>W=I=E=T；对同辈 I>S=W=E=T；对晚辈 S=W=I=T>E；对小孩 W=I=E>S>T；对初次见面者 S>I>W>T>E；商谈 W=I=T>S>E；恳谈 I>W>E>T>S；开玩笑 T>I>E>W>S；夸赞 I>W>E>S>T；关注 I>T>S=W>E
6	善于把握谈话过程	切忌在对方谈兴正浓时戛然中止交谈；不要勉强延长交谈；要留意对方的暗示；结束交谈要恰到好处；结束交谈时，要给对方留下一个愉快的印象		

第十章

导游的带团技能

1. 考试大纲

了解导游带团的特点和原则，熟悉导游主导地位的确立和导游形象的塑造，掌握导游提供心理服务、活跃气氛、引导游客审美、组织和协调、接待重点游客的方法和技巧。

2. 大纲解读

序号	主要内容	考纲要求	考试频率
1	导游带团的特点	了解	★★★
2	导游带团的原则	了解	★★★
3	导游主导地位的确立和导游形象的塑造	熟悉	★★★★
4	导游提供心理服务的技巧	掌握	★★★★★
5	导游引导游客审美的技巧	掌握	★★★★★
6	导游组织和协调的技巧	掌握	★★★★★
7	导游接待重点游客的方法和技巧	掌握	★★★★★

3. 2019 年考点分析

2019 年考试大纲与 2018 年考试大纲相比，无变化。

考 点 精 讲

考点一

导游带团的特点（了解）

导游带团的特点 {
环境的流动性：导游的工作环境不是静止和固定的，会随着游客的不同和业务的需要而不断改变

需求与个性的差异：需求与个性的差异性是指不同旅游团以及同一旅游团内游客在旅游需求和个性上存在不同的特点

服务的主动性：导游是旅游团队的主导者和中心人物。在带团过程中，导游负有组织游客、联络协调、传播文化的职能
}

考点二

导游带团的原则（了解）

导游带团的原则 {
游客至上原则：导游在带团过程中，要有强烈的责任感和使命感，工作中要明辨是非，任何情况下都要严格遵守职业道德，遇事多从游客的角度去思考，将维护游客的合法利益摆在首位，真正做到"游客至上"

服务至上原则："服务至上"既是导游的一条服务准则，也是导游职业道德中一项最基本的道德规范，还是导游在工作中处理问题的出发点。

履行合同原则：导游带团要以旅游合同为基础，是否履行旅游合同的内容，是评价导游是否尽职的基本尺度

公平对待原则：不管游客是来自境外或境内，也不管游客的肤色、语言、信仰、消费水平如何，导游都应一视同仁，公平对待
}

考点三

导游主导地位的确立和导游形象的塑造（熟悉）

导游主导地位的确立和导游形象的塑造
- 确立在旅游团的主导地位
  1. 以诚待人，热情服务：真诚对待游客是建立良好人际关系的感情基础，心诚则灵，有诚意才可靠。当导游的真诚和热情被游客认可，就能赢得游客的好感与信赖
  2. 换位思考，宽容以待：导游站在游客的角度，以"假如我是游客"的思维方式来理解游客的所想、所愿、所求和所为，从而做到"宽以待客"，想方设法满足游客的要求，理解他们的"过错"或苛求
  3. 树立威信，善于"驾驭"：导游服务是一种引导、组织游客进行各种旅游活动的积极行为，因此导游必须是旅游团的主导者，对旅游团具有"驾驭"能力

- 树立良好的导游形象
  1. 重视"第一印象"：迎接旅游团是导游与游客接触的开始，导游在接团时留给游客的第一印象，对游客心理有重大影响，它往往会左右游客在以后的旅游活动中的判断和认识
  2. 维护良好的形象：良好的第一印象只是体现在导游接团这一环节，而维护形象则贯穿于导游服务的全过程，因此，维护形象比树立形象往往更艰巨、更重要
  3. 留下美好的最终印象：心理学中有一种"近因效应"，它是指在人际知觉中，最后给人留下的印象因时间距离最近而对人有着强烈的影响

考点四

导游提供心理服务的技巧（掌握）

序号	分类	主要内容	具体内容
1	了解游客的心理	从人口统计特征上了解游客	1. 区域和国籍 2. 所属社会阶层 3. 年龄和性别
		从分析地理环境来了解游客	游客由于所处的地理环境不同，对于同一类旅游产品会有不同的需要与偏好，他们对那些与自己所处地理环境迥然不同的旅游目的地往往情有独钟

续表

序号	分类	主要内容	具体内容
1	了解游客的心理	从参团和出游动机了解游客	1. 人们参加旅游团的心理动机一般包括：（1）省心，不用做决定；（2）节省时间和金钱；（3）有伴侣、有团友；（4）有安全感；（5）能正确了解所看到的景物 2. 从旅游的角度看，游客的旅游动机则可分为：（1）观赏风景名胜、探求文化差异、寻求文化交融的文化动机；（2）考察国情民风、体验异域生活、探亲访友寻根的社会动机；（3）考察投资环境、进行商务洽谈、购买旅游商品的经济动机；（4）休闲度假、康体健身、消遣娱乐的身心动机
		从不同的个性特征了解游客	1. 活泼型游客 2. 急躁型游客 3. 稳重型游客 4. 忧郁型游客
		从分析心理变化来了解游客	1. 旅游初期阶段：求安全心理、求新心理 2. 旅游中期阶段：懒散心态、求全心理、群体心理 3. 旅游后期阶段：忙于个人事务
2	调整游客的情绪	补偿法	指导游从物质上或精神上给游客以补偿，从而消除或弱化游客不满情绪的一种方法
		分析法	指导游将造成游客消极情绪的原委向游客讲清楚，并一分为二地分析事物的两面性及其与游客的得失关系的一种方法
		转移注意法	指在游客产生烦闷或不快情绪时，导游有意识地转移游客的注意力，使其从不愉快、不顺心的事情转移到愉快、顺心的事情上
3	激发游客的游兴	通过直观形象激发游客的游兴	导游应通过突出游览对象本身的直观形象来激发游客的游兴
		运用语言艺术激发游客的游兴	导游运用语言艺术可以调动游客的情绪，激发游客的游兴
		通过组织文娱活动激发游客的游兴	导游应抓住时机，组织丰富多彩的文娱活动，动员全团游客共同营造愉快氛围
		使用声像导游手段激发游客的游兴	声像导游是导游服务重要的辅助手段之一，每天去景点游览之前，导游如能先为游客放映一些内容相关的幻灯片、录像或光盘，往往能收到事半功倍的效果
4	把握心理服务的要领		1. 尊重游客 2. 微笑服务 3. 使用柔性语言 4. 与游客建立"伙伴关系" 5. 提供个性化服务

考点五

导游引导游客审美的技巧（掌握）

序号	主要内容		具体内容
1	传递正确的审美信息		作为游客观景赏美的向导，导游首先应把正确的审美信息传递给游客，帮助游客在观赏旅游景观时，感觉、理解、领悟其中的奥妙和内在的美
2	分析游客的审美感受	悦耳悦目	指审美主体以耳、目为主的全部审美感官所体验的愉快感受，这种美感通常以直觉为特征，仿佛主体在与审美对象的直接交融中，不假思索便可于瞬间感受到审美对象的美，同时唤起感官的满足和愉悦
		悦心悦意	指审美主体透过眼前或耳边具有审美价值的感性形象，在无目的中直观地领悟到对方某些较为深刻的意蕴，获得审美享受和情感升华，这种美感是一种意会，有时很难用语言加以充分而准确地表述
		悦志悦神	指审美主体在观照审美对象时，经由感知、想象、情感、理解等心理功能交互作用，从而唤起的那种精神意志上的昂奋和伦理道德上的超越感
3	激发游客的想想思维		人的审美活动是以审美对象为依据，经过积极的思维活动，调动已有的知识和经验，进行美的再创造的过程
4	灵活掌握观景赏美的方法	动态观赏和静态观赏	动态观赏：游客漫步于景物之中，步移景异，从而获得空间进程的流动美 静态观赏：在某一特定空间，观赏者停留片刻，选择最佳位置驻足观赏，通过感觉、联想来欣赏美、体验美感
		观赏距离和观赏角度	导游带团游览时要善于引导游客从最佳距离、最佳角度去观赏风景，使其获得美感
		观赏时机和观赏节奏	1. 有张有弛，劳逸结合 2. 有急有缓、快慢相宜 3. 有讲有停，导、游结合

考点六

导游组织和协调的技巧（掌握）

序号	主要内容		具体内容
1	旅游活动的组织安排技巧	灵活搭配活动内容	灵活机动地安排游览活动是导游组织协调能力的重要体现
		科学安排游客饮食	饮食卫生，防止偏食，少吃生冷，防止消化不良
		尽快安排游客入住	1. 安排好游客在大厅休息、看饭店景点介绍 2. 将拿到的房卡发给游客，请地陪帮忙将房号登记在游客名单上 3. 游客进房后，领队与地陪认真做好服务工作
		注意旅行服务技巧	1. 带团乘机的技巧 2. 带团乘火车的技巧
		引导游客理性购物	1. 帮助游客制订"购物计划" 2. 引导游客学会理性购物
2	导游的协作技巧	全陪（地陪）与领队的协作	1. 尊重领队，遇事与领队多磋商 2. 关心领队生活，支持领队工作 3. 多给领队荣誉，调动其积极性 4. 灵活应变，掌握工作的主动权 5. 争取游客支持，避免正面冲突
		全陪与地陪的协作	1. 要尊重对方，努力与合作者建立良好的人际关系 2. 要善于向对方学习，有事多请教 3. 要坚持原则，平等协商
		导游与司机的协作	1. 及时向司机通报相关信息 2. 协助司机做好安全行车工作 3. 征求司机对日程安排的意见
		导游与相关单位的协作	1. 及时协调，衔接好各环节的工作 2. 主动配合，争取协作单位的帮助

考点七

导游接待重点游客的方法和技巧（掌握）

序号	主要内容		具体内容
1	儿童的接待技巧	注意儿童的安全	2~6岁的儿童天性活泼好动，要特别注意他们的安全
		掌握"四不宜"原则	不宜为讨好儿童而给其买食物、玩具；不宜在旅游活动中突出儿童，而冷落其他游客；即使家长同意也不宜单独带儿童外出活动；儿童生病，应及时建议家长请医生诊治，而不宜建议其给孩子服药，更不能提供药品给儿童服用
		对儿童多给予关照	导游对儿童的饮食起居要特别关心，多给一些关照
		注意儿童的收费标准	根据儿童不同的年龄或身高，有不同的收费标准和规定，如机（车、船）票、住房、用餐等，导游应特别注意
2	高龄游客的接待技巧	妥善安排日程	导游应根据高龄游客的生理特点和身体情况，妥善安排好日程
		做好提醒工作	高龄游客由于年龄大，记忆力减退，导游首先应每天重复讲解第二天的活动日程并提醒注意事项
		注意放慢速度	高龄游客大多数腿脚不太灵活，有时甚至力不从心
		耐心解答问题	要耐心、不厌其烦地给予解答
		预防游客走失	每到一个景点，地陪要不怕麻烦、反复多次地告诉高龄游客旅游线路及旅游车停车的地点，尤其是上、下车地点不同的景点，一定要提醒高龄游客记住停车地点
		尊重西方传统	尊重西方传统，注意照顾方式
3	残障游客的接待技巧	1. 适时、恰当的关心照顾 2. 具体、周到的导游服务	

第十一章

导游的讲解技能

1. 考试大纲

了解导游讲解的原则，熟悉导游讲解的要求，掌握常用的导游讲解方法和技巧。

2. 大纲解读

序号	主要内容	考纲要求	考试频率
1	导游讲解的原则	了解	★★★
2	导游讲解的要求	熟悉	★★★★
3	导游讲解方法	掌握	★★★★★
4	导游讲解技巧	掌握	★★★★★

3. 2019 年考点分析

调整部分为将"导游讲解的原则"从熟悉程度调整为了解程度。

考 点 精 讲

考点一

导游讲解的原则（了解）

导游讲解的原则 {

导游讲解的内涵 { 导游讲解就是导游以丰富多彩的社会生活和绚丽多姿的景观景物为题材，以兴趣爱好不同、审美情趣各异的游客为对象，对自己掌握的各类知识进行整理、加工和提炼，用简洁明快的语言进行的一种意境的再创造

导游讲解的原则 {
1. 客观性原则：导游讲解要以客观现实为依据，在客观现实的基础上进行意境的再创造
2. 针对性原则：导游从游客的实际情况出发，因人而异、有的放矢地进行导游讲解
3. 计划性原则：要求导游在特定的工作对象和时空条件下发挥主观能动性，科学地安排游客的活动日程，有计划地进行导游讲解
4. 灵活性原则：导游讲解要因人而异、因时制宜、因地制宜
}
}

考点二

导游讲解的要求（熟悉）

导游讲解的要求 {
1. 言之友好：导游在讲解时用词、声调、语气和态势语言都应该表现出友好的感情
2. 言之有物：导游讲解要有具体的指向，不能空洞无物
3. 言之有据：导游说话要有依据，不能没有根据而胡乱地瞎说一通
4. 言之有理：导游讲解的内容、景点和事物等都要以事实为依据，要以理服人，不要言过其实和弄虚作假，更不要信口开河
5. 言之有趣：导游讲解要生动、形象、幽默和风趣，要使游客紧紧地以导游为核心，在听讲解的过程中，感受到一种美好的享受
6. 言之有神：导游讲解应尽量突出景观的文化内涵，使游客领略其内在的神韵
7. 言之有力：导游在讲解时要正确掌握语音、语气和语调，既要有鲜明生动的语言，又要注意语言的音乐性和节奏感
}

导游讲解的
要求
{
8. 言之有情：导游要善于通过自己的语言、表情、神态等传情达意
9. 言之有喻：导游在讲解时要用比喻的语言、用游客熟悉的事物，来介绍、比喻参
   观的事物，使游客对自己生疏的事物能很快地理解并产生亲切感
10. 言之有礼：导游的讲解用语和动作、行为要文雅、谦恭，让游客获得美的享受
}

考点三

导游讲解方法（掌握）

序号	主要内容		具体内容
1	概述法		导游就旅游城市或景区的地理、历史、社会、经济等情况向游客进行概括性的介绍，使其对即将参观游览的城市或景区有一个大致的了解和轮廓性认识的一种导游方法
2	分段讲解法		对那些规模较大、内容较丰富的景点，导游将其分为前后衔接的若干部分来逐段进行讲解的导游方法
3	突出重点法	突出景点的独特之处	导游在讲解时必须讲清这些景点的特征及与众不同之处，尤其在同一次旅游活动中参观多处类似景观时，更要突出介绍其特征
		突出具有代表性的景观	游览规模大的景点，导游必须事先确定好重点景观
		突出游客感兴趣的内容	导游在研究旅游团的资料时要注意游客的职业和文化层次，以便在游览时重点讲解旅游团内大多数成员感兴趣的内容
		突出"……之最"	面对某一景点，导游可根据实际情况，介绍这是世界或中国最大（最长、最古老、最高，甚至可以说是最小）的……因为这也是在介绍景点的特征，颇能引起游客的兴致
4	问答法		1. 自问自答法 2. 我问客答法 3. 客问我答法 4. 客问客答法
5	虚实结合法		在导游讲解中将典故、传说与景物介绍有机结合，即编织故事情节的导游方法
6	触景生情法		在导游讲解中见物生情、借题发挥的一种导游方法
7	制造悬念法		导游在导游讲解时提出令人感兴趣的话题，但故意引而不发，激起游客急于知道答案的欲望，使其产生悬念的导游方法
8	类比法	同类相似类比	将相似的两个事物进行比较，便于游客理解并使其产生亲切感
		同类相异类比	将两种同类但有明显差异的风物进行比较
9	妙用数字法		在导游讲解中巧妙地运用数字来说明景观内容，以促使游客更好地理解的一种导游方法
10	画龙点睛法		导游用凝练的词句概括所游览景点的独特之处，给游客留下突出印象的导游方法

考点四

导游讲解技巧（掌握）

序号	环节分类	主要内容	具体内容
1	做好讲解前的准备工作	注意日常知识积累	1. 通过媒体关注"身边事"，收集城市及景区的点滴变化 2. 通过阅读专业书籍，丰富自己在某一知识领域的积累 3. 通过网络搜索，寻找某一关注问题的相关背景知识
		做好接到任务后的准备	1. 分析游客信息，厘清讲解重点 2. 温习"旧内容"，构思"新创意" 3. 养精蓄锐，做好身体准备
2	把握讲解过程中的要领	在旅游车上讲解时应掌握的要领	1. 与司机商量确定行车线路时，在合理而可能的原则下尽量不要错过城市的重要景观 2. 在经过重要的景点或标志性建筑时，要及时向游客指示景物的方向，讲解的内容要及时与车外的景物相呼应 3. 要学会使用"触景生情法" 4. 运用"问答法"与游客进行互动交流 5. 使用"突出重点法"将景区的最重要的价值及最独特之处向游客进行讲解，以激发游客对该景区的游览兴趣
		在景区讲解时应掌握的要领	1. 在景区的游览指示图前向游客说明游览线路、重要景点、洗手间及吸烟区的位置 2. 要做好景区的讲解，需要确定讲解主题，以主题为线条将每一个小景点串联起来，引导游客去发现景区最独特之处 3. 在讲解每个小景点时可以用"突出重点法"来讲解该景点的独特之处，用"触景生情法"延伸讲解与此有关的景区背景及历史，用"妙用数字法"来讲解其历史、建筑特点等，有些还需要用"类比法"将该景点与游客家乡或熟知的景点联系起来以加深印象 4. 导游在讲解自己熟悉或擅长的内容时，不要过于张扬卖弄，避免过多使用"你们知不知道……""让我来告诉你……"等语言，同时注意控制节奏，给游客缓冲、消化知识内容的时间
3	注意讲解后的导游服务		1. 巧妙回答游客的提问 2. 引导游客"换位欣赏" 3. 告知游客相关注意事项

第十二章

游客个别要求的处理

1. 考试大纲

了解游客个别要求的处理原则；游客投诉的心理。熟悉游客投诉的处理方法。掌握游客在餐饮、住宿、交通、游览、购物、娱乐等方面个别要求的处理方法；游客要求自由活动、亲友随团活动、中途退团、延长旅游期限的处理方法。

2. 大纲解读

序号	主要内容	考纲要求	考试频率
1	游客个别要求的处理原则	了解	★★★★★
2	游客在餐饮、住宿、交通、游览、购物、娱乐等方面个别要求的处理方法	掌握	★★★★★
3	游客要求自由活动、亲友随团活动、中途退团、延长旅游期限的处理方法	掌握	★★★★★
4	游客投诉的心理	了解	★★★★★
5	游客投诉的处理方法	熟悉	★★★★★

3. 2019 年考点分析

（1）今年本章考试知识点和考点要求层次都没有变化。

（2）2019 年预计考点为：游客投诉的处理方法；游客在餐饮、住宿、交通、游览、购物、娱乐等方面个别要求的处理方法；游客要求自由活动、亲友随团活动、中途退团、延长旅游期限的处理方法。

考 点 精 讲

考点一

游客个别要求的处理原则（了解）

序号	原则	具体内容
1	符合法律法规的原则	《导游管理条例》和《旅行社管理条例》中规定了游客、导游、旅行社三者之间的权利和义务，导游在处理游客个别要求时，要符合法律对这三者的权利和义务规定 **解析** 要考虑游客的个别要求是否符合我国法律的其他规定，如果相悖，应断然拒绝
2	"合理而可能"的原则	有些游客会提出一些虽然合理但无法办到，或看似合理但实际不可能办到的要求。针对这些要求，导游一要认真倾听，二要微笑对待，三要耐心解释，晓之以理，动之以情，切不可断然拒绝 对于某些并非出于真正需要而无理取闹的个别游客，导游也应待之以礼，做到有礼、有理、有节。若这种游客的无理取闹行为影响到整个旅游团的正常活动，导游可请领队或全陪协助出面解决，或直接请全体游客主持公道 **解析** "合理而可能"原则是导游员处理问题、满足游客要求的依据和准绳
3	尊重游客的原则	旅游团中也不可避免会出现无理取闹之人。对待这种情况，导游一定要记住自己的职责，遵循"尊重游客"的原则，对客人礼让三分，对客人的挑剔，甚至吵架、谩骂，导游要保持冷静，始终有礼、有节，不卑不亢
4	公平对待原则	**解析** 公平对待原则是指导游对所有客人一视同仁、平等相待
5	维护尊严原则	对游客有损国家利益和民族尊严的要求应断然拒绝，并予以严正驳斥；对游客提出的侮辱自身人格尊严或违反导游职业道德的不合理要求，也应予以拒绝 **解析**《导游管理办法》中对于导游执业权利有着明确的保障，规定了导游在对待游客的个别要求时，要坚决维护国家的尊严和自身的人格尊严

解析 一般来看，游客的个别要求可以分为四种情况：合理的，经过导游的努力可以满足的要求；合理的，但现实难以满足的要求；不合理的，经过努力可以满足的要求；不合理的，无法满足的要求。

考点二

游客在餐饮、住宿、交通、游览、购物、娱乐等方面个别要求的处理方法（掌握）

序号	个别要求类型	具体要求	处理办法
1	在餐饮方面的个别要求	特殊饮食要求	1. 若游客所提要求在旅游协议书中有明文规定的，接待社必须早做安排，地陪在接团前应检查落实情况，不折不扣地兑现 2. 若旅游团抵达后或到定点餐厅后临时提出要求，则需视情况而定 （1）一般情况下，地陪应立即与餐厅联系，在可能的情况下尽量满足其要求；（2）情况复杂，确实有困难满足不了其特殊要求的，地陪则应说明情况，协助游客自行解决。如：建议游客到零点餐厅临时点菜或带他去附近餐馆（最好是旅游定点餐馆）用餐，餐费自理
		要求换餐	要看是否有充足的时间换餐： 1. 如果旅游团在用餐前3小时提出换餐的要求，地陪应尽量与餐厅联系，但需事先向游客讲清楚，如能换妥，差价由游客自付。并且，询问餐厅能否提供相应服务。若计划中的供餐单位不具备供应西餐或风味餐的能力，可考虑更换餐厅 2. 如果是在接近用餐时间或到餐厅后提出换餐要求，应视情况而定：若该餐厅有该项服务，地陪应协助解决；如果情况复杂，餐厅又没有此项服务，一般不应接受此类要求，但应向游客做好解释工作。若游客仍坚持换餐，地陪可建议其到零点餐厅自己点菜或单独用餐，费用自理并告知原餐费不退
		要求单独用餐	1. 由于旅游团的内部矛盾或其他原因，个别游客要求单独用餐。此时，导游要耐心解释，并告诉领队请其调解；如游客坚持，导游可协助与餐厅联系，但餐费自理，并告知原定餐费不退 2. 由于游客外出自由活动、访友、疲劳等原因不随团用餐，导游应同意其要求，但要说明餐费不退
		要求在客房内用餐	1. 若游客生病，导游可请饭店将饭菜送进房间以示关怀 2. 若是健康的游客希望在客房用餐，应视情况办理；如果餐厅能提供此项服务，可满足游客的要求，但必须告知服务费标准
		要求自费品尝风味餐	1. 导游应予以协助，可由旅行社出面，也可由游客自行与有关餐厅联系订餐 2. 风味餐订妥后旅游团又想不去，导游应劝他们在约定时间前往餐厅，并说明若不去用餐则必须赔偿餐厅的损失
		要求推迟就餐时间	导游可与餐厅联系，视餐厅的具体情况处理。一般情况下，导游要向旅游团说明餐厅有固定的用餐时间，过时用餐需另付服务费。若餐厅不提供过时服务，最好按时就餐

续表

序号	个别要求类型	具体要求	处理办法
2	在住宿方面的个别要求	要求调换饭店	如果接待社未按协议安排饭店或协议中的饭店确实存在卫生、安全等问题而致使游客提出调换饭店，地陪应随时与接待社联系，接待社应负责予以调换。如确有困难，按照接待社提出的具体办法妥善解决，并向游客阐述有说服力的理由，提出补偿条件
		要求调换房间	1. 房间不干净：例如有蟑螂、臭虫、老鼠等，游客提出换房应立即满足，必要时应调换饭店 2. 客房设施，尤其是房间卫生达不到清洁标准：应立即打扫、消毒，如游客仍不满意，坚持调房，应与饭店有关部门联系予以满足 3. 房间的朝向、层数不佳：客人要求调换另一朝向或另一楼层的同一标准客房时，若不涉及房间价格并且饭店有空房，可与饭店客房部联系，适当予以满足，或请领队在团队内部进行调整。无法满足时，应做耐心解释，并向游客致歉 4. 游客要住高于合同约定标准的房间：如有空房可予以满足，但游客要交付原定饭店退房损失费和房费差价
		要求住单间	导游应先请领队调解或内部调整，若调解不成，饭店如有空房，可满足其要求。但导游必须事先说明，房费由游客自理（一般由提出方付房费）
		要求延长住店时间	可先与饭店联系，若饭店有空房，可满足其要求，但延长期内的房费由游客自付。如原住饭店没有空房，导游可协助联系其他饭店，房费由游客自付
		要求购买房中物品	导游应积极协助，与饭店有关部门联系，满足游客的要求
3	在交通方面的个别要求	更换交通工具类型	如火车改为飞机或普通列车改为动车、高铁等。这种要求除非在自然灾害、误车（机、船）等特殊情况下，一般都不能答应更换。旅途中票务预订、退换非常烦琐，短时间内很难满足。更换出行时间与上述处理方式相同
		提高交通工具等级	如提高舱位、座位等级等。导游遇到这种要求应首先与接待社计调联系，若有所要求等级的舱位、座位可帮忙更换，但差价及相关费用自理
4	在游览方面的个别要求	更换或取消游览项目	1. 凡是计划内的游览项目，导游一般应该不折不扣地按计划进行 2. 若是全团统一提出更换游览项目，则需请示接待社计调部门，请其与组团社联系，同意后方可更换 3. 若是个别游客提出更换游览项目，地陪应向游客耐心解释，不能随意更换
		增加游览项目	1. 在时间允许的情况下，导游应请示接待社并积极协助 2. 与接待社有关部门联系，请其报价，将接待社的对外报价报给游客 3. 若游客认可，地陪则陪同前往，并将游客交付的费用上交接待社，将发票交给游客

续表

序号	个别要求类型	具体要求	处理办法
5	在购物方面的个别要求	单独外出购物	1. 游客要求在自由活动时间单独外出购物，导游要给予力所能及的帮助，当好购物参谋。如建议去哪家商场、联系出租车、写中文便条等 2. 在离开本地当天要劝阻，以防误机（车、船）
		退换商品	当游客购物后发现是残次品、计价有误或对物品不满意，要求导游帮其退换，导游应积极协助，必要时陪同前往
		再次前往某商店购物	1. 地陪应热情帮助：如有时间可陪同前往，车费由游客自理 2. 若因故不能陪同前往可为游客写张中外文便条，写清商店地址及欲购商品的名称，请其乘出租车前往
		购买古玩或仿古艺术品	1. 导游应带其到古玩商店购买，买妥物品后要提醒他保存发票，不要将物品上的火漆印（如有的话）去掉，以便海关查验 2. 游客如在地摊上选购古玩，导游应劝阻，并告知中国的有关规定 3. 若发现个别游客有走私文物的可疑行为，导游必须及时报告有关部门
		购买中药材	导游应告知中国海关有关规定（数量、品种、限量等，有关内容见第十五章）
6	在娱乐方面的个别要求	调换计划内的文娱节目	1. 全团游客提出更换：地陪应与接待社计调部门联系，尽可能调换，但不要在未联系妥当之前许诺；如接待社无法调换，地陪要向游客耐心解释，并说明票已订好，不能退换，请其谅解 2. 部分游客提出更换：如果部分游客要求观看别的演出，处理方法同上。若决定分路观看文娱演出，在交通方面导游可做如下处理：如两个演出点在同一线路，导游要与司机商量，尽量为少数游客提供方便，送他们到目的地；若不同路，则应为他们安排车辆，但车费自理
		自费观看文娱节目	在时间允许的情况下，导游应积极协助。以下两种方法地陪可酌情选择： 1. 与接待社有关部门联系，请其报价：将接待社的对外报价（其中包括节目票费、车费、服务费）报给游客，并逐一解释清楚。若游客认可，请接待社预订，地陪同时要陪同前往，将游客交付的费用上交接待社并将收据交给游客 2. 协助解决，提醒客人注意安全：地陪可帮助游客联系购买节目票，请游客自行乘坐出租车前往，一切费用由游客自理。但应提醒游客注意安全、记好饭店地址。必要时，地陪可将自己联系电话告诉游客 解析：如果游客执意要去大型娱乐场所或情况复杂的场所，导游必须提醒游客注意安全，必要时可陪同前往
		前往不健康的娱乐场所	导游应断然拒绝并介绍中国的传统观念和道德风貌，严肃指出不健康的娱乐活动和不正常的夜生活在中国是明令禁止的，是违法行为，会受到法律的惩处

考点三

游客要求自由活动、亲友随团活动、中途退团、延长旅游期限的处理方法（掌握）

游客要求
自由活动

应劝阻游客
自由活动的
几种情况

1. 如旅游团计划去另一地游览，或旅游团即将离开本地时，导游应劝阻游客不要自由活动，特别是需要较长时间的活动，如到热闹的地方购物，以避免误机（车、船）

2. 如地方治安不理想、复杂、混乱的地方，导游要劝阻游客外出活动，更不要单独活动，但必须实事求是地说明情况

3. 不宜让游客单独骑自行车去人生地不熟、车水马龙的街头游玩

4. 游河（湖）时，游客提出希望划小船或在非游泳区游泳的要求，导游不能答应，不能置旅游团于不顾而陪少数人去划船、游泳

5. 游客要求去不对外开放的地区、机构参观游览，导游不得答应此类要求

允许游客自由
活动时导游应
做的工作

1. 要求全天或某一景点不随团活动

（1）提前说明如果不随团活动，无论时间长短，所有费用不退，需增加的各项费用自理

（2）告诉游客用餐的时间和地点，以便其归队时用餐

（3）提醒其注意安全，保护好自己的财物

（4）提醒游客带上饭店卡片（卡片上有中英文饭店名称、地址、电话）备用

（5）用中英文写张便条，注明客人要去的地点的名称、地址及简短对话，以备不时之需

（6）必要时将自己的手机号码告诉游客

2. 到游览点后要求自由活动

若环境许可（游人不太多，秩序不乱），可满足其要求。导游要提醒其集合的时间和地点及旅游车的车号，必要时留一字条，上写集合时间、地点和车号以及饭店名称和电话号码，以备不时之需

允许游客自由活动时导游应做的工作 {

  3. 自由活动时间或晚间要求单独行动 { 导游应建议不要走得太远，不要携带贵重物品（可寄存在前台），不要去秩序乱的场所，不要太晚回饭店等

  4. 少数人要求一起活动 { 少数人自由活动时，导游应与大多数游客在一起，不可置大多数人于不顾，陪少数人单独活动，而且要确保旅游计划的全面贯彻实施

游客要求亲友随团活动的处理 {

 中国籍亲友随团活动 {

  1. 条件允许（如车上有空位，不影响其他人）的情况下，可满足游客要求，但事先要征得领队和旅游团其他成员的同意

  2. 到旅行社办理入团手续，并交付各种费用

  3. 导游对游客随团活动的亲友，应热心服务，一视同仁，并根据情况给予照顾

  4. 如果其亲友不办理手续、不交纳费用就直接随团活动，导游应有礼貌地问清他们与游客的关系以及姓名和工作单位，向游客及其亲友解释旅行社的有关规定，请其谅解，说服他们必须先办理手续，然后再随团活动

 外国籍亲友随团活动 {

  1. 一般情况下，在征得领队和旅游团其他成员的同意后方可允许

  2. 外籍亲友必须出示有效证件，办理入团手续，交付必要的费用

  3. 对使、领馆人员的随团活动要求，导游要了解其姓名、身份、活动的内容

  4. 如果是外交官员还应享受相应的外交礼遇。对他们的接待和活动安排严格按我国政府的有关规定办理

  5. 如果游客的在华亲友以记者身份参加旅游团的活动，一般不同意，特殊情况须请示有关部门的批准

游客要求中途离团的处理 {

 特殊原因提前离开旅游团 { 游客因患病，或因家中出事，或因工作上急需，或因其他特殊原因，要求提前离开旅游团、中止旅游活动，经接待社与组团社协商后可予以满足，至于剩余的旅游费用，按旅游协议书中的约定部分退还，或不予退还

 无特殊原因执意离团 { 导游要配合领队做说服工作，劝其继续随团旅游；若接待社确有责任，应设法弥补；若游客提出的是无理要求，要做耐心解释；若劝说无效，游客仍执意要求退团，可满足其要求，但应告知其剩余旅游费用不予退还

解析 外国游客不管因何种原因要求提前离开中国，导游都要在领导指示下协助游客进行重订航班，办理分离签证及其他离团手续，所需费用由游客自理

游客要求延长旅游的处理

由于某种原因中途退团，但本人继续在当地逗留需延长旅游期 — 对无论何种原因中途退团并要求延长在当地旅游期限的游客，导游应帮其办理一切相关手续。对那些因伤病住院，不得不退团并需延长在当地居留时间者，除了办理相关手续外，还应前往医院探视，并协助解决患者或其陪伴家属在生活上的困难

不随团离开或出境

1. 办理延长签证手续的具体做法是：先到旅行社开证明，然后陪同游客持旅行社的证明、护照及集体签证到出入境管理部门，办理分离签证手续和延长签证手续，费用自理
2. 如果离团后继续留下的游客需要帮助，一般可帮其做以下工作：协助其重新订妥航班、机票或火车票、饭店等，并向其讲明所需费用自理；如其要求继续提供导游或其他服务，则应与接待社另签合同
3. 离团后产生的一切费用均由游客自理

考点四

游客投诉的心理（了解）

序号	心理	具体内容
1	求尊重的心理	导游和有关服务人员的某些言行有时在他们看来不仅是不尊重，而且简直是一种侮辱，因而引起他们的不满而产生投诉，其目的是求得尊重
2	求发泄的心理	他们因对导游和旅行社或其他旅游服务人员和单位的态度和行为感到不满，觉得受了委屈因而提出了投诉，其目的是发泄胸中的不满和怨气，求得心理上的平衡
3	求补偿的心理	要求补偿的心理可能是物质上的，例如希望旅行社向其退还部分旅游费用；也可能是精神上的，例如希望旅行社和导游向其表示道歉

考 点 五

游客投诉的处理方法（熟悉）

序号	处理方法	具体内容
1	耐心倾听，不与争辩	1. 导游在接受游客口头投诉时，应尽量采取个别接触的方式，以避免对其他游客形成影响，对于集体投诉，最好请其派出代表，以免人多嘴杂，分散导游的思考 2. 在接受游客投诉时，导游要保持冷静，耐心倾听，不管游客的脾气多大，态度多差，也不管投诉的事情是大是小，出入多大，都要让其把话说完，要善于听其弦外之音，并请教游客自己的理解是否正确，以体现对游客的尊重 3. 做好必要的记录，捕捉游客投诉的要点，既让客人感到接待人员听取投诉的态度是真诚的，是愿意帮助他们解决问题的，又为导游确定投诉问题的性质和严重程度提供依据 4. 必要时可请游客签名留据，以为妥善解决问题提供帮助 5. 若游客投诉时，态度蛮横、气氛紧张、无任何缓和余地，导游无法同其交流下去，则可有礼貌地提出建议，另找时间再谈
2	表示同情和理解，不盲目做出承诺	1. 如果游客的投诉是针对导游服务的，又基本符合实际，导游应向游客表示歉意，在服务中将重点放在其投诉的问题上，用行动争取游客的谅解 2. 如果游客投诉的问题属于相关接待单位，导游也要有代人受过的胸怀，表示"对这种情况的发生，我也感到遗憾""对您此时的心情我很理解，我将努力转达您的意见" 3. 如果游客要求导游对其投诉的问题表示看法，为了缓和紧张的气氛，导游可表示"请给我点时间让我好好想想" 解析 对于游客在投诉中提出的要求，特别是有关赔偿的问题，导游不要轻易做出任何承诺，可表示"这个问题让我和有关方面联系一下"，以避免工作中的被动和可能带来的麻烦
3	调查了解，迅速答复	1. 速：办理及时，不要拖延 2. 复：答复迅速 3. 谢：对游客投诉中反映的意见表示感谢 4. 报：对一些重要投诉或导游无力解决的问题要及时报告旅行社 5. 保：注意保护投诉者的隐私

第十三章

问题、事故和自然灾害的处理

1. 考试大纲

　　了解旅游事故的类型和特点。熟悉漏接、错接和误机（车、船）事故产生的原因；游客死亡的处理方法；地震、洪水、泥石流、台风、海啸等重大自然灾害的避险方法。掌握漏接、错接和误机（车、船）事故的预防与处理方法；旅游计划和行程变更的处理方法；游客证件、行李、钱物遗失和游客走失的预防与处理方法；游客在旅游过程中患病的处理方法；游客不当言行的处理方法；旅游交通事故、治安事故、火灾事故、食物中毒、溺水等事故的预防与处理方法。

2. 大纲解读

序号	主要内容	考纲要求	考试频率
1	旅游事故的类型和特点	了解	★★★★★
2	漏接、错接和误机（车、船）事故的处理	掌握	★★★★★
3	旅游计划和行程变更的处理方法	掌握	★★★★★
4	游客证件、行李、钱物遗失和游客走失的预防与处理方法	掌握	★★★★★
5	游客在旅游过程中患病的处理方法	掌握	★★★★★
6	游客死亡的处理方法	熟悉	★★★★★
7	游客不当言行的处理方法	掌握	★★★★★
8	旅游安全事故的预防与处理	掌握	★★★★★
9	重大自然灾害的避险方法	熟悉	★★★★★

3. 2019 年考点分析

（1）今年考试知识点没有变化，考点要求层次降级一处："地震、洪水、泥石流、台风、海啸等重大自然灾害的避险方法"由"掌握"降低为"熟悉"。

（2）2019 年预计考点为：漏接、错接和误机（车、船）事故的预防与处理方法；旅游计划和行程变更的处理方法；游客证件、行李、钱物遗失和游客走失的预防与处理方法；游客在旅游过程中患病的处理方法；游客不当言行的处理方法；旅游交通事故、治安事故、火灾事故、食物中毒、溺水等事故的预防与处理方法；游客死亡的处理方法；地震、洪水、泥石流、台风、海啸等重大自然灾害的避险方法。

考 点 精 讲

旅游事故的类型和特点（了解）

序号	旅游事故	事故具体内容及特点
1	旅游事故	旅游事故指因旅游服务部门运行机制出现故障造成的事故，一般可分为责任事故和自然事故两种 1. 责任事故是由于接待方的疏忽、计划不周等原因造成的事故 2. 自然事故也称非责任事故，是指由于天气变化、自然灾害或非接待部门的原因造成的事故 **解析** 导游在实际带团过程中可能会遇到一些突如其来的问题，如游客生病、物品遗失、计划行程变更、游客走失、游客不当言行等；也有可能遇到一些旅游事故，如漏接、错接和误机（车、船）事故、旅游安全事故、重大自然事故和游客死亡等
2	自然事故	地震；泥石流；洪水；山体滑坡；台风；海啸
3	旅游安全事故	见 P104

漏接、错接和误机（车、船）事故的处理（掌握）

序号	类型	原因	预防	处理
1	漏接	1. 主观原因造成的漏接 （1）由于导游自身工作不够细致，没有认真阅读接待计划，把旅游团（者）抵达的日期、时间、地点搞错 （2）导游迟到，没有按预定的时间提前抵达接站地点	2. 核实交通工具到达的准确时间	1. 实事求是地向游客说明情况，诚恳地赔礼道歉，求得游客谅解。如果不是自身的原因要立即与接待社联系，告知现状，立即查明原因，并耐心向游客做解释工作，消除误解

续表

序号	类型	原因	预防	处理
1	漏接	（3）由于某种原因，班次变更，旅游团提前到达，接待社有关部门在接到上一站通知后，在接待计划中注明，但导游没有认真阅读，仍按原计划接站 （4）导游没有查对新的航班时刻表，特别是新、旧时刻表交替时，"想当然"仍按旧时刻表的时间接站，因而造成漏接事故 （5）导游举牌接站的地方选择不当 2. 客观原因造成的漏接 （1）由于种种原因，上一站接待社将旅游团原定的班次或车次变更而提前抵达，但漏发变更通知，造成漏接 （2）接待社已接到变更通知，但有关人员没有及时通知该团地陪，造成漏接 （3）司机迟到，未能按时到达接站地点，造成漏接 （4）由于交通堵塞或其他预料不到的情况发生，未能及时抵达机场（车站），造成漏接 （5）由于国际航班提前抵达或游客在境外中转站乘其他航班而造成漏接	2. 核实交通工具到达的准确时间 3. 提前抵达接站地点，导游应与司机商定好出发时间，保证按规定提前30分钟到达接站地点	2. 尽量采取弥补措施，使游客的损失降到最低限度。如果有费用问题（如：游客乘出租车到饭店的车费），应主动将费用赔付游客 3. 提供更加热情周到的服务，高质量地完成计划内的全部活动内容，以求尽快消除因漏接而给游客造成的不愉快情绪 4. 必要时请接待社领导出面赔礼道歉，或酌情给游客一定的物质补偿
2	错接	错接旅游团一般是责任事故，是因导游责任心不强造成的。错接事故容易发生在旅游热点地区和旅游旺季。有的旅行社同时派出一个以上的团队前往同一地；或者在旺季时，多个团队的游客会乘同一航班抵达目的地	1. 导游应提前到达接站地点迎接旅游团。 2. 接团时认真核实：导游要认真逐一核实旅游客源地派出方旅行社的名称、旅游目的地组团旅行社的名称、旅游团的代号、人数、领队姓名（无领队的团要核实游客的姓名）、下榻饭店等	1. 报告领导 2. 将错就错：如经核查，错接发生在本社的两个旅游团之间，两个导游又同是地陪，那么可将错就错，两名地陪将接待计划交换之后就可继续接团

序号	类型	原因	预防	处理
2	错接	错接旅游团一般是责任事故，是因导游责任心不强造成的。错接事故容易发生在旅游热点地区和旅游旺季。有的旅行社同时派出一个以上的团队前往同一地；或者在旺季时，多个团队的游客会乘同一航班抵达目的地	3.提高警惕，严防社会其他人员非法接走旅游团	3.必须交换：如经核查，错接的团分属两家接待社接待，则必须交换；如错接的两个团属同一旅行社接待，但两个导游中有一名是地陪兼全陪，那么，也应交换旅游团 4.地陪要实事求是地向游客说明情况，并诚恳地道歉，以求得游客的谅解 5.如发生其他人员（非法导游）将游客带走，应马上与饭店联系，看游客是否已入住应下榻的饭店
3	误机（车、船）	一般此类事故的发生有两种情况： 1.由于导游工作上的差错和不负责任造成的，如安排日程不当或过紧，没能按时抵达机场（车站、码头）；没有认真核实票据，将时间或地点搞错	1.认真核实机（车、船）票的班次（车次、船次）、日期、时间及在哪个机场（车站、码头）乘机（车、船）等 2.如果票据未落实，接团期间应随时与接待社有关人员保持联系。没有行李车的旅游团在拿到票据核实无误后，地陪应立即将其交到全陪或游客手中	1.将成事故的应急措施：旅游团正在去往机场（车站、码头），将成误机（车、船）事故时，导游应采取如下应急措施：与机场取得联系，请求等候，讲明旅游团的名称、人数、现在何处、大约何时能够抵达机场。如取得同意，导游要立即组织游客尽快赶赴机场，同时向旅行社汇报情况，请求帮助协调。同时还需要向各个有关部门、有关人员（如海关、交通车队、行李员、旅游车司机等）讲清游客误机情况和补救办法，并说明请求协助的事项 2.已成事故的处理办法 （1）地陪应立即向旅行社领导及有关部门报告并请求协助

续表

序号	类型	原因	预防	处理
3	误机（车、船）	2.因为游客走失；或游客没有按安排时间准时集合及其他意外事件（如交通事故、天气变化、自然灾害等）所造成的	3.离开当天不要安排旅游团到地域复杂、偏远的景点参观游览，不要安排自由活动 4.留有充足的时间去机场、车站、码头，要考虑到交通堵塞或突发事件等因素 5.保证按规定的时间到达机场、车站或码头。乘国内航班：提前2小时到达机场；乘国际航班出境：提前3小时到达机场；乘火车或轮船：提前1小时到达火车站或码头	（2）地陪和旅行社尽快与机场（车站、码头）联系，争取让游客乘最近班次的交通工具离开本站，或采取包机（车厢、船）或改乘其他交通工具前往下一站 （3）稳定旅游团（者）的情绪，安排好在当地滞留期间的食宿、游览等事宜 （4）及时通知下一站，对日程做相应的调整 （5）向旅游团（者）赔礼道歉 （6）写出事故报告，查清事故的原因和责任，责任者应承担经济损失并受相应的处分

考点三

旅游计划和行程变更的处理方法（掌握）

序号	原因	具体情况	类型	处理
1	客观原因	1.缩短或取消在某地的游览时间	（1）旅游团（者）的抵达时间延误	①仔细分析因延误带来的困难和问题，并及时向接待社外联或计调部门报告，以便将情况尽快反馈给组团社，找出补救措施 ②在外联或计调部门的协助下，安排落实该团交通、住宿、游览等事宜 ③地陪应立即调整活动日程，压缩在每一景点的活动时间，但尽量保证不减少计划内的游览项目
			（2）旅游团（者）提前离开	①立即与全陪、领队商量，采取尽可能的补救措施；立即调整活动时间，抓紧时间将计划内游览项目完成；若有困难，无法完成计划内所有游览项目，地陪应选择最有代表性、最具特色的重点旅游景点，让游客对游览景点有个基本的了解

续表

序号	原因	具体情况	类型	处理
1	客观原因	2.延长旅游时间	游客提前抵达或推迟离开	②做好游客的工作 ③地陪应通知接待社计调部门或有关人员办理相关事宜 ④给予游客适当的补偿 ⑤若旅游团（者）提前离开，全陪应立即报告组团社，并通知下一站接待社 ①落实有关事宜，与接待社有关部门或有关人员联系，重新落实旅游团（者）的用房、用餐、用车的情况，并及时落实离开的机、车票 ②迅速调整活动日程：适当地延长在主要景点的游览时间。经组团社同意后，酌情增加游览景点，或晚上安排健康的文体活动，努力使活动内容充实 ③提醒有关接待人员通知下一站该团的日程变化 ④在设计变更旅游计划时，地陪要征求领队和全陪的建议和要求，共同商量，取得他们的支持和帮助。在变更的旅游计划确定之后，应与领队、全陪商量好如何向团内游客解释说明，取得他们的谅解与支持
		3.逗留时间不变，但被迫改变部分旅游计划	外界客观原因造成	①实事求是地将情况向游客讲清楚，求得谅解 ②提出由另一景点代替的方案，与游客协商 ③以精彩的导游讲解，热情的服务激起游客的游兴 ④按照有关规定做些相应补偿，如用餐时适当地加菜，或将便餐改为风味餐，赠送小礼品等。必要时，由旅行社领导出面，诚恳地向游客表示歉意，尽量让游客高高兴兴地离开
2	旅游团（者）要求变更计划日程	由于种种原因，游客向导游提出变更旅游线路或旅游日程	—	①原则上应按旅游合同执行 ②遇有较特殊的情况或由领队提出，导游也无权擅自做主，要上报组团社或接待社有关人员，必须经有关部门同意，并按照其指示和具体要求做好变更工作
3	因旅行社的原因需要调整计划日程	因旅行社的工作疏忽（如景区当天不开放、游客预订节目没安排等）造成旅游活动安排不周	—	①首先对计划进行合理安排，尽量不影响日程 ②然后将安排后的计划与领队及游客沟通，获取他们的谅解，再按照新计划安排游览

考点四

游客证件、行李、钱物遗失和游客走失的预防与处理方法（掌握）

证件丢失的预防方法
- 1. 多做提醒工作
- 2. 不代为保管游客证件
- 3. 切实做好每次行李的清点、交接工作
- 4. 每次游客下车后，导游都要提醒司机清车、关窗并锁好车门

证件丢失的处理方法

1. 丢失外国护照和签证
- （1）由旅行社出具证明
- （2）请失主准备照片
- （3）失主本人持证明去当地公安局（外国人出入境管理处）报失，由公安局出具证明
- （4）持公安局的证明去所在国驻华使、领馆申请补办新护照及签证

2. 丢失团体签证
- （1）由接待社开具遗失公函
- （2）准备原团体签证复印件（副本）
- （3）重新打印与原团体签证格式、内容相同的该团人员名单
- （4）收齐该团全体游客的护照
- （5）持以上证明材料到公安局出入境管理处报失，并填写有关申请表（可由一名游客填写，其他成员附名单）

3. 丢失中国护照和签证
- （1）华侨丢失护照和签证
  - ①接待社开具遗失证明
  - ②失主准备照片
  - ③失主持证明、照片到公安局出入境管理处报失并申请办理新护照
  - ④持新护照到其居住国驻华使、领馆办理入境签证手续
- （2）中国公民出境旅游时丢失护照、签证
  - ①请当地陪同协助在接待社开具遗失证明
  - ②持遗失证明到当地警察机构报案，并取得警察机构开具的报案证明
  - ③持当地警察机构的报案证明和有关材料到我国驻该国使、领馆领取中华人民共和国旅行证
  - ④回国后，可凭中华人民共和国旅行证和境外警方的报失证明，申请补发新护照

证件丢失的处理方法
- **4. 丢失港澳居民来往内地通行证（港澳同胞回乡证）**
  - （1）向公安局派出所报失，并取得报失证明；或由接待社开具遗失证明
  - （2）持报失证明或遗失证明到公安局出入境管理处申请领取赴港澳证件
  - （3）经出入境管理部门核实后，给失主签发一次性中华人民共和国入出境通行证
  - （4）失主持该入出境通行证回港澳地区后，填写港澳居民来往内地通行证件遗失登记表和申请表，凭本人的港澳居民身份证，向通行证受理机关申请补发新的通行证

- **5. 丢失台湾同胞旅行证明**
  - 失主向遗失地的市、县公安机关报失、经调查属实的可以允许重新申请领取相应的旅行证件或者发给一次性有效的出境通行证

- **6. 丢失中国居民身份证**
  - （1）接待社开具遗失证明
  - （2）失主持证明到公安局报失
  - （3）核实后再开具身份证明
  - （4）按照交通部门的规定办理乘坐交通工具的临时证明
  - （5）回到居住所在地后，凭公安局报失证明和有关材料到当地派出所办理新身份证

钱物丢失的处理办法
- **1. 外国游客丢失钱物的处理**
  - （1）稳定失主情绪，详细了解物品丢失的经过、物品的数量、形状、特征、价值。仔细分析物品丢失的原因、时间、地点，并迅速判断丢失的性质：是不慎丢失还是被盗
  - （2）立即向公安局或保安部门以及保险公司报案（特别是贵重物品的丢失）
  - （3）及时向接待社领导汇报，听取领导指示
  - （4）接待社出具遗失证明
  - （5）若丢失的是贵重物品，失主持证明、本人护照或有效身份证件到公安局出入境管理处填写失物经过说明，列出遗失物品清单
  - （6）若失主遗失的是入境时向海关申报的物品，要出示中国海关行李申报单
  - （7）若将中国海关行李申报单遗失，要在公安局出入境管理处申请办理《中国海关行李申报单报失证明》
  - （8）若遗失物品已在国外办理财产保险，领取保险时需要证明，可以向公安局出入境管理处申请办理财物报失证明
  - （9）若遗失物品是旅行支票、信用卡等票证，在向公安机关报失的同时也要及时向有关银行挂失

- **2. 国内游客丢失钱物的处理**
  - （1）立即向公安局、保安部门或保险公司报案
  - （2）及时向接待社领导汇报
  - （3）若旅游团行程结束时仍未破案，可根据失主丢失钱物的时间、地点、责任方等具体情况做善后处理

解析 发生证件、财物特别是贵重物品被盗是治安事故，导游应立即向公安机关及有关部门报警，并积极配合有关部门早日破案，挽回不良影响；若不能破案，导游要提供更加周到热情的服务，尽力安慰失主，缓解其低落的情绪并按上述步骤办理。

行李遗失处理办法

1. 来华途中丢失

（1）带失主到机场失物登记处办理行李丢失和认领手续

（2）游客在当地游览期间，导游要不时打电话询问寻找行李的情况，一时找不回行李，要协助失主购置必要的生活用品

（3）离开本地前行李还没有找到，导游应帮助失主将接待旅行社的名称、全程旅游线路以及各地可能下榻的饭店名称转告有关航空公司，以便行李找到后及时运往相应地点交还失主

（4）如行李确系丢失，失主可向有关航空公司索赔或按国际惯例取得赔偿

解析 海外游客行李在来华途中丢失，不属于导游的责任，但也应帮助游客追回行李

2. 在中国境内丢失

（1）仔细分析，找出差错的线索或环节

① 如果游客在机场领取行李时找不到托运行李，则很有可能是上一站行李交接或机场行李托运过程中出现差错

② 如果抵达饭店后，游客告知没有拿到行李，问题则可能出现在四个方面：其一，本团游客误拿；其二，饭店行李员送错了房间；其三，旅行社行李员与饭店行李员交接时有误；其四，在往返运送行李途中丢失

（2）做好善后工作：主动关心失主，对因丢失行李给失主带来的诸多不便表示歉意，并积极帮助其解决因行李丢失而带来的生活方面的困难

（3）随时与有关方面联系，询问查找进展情况

（4）若行李找回，及时将找回的行李归还失主；若确定行李已丢失，由责任方负责人出面向失主说明情况，并表示歉意

（5）帮助失主根据有关规定或惯例向有关部门索赔

（6）事后写出书面报告（事故的全过程：行李丢失的原因、经过、查找过程、赔偿情况及失主和其他团员的反映）

解析 游客在我国境内旅游期间丢失行李，一般是在三个环节上出了差错，即：交通运输部门、饭店行李部门和旅行社的行李员。导游必须认识到，不论是在哪个环节出现的问题，都是我方的责任，应积极设法负责查找

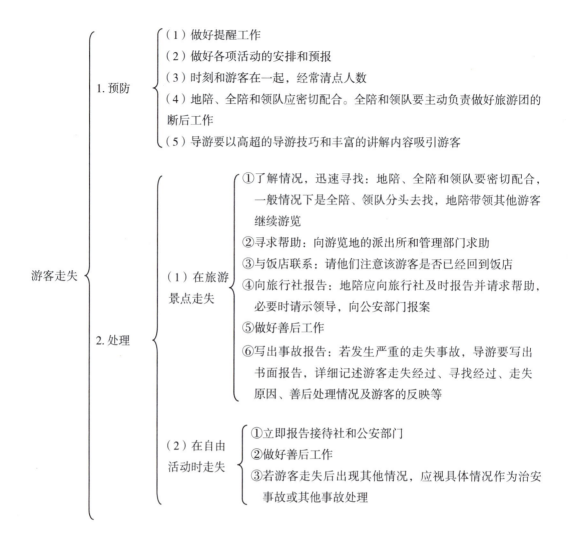

游客走失
- 1.预防
  - （1）做好提醒工作
  - （2）做好各项活动的安排和预报
  - （3）时刻和游客在一起，经常清点人数
  - （4）地陪、全陪和领队应密切配合。全陪和领队要主动负责做好旅游团的断后工作
  - （5）导游要以高超的导游技巧和丰富的讲解内容吸引游客
- 2.处理
  - （1）在旅游景点走失
    - ①了解情况，迅速寻找：地陪、全陪和领队要密切配合，一般情况下是全陪、领队分头去找，地陪带领其他游客继续游览
    - ②寻求帮助：向游览地的派出所和管理部门求助
    - ③与饭店联系：请他们注意该游客是否已经回到饭店
    - ④向旅行社报告：地陪应向旅行社及时报告并请求帮助，必要时请示领导，向公安部门报案
    - ⑤做好善后工作
    - ⑥写出事故报告：若发生严重的走失事故，导游要写出书面报告，详细记述游客走失经过、寻找经过、走失原因、善后处理情况及游客的反映等
  - （2）在自由活动时走失
    - ①立即报告接待社和公安部门
    - ②做好善后工作
    - ③若游客走失后出现其他情况，应视具体情况作为治安事故或其他事故处理

考点五

游客在旅游过程中患病的处理方法（掌握）

预防方法
- 游览项目选择有针对性
- 安排活动日程要留有余地
- 提醒游客注意饮食卫生
- 及时报告天气变化

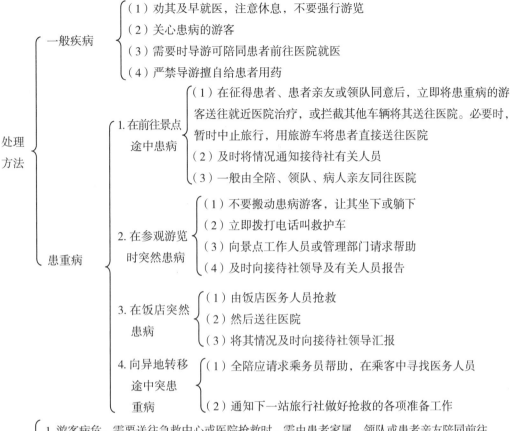

处理方法

一般疾病
- （1）劝其及早就医，注意休息，不要强行游览
- （2）关心患病的游客
- （3）需要时导游可陪同患者前往医院就医
- （4）严禁导游擅自给患者用药

患重病

1. 在前往景点途中患病
- （1）在征得患者、患者亲友或领队同意后，立即将患重病的游客送往就近医院治疗，或拦截其他车辆将其送往医院。必要时，暂时中止旅行，用旅游车将患者直接送往医院
- （2）及时将情况通知接待社有关人员
- （3）一般由全陪、领队、病人亲友同往医院

2. 在参观游览时突然患病
- （1）不要搬动患病游客，让其坐下或躺下
- （2）立即拨打电话叫救护车
- （3）向景点工作人员或管理部门请求帮助
- （4）及时向接待社领导及有关人员报告

3. 在饭店突然患病
- （1）由饭店医务人员抢救
- （2）然后送往医院
- （3）将其情况及时向接待社领导汇报

4. 向异地转移途中突患重病
- （1）全陪应请求乘务员帮助，在乘客中寻找医务人员
- （2）通知下一站旅行社做好抢救的各项准备工作

处理要点

1. 游客病危，需要送往急救中心或医院抢救时，需由患者家属、领队或患者亲友陪同前往

2. 如果患者是国际急救组织的投保者，导游应提醒其亲属或领队及时与该组织的代理机构联系

3. 在抢救过程中，需要领队或患者亲友在场，并详细记录患者患病前后的症状及治疗情况，并请接待社领导到现场或与接待社保持联系，随时汇报患者情况

4. 如果需要做手术，必须征得患者亲属的同意，如果亲属不在，需由领队同意并签字

5. 若患者病危，但亲属又不在身边时，导游应提醒领队及时通知患者亲属。如果患者亲属系外国人士，导游要提醒领队通知所在国使、领馆。患者亲属到后，导游要协助其解决生活方面的问题；若找不到亲属，一切按使、领馆的书面意见处理

6. 有关诊治、抢救或动手术的书面材料，应由主治医生出具证明并签字，要妥善保存

7. 地陪应请求接待社领导派人帮助照顾患者、办理医院的相关事宜，同时安排好旅游团继续按计划活动，不得将全团活动中断

8. 患者转危为安但仍需继续住院治疗，不能随团继续旅游或出境时，接待社领导和导游（主要是地陪）要不时去医院探望，帮助患者办理分离签证、延期签证以及出院、回国手续及交通票证等事宜

9. 患者住院和医疗费用自理：如患者没钱看病，请领队或组团社与境外旅行社、其家人或保险公司联系解决其费用问题

10. 患者在离团住院期间未享受的综合服务费由中外旅行社之间结算后，按协议规定处理，患者亲属在当地期间的一切费用自理

考点六

游客死亡的处理方法（熟悉）

序号	具体处理方法
1	如果死者的亲属不在身边，应立即通知亲属前来处理后事；若死者系外国人士，应通过领队或有关外事部门迅速与死者所属国的驻华使、领馆联系，通知其亲属来华
2	由参加抢救的医师向死者的亲属、领队及好友详细报告抢救经过，并出示《抢救工作报告》《死亡诊断证明书》，由主治医生签字后盖章，复印后分别交给死者的亲属、领队或旅行社
3	对死者一般不做尸体解剖，如果要求解剖尸体，应有死者的亲属、领队，或其所在国家使、领馆有关官员签字的书面请求，经医院和有关部门同意后方可进行
4	如果死者属非正常死亡，导游应保护好现场，立即向公安局和旅行社领导汇报，协助查明死因。如需解剖尸体，要征得死者亲属、领队或所在国驻华使、领馆人员的同意，并签字认可。解剖后写出《尸体解剖报告》（无论属何种原因解剖尸体，都要写《尸体解剖报告》），此外，旅行社还应向司法机关办理公证书
5	死亡原因确定后，在与领队、死者亲属协商一致的基础上，请领队向全团宣布死亡原因及抢救、死亡经过情况
6	遗体的处理，一般以火化为宜，遗体火化前，应由死者亲属或领队，或所在国家驻华使、领馆写出《火化申请书》并签字后进行火化
7	死者遗体由领队、死者亲属护送火化后，火葬场将死者的火化证明书交给领队或死者亲属；我国民政部门发给对方携带骨灰出境证明。各有关事项的办理，我方应予以协助
8	死者如在生前已办理人寿保险，我方应协助死者亲属办理人寿保险索赔、医疗费报销等有关证明
9	出现因病死亡事件后，除领队、死者亲属和旅行社代表负责处理外，其余团员应当由代理领队带领仍按原计划参观游览。至于旅行社派何人处理死亡事故、何人负责团队游览活动，一律请示旅行社领导决定
10	若死者亲属要求将遗体运回国，除需办理上述手续外，还应由医院对尸体进行防腐处理，并办理《尸体防腐证明书》《装殓证明书》《外国人运送灵柩（骨灰）许可证》和《尸体灵柩进出境许可证》等有关证件，方可将遗体运出境。灵柩要按有关规定包装运输，要用铁皮密封，外廓要包装结实
11	由死者所属国驻华使、领馆办理一张经由国的通行证，此证随灵柩通行
12	有关抢救死者的医疗、火化、尸体运送、交通等各项费用，一律由死者亲属或该团队交付
13	死者的遗物由其亲属或领队、全陪、死者生前好友代表或所在国驻华使、领馆有关官员共同清点造册，列出清单，清点人要在清单上一一签字，一式两份，签字人员分别保存。遗物要交死者亲属或死者所在国家驻华使、领馆有关人员。接收遗物者应在收据上签字，收据上应注明接收时间、地点、在场人员等

考点七

游客不当言行的处理方法（掌握）

游客不当言行的处理方法

预防措施
1. 导游应积极向游客介绍我国的有关法律、宗教、习俗、景点管理的有关规定，多做提醒工作，以免个别游客无意中做出不当、犯法行为
2. 发现可疑现象，导游要有针对性地给予必要的提醒和警告，迫使预谋越轨者知难而退
3. 对顽固不化者，一旦发现其越轨行为应立即汇报，协助有关部门调查，分清性质

处理原则
1. 分清不当行为和违法行为的界限
2. 分清有意和无意的界限
3. 分清无故和有因的界限
4. 分清言论和行为的界限

处理方法

1. 对攻击和诬蔑言论的处理
导游要积极友好地介绍我国的国情，认真地回答游客的问题，阐明我国对某些问题的立场、观点

2. 对违法行为的处理
（1）要分清是由于对我国的法律缺乏了解，还是明知故犯
（2）对我国的法律缺乏了解的，应讲清道理，指出错误之处，并根据其违法行为的性质、危害程度，确定是否报有关部门处理
（3）对那些明知故犯者，导游要提出警告，明确指出其行为是中国法律和法规所不允许的，并报告有关部门严肃处理

解析 中外游客中若有窃取国家机密和经济情报、宣传邪教、组织邪教活动、走私、贩毒、偷窃文物、倒卖金银、套购外汇、贩卖黄色书刊及录音、录像、嫖娼、卖淫等犯罪活动，一旦发现应立即汇报，并配合司法部门查明罪责，严肃处理

游客不当言行的处理方法 ｛ 处理方法 ｛

3. 对散发宗教宣传品行为的处理 ｛ 导游一定要予以劝阻，并向其宣传中国的宗教政策，指出不经我国宗教团体邀请和允许，不得在我国布道、主持宗教活动和在非完备活动场合散发宗教宣传品。处理这类事件要注意政策界限和方式方法，但对不听劝告并有明显破坏活动者，应迅速报告，由司法机关或公安有关部门处理

4. 对违规行为的处理 ｛
（1）一般性违规的预防及处理：在旅游接待中，导游应向游客宣传、介绍、说明旅游活动中涉及的具体规定，防止游客不知而误犯
（2）对异性越轨行为的处理：对于游客中举止不端、行为猥亵的任何表现，都应郑重指出其行为的严重性，令其立即改正。导游遇到此类情况，出于自卫要采取果断措施；情节严重者应及时报告有关部门依法处理
（3）对酗酒闹事者的处理：游客酗酒，导游应先规劝并严肃指明可能造成的严重后果，尽力阻止其饮酒。不听劝告、扰乱社会秩序、侵犯他人、造成物质损失的肇事者必须承担一切后果，甚至法律责任

考点八

旅游安全事故的预防与处理（掌握）

序号	类型	预防	处理	善后
1	交通事故	1. 司机开车时，导游不要与司机聊天，以免分散其注意力 2. 安排游览日程时，在时间上要留有余地，避免造成司机为抢时间、赶日程而违章超速行驶。不催促司机开快车 3. 如遇天气不好（下雪、下雨、有雾）、交通堵塞、路况不好，尤其是狭窄道路、山区行车时，导游要主动提醒司机注意安全，谨慎驾驶 4. 如果天气恶劣，地陪对日程安排可适当灵活地加以调整；如遇有道路不安全的情况，可以改变行程 5. 阻止非本车司机开车。提醒司机在工作期间不要饮酒。如遇司机酒后开车，决不能迁就，地陪要立即阻止，并向领导汇报，请求改派其他车辆或换司机	1. 立即组织抢救：立即打电话叫救护车（医疗急救中心电话 120）或拦车将重伤员送往距出事地点最近的医院抢救 2. 立即报案，保护好现场 3. 迅速向接待社报告	1. 做好安抚工作 2. 办理善后事宜：请医院开具诊断和医疗证明书，并请公安局开具交通事故证明书，以便向保险公司索赔 3. 写出书面报告：内容包括事故的原因和经过，抢救经过和治疗情况，人员伤亡情况和诊断结果，事故责任及对责任者的处理结果，受伤者及其他游客对处理的反映等
2	治安事故	1. 入住饭店时，导游应建议游客将贵重财物存入饭店保险柜，不要随身携带大量现金或将大量现金放在客房内 2. 提醒游客不要将自己的房号随便告诉陌生人；更不要让陌生人或自称饭店的维修人员随便进入自己的房间；尤其是夜间决不可贸然开门，以防发生意外；出入房间一定要锁好门 3. 提醒游客不要与私人兑换外币，并讲清关于我国外汇管制的规定 4. 每当离开游览车时，导游都要提醒游客不要将证件或贵重物品遗留在车内。游客下车后，导游要提醒司机关好车窗、锁好车门，尽量不要走远	1. 全力保护游客：遇到歹徒向游客行凶、抢劫，导游应做到临危不惧，毫不犹豫地挺身而出，奋力与坏人拼搏，勇敢地保护游客。同时，立即将游客转移到安全地点 2. 迅速抢救伤员	1. 及时报告：向公安部门报警，同时要向接待社领导及有关人员报告 2. 安抚游客

续表

序号	类型	预防	处理	善后
2	治安事故	5. 在旅游景点活动中，导游要始终和游客在一起，随时注意观察周围的环境，发现可疑的人或在人多拥挤的地方，要提醒游客看管好自己的财物，并随时清点人数 6. 汽车行驶途中，不得停车让非本车人员上车、搭车；若遇不明身份者拦车，导游提醒司机不要停车 **解析** 在旅游活动过程中，遇到坏人行凶、诈骗、偷窃、抢劫，导致游客人身及财物受到不同程度的损害的事故，统称治安事故	3. 立即报警求助：要把案件发生的时间、地点、经过、作案人的特征，以及受害人的姓名、性别、国籍、伤势及损失物品的名称、数量、型号、特征等向公安部门报告清楚	3. 写出报告：包括案件整个经过以及案件的性质、采取的应急措施和受害者及其他游客的情况等
3	火灾事故	1. 做好提醒工作：提醒游客不要携带易燃、易爆物品；不乱扔烟头和火种，不要躺在床上吸烟。向游客讲清，在托运行李时应按运输部门有关规定去做，不得将不准作为托运行李运输的物品夹带在行李中。只有这样，才能尽可能地减少火灾 2. 熟悉饭店的安全出口和转移线路：导游带领游客住进饭店后，在介绍饭店内的服务设施时，必须介绍饭店楼层的太平门、安全出口、安全楼梯的位置，并提醒游客进入房间后，看懂房门上贴的安全转移线路示意图，掌握一旦失火时应走的线路 3. 牢记火警电话 **解析** 导游平常就应熟悉饭店或游客带去场所的防火措施，了解安全出口、安全门、安全楼梯的位置，学习好火灾避难和救护的基本常识，才可能遇事不慌、妥善处理	1. 千万不能让游客搭乘电梯或慌乱跳楼，尤其是在三层以上的游客，切记不要跳楼 2. 用湿毛巾捂住口、鼻，身体重心尽量下移，使面部贴近墙壁、墙根或地面 3. 必须穿过浓烟时，可用水将全身浇湿或披上用水浸湿的衣被，捂住口鼻，贴近地面蹲行或爬行 4. 若身上着火了，可就地打滚，将火苗压灭，或用厚重衣物压灭火苗 5. 大火封门无法逃脱时，可用浸湿的衣物、被褥将门封堵塞严，或泼水降温，等待救援 6. 当见到消防队来灭火时，可以摇动色彩鲜艳的衣物为信号，寻求救援	1. 游客得救后，导游应立即组织抢救受伤者；若有重伤者应迅速送往医院，有人死亡，按有关规定处理 2. 采取各种措施安定游客的情绪，解决因火灾造成的生活方面的困难，设法使旅游活动继续进行 3. 协助领导处理好善后事宜 4. 写出翔实的书面报告

续表

序号	类型	预防	处理	善后
4	食物中毒	1. 应安排游客去卫生有保障的旅游餐厅就餐 2. 提醒游客不要在小摊上购买食物 3. 如用餐时发现食物、饮料不卫生或有异味变质，应立即要求更换，并要求餐厅负责人出面道歉，必要时向旅行社领导汇报 **解析** 食物中毒的特点是：潜伏期短，发病快，且常常集体发病，若抢救不及时会有生命危险	导游首先应立即让游客停止食用可疑食物，同时拨打120。在急救车到来之前，可采取以下自救措施： 1. 催吐：对中毒不久而无明显呕吐者，可用手指、筷子等刺激其舌根部催吐，或让中毒者大量饮用温开水并反复自行催吐，以减少毒素的吸收。经过大量温水催吐后，呕吐物已变为较澄清液体时，可适量饮用牛奶以保护胃黏膜。如在呕吐物中发现血性液体，则提示可能出现了消化道或咽部出血，应暂时停止催吐 2. 保留食物样本：由于确定中毒物质对于治疗来说至关重要，因此，在发生食物中毒后，要保留导致中毒的食物样本，以提供给医院进行检测。如果身边没有食物样本，也可保留患者的呕吐物和排泄物，以方便医生确诊和救治。最后，应报告旅行社，并追究餐厅的责任	
5	溺水事故	1. 劝阻游客独自在河边、海边玩耍 2. 劝阻游客，请他们不要前往非游泳区游泳 3. 劝阻不会游泳者，使其不要游到深水区，即使带着救生圈也不安全 4. 提醒游客在游泳前要做适当的准备活动，以防抽筋	1. 溺水时的自救方法 （1）不要慌张，发现周围有人时立即呼救 （2）放松全身，让身体漂浮在水面上，将头部浮出水面，用脚踢水，防止体力丧失，等待救援 （3）身体下沉时，可将手掌向下压 （4）如果在水中突然抽筋，又无法靠岸时，立即求救。如果周围无人，可深吸一口气潜入水中，伸直抽筋的那条腿，用手将脚趾向上扳，以缓解抽筋 2. 发现有人溺水时的救护方法 （1）可将救生圈、竹竿、木板等物抛给溺水者，再将其拖至岸边 （2）若没有救护器材，可入水直接救护。接近溺水者时要转动他的髋部，使其背向自己然后拖运。拖运时通常采用侧泳或仰泳拖运法 （3）特别强调：未成年人发现有人溺水，不能贸然下水营救，应立即大声呼救，或利用救生器材施救，救人也要在自己能力范围之内 3. 岸上急救溺水者方法 （1）迅速清除溺水者口、鼻中的污泥、杂草及分泌物，保持呼吸道通畅，并拉出舌头，以避免堵塞呼吸道 （2）将溺水者举起，使其俯卧在救护者肩上，腹部紧贴救护者肩部，头脚下垂，以使溺水者呼吸道内积水自然流出 （3）进行口对口人工呼吸及心脏按压 （4）尽快联系急救中心或送去医院	

考点九

重大自然灾害的避险方法（熟悉）

序号	类型	具体处理措施
1	地震	1. 现场自救 （1）室内避险应就地躲避：躲在桌、床等结实的家具下；尽量躲在窄小的空间内，如卫生间、厨房或内墙角；可能时，在两次震动之间迅速撤至室外 （2）室外避险切忌乱跑乱挤，不要扎堆，应避开人多的地方；远离高大建筑物、窄小胡同、高压线；注意保护头部，防止砸伤。旅游团在游览时遇到地震，导游应迅速引导游客撤离建筑物、假山，集中在空旷开阔地域 2. 遭灾者的自救 地震时被压在废墟下、神志还清醒的幸存者，最重要的是不能在精神上崩溃，而应争取创造条件脱离险境或保存体力等待救援。例如，若能挣脱开手脚，应立即捂住口鼻，以隔挡呛人的灰尘，避免窒息；设法保存体力，不要乱喊，听到外面有人时再呼救；若能找到水和食物，要计划使用，尽可能长地维持生命
2	泥石流	1. 泥石流发生时，不能在沟底停留，而应迅速向山坡坚固的高地或连片的石坡撤离，抛掉一切重物，跑得越快越好，爬得越高越好 2. 切勿与泥石流同向奔跑，而要向与泥石流流向垂直的方向逃生 3. 到了安全地带，游客应集中在一起等待救援
3	洪水	1. 洪水灾害的预防 （1）为避免在游览中受到洪水的侵袭，导游应在出发前收听气象台的天气预报，尤其是汛期的天气预报，当听到气象台发出的红色预警或橙色预警时，应对计划的山区、河湖或低洼地区的游览采取相应的措施，如可同游客协商并征求其同意，适当调整旅游项目 （2）为应对在野外游览时突然遭遇到洪水的侵袭，导游平时应学习一些应对洪水的自救和救援知识 2. 遭遇洪水时的应对 （1）洪水来临时的自救措施：不要带领游客去危险地带，如电线杆和高压线塔周围，危墙及高墙旁，河床、水库、沟渠与涵洞边，化工厂及储藏危险物品的仓库。带领游客迅速离开低洼地带，选择有利地形，将游客转移至地势较高的地方以躲避洪水。 （2）被洪水围困时的自救措施：若躲避转移没有及时完成，导游应带领游客选择较安全的位置等待救援，并用自身备有的通信器具，不断地向外界发出求救信号，以求及早得到解救。设法稳定游客的情绪，若离开原地要采取集体行动，不要让游客单独离开，以免因情况不明而陷入绝境。利用手机迅速报警，将游客受洪水围困的地点、人数和所处的险情一一报告清楚，请他们迅速组织人员前来救援。
4	山体滑坡	1. 保持冷静：当处在滑坡体上时，首先应保持冷静，不能慌乱；慌乱不仅浪费时间，而且极可能做出错误的决定 2. 组织自救：跑离时，以向两侧跑为最佳方向。在向下滑动的山坡中，向上或向下跑均是很危险的 3. 寻求救助：滑坡时，极易造成人员受伤，当受伤时应呼救"120"

续表

序号	类型	具体处理措施
5	台风	1. 若在室内，最好躲在地下室、半地下室或坚固房屋的小房间内，避开重物；不能躲在野外小木屋、破旧房屋和帐篷里 2. 若被困在普通建筑物内，应立即紧闭临风方向的门窗，打开另一侧的门窗 3. 若被飓风困在野外，不要在狂风中奔跑，而应平躺在沟渠或低洼处，但要避免水淹 4. 旅游团在旅游车中时，司机应立即停车，导游要组织游客尽快撤离，躲到远离汽车的低洼地或紧贴地面平躺，并注意保护头部
6	海啸	1. 海啸逃生 （1）如果导游感觉到较强的震动，不要靠近海边、江河的入海口。如果听到有关附近地震的报告，要做好防范海啸的准备，注意电视和广播新闻。要记住，海啸有时会在地震发生几小时后到达离震源上千公里远的地方 （2）如果发现潮汐突然反常涨落，海平面明显下降或者有巨浪袭来的现象，导游都应组织游客以最快速度撤离岸边 （3）海啸前海水异常退去时往往会把鱼虾等许多海生动物留在浅滩，场面蔚为壮观。此时千万不要前去捡拾鱼虾或看热闹，应当带领游客迅速离开海岸，向内陆高处转移 （4）发生海啸时，航行在海上的船只不可以回港或靠岸，应该马上驶向深海区，深海区相对于海岸更为安全 2. 自救与互救 （1）如果在海啸来临时不幸落水，要尽量抓住木板等漂浮物，同时注意避免与其他硬物碰撞 （2）在水中不要举手，也不要乱挣扎，尽量减少动作，能浮在水面随波漂流即可。这样既可以避免下沉，又能够减少体能的无谓消耗 （3）如果海水温度偏低，不要脱衣服 （4）尽量不要游泳，以防体内热量过快散失 （5）不要喝海水：海水不仅不能解渴，反而会让人出现幻觉，导致精神失常甚至死亡 （6）尽可能向其他落水者靠拢，这样既便于相互帮助和鼓励，又可因目标扩大更容易被救援人员发现 （7）溺水者被救上岸后，最好能进入温水里恢复体温，没有条件时也应尽量裹上被、毯、大衣等保温衣物。注意不要采取局部加温或按摩的办法，更不能给落水者饮酒，饮酒只能使热量更快散失 （8）如果落水者受伤，应采取止血、包扎、固定等急救措施，重伤员则要及时送医院救治 （9）要记住及时清除落水者鼻腔、口腔和腹内的吸入物。具体方法是：将落水者的肚子放在你的大腿上，从后背按压，让海水等吸入物流出。如心跳、呼吸停止，则应立即交替进行口对口人工呼吸和心脏按压

第十四章

旅行社饭店景区知识

1. 考试大纲

　　了解旅游饭店星级的划分和旅游景区质量等级的划分，熟悉旅行社的发展历史、主要业务和产品类型。

2. 大纲解读

序号	主要内容	考纲要求	考试频率
1	旅行社的发展历史	熟悉	★★★★
2	旅行社的主要业务	熟悉	★★★★
3	旅行社的产品类型	熟悉	★★★★
4	旅游饭店星级的划分	了解	★★★
5	旅游景区质量等级的划分	了解	★★★

3. 2019 年考点分析

　　（1）今年无新增、删减部分，调整部分为将"了解旅行社的发展历史、主要业务和产品类型"调整为"熟悉旅行社的发展历史、主要业务和产品类型"。

　　（2）2019 年预计考点为旅行社的主要业务、产品类型，不同星级旅游饭店的重点要素及差异，不同等级旅游景区的重点要素及差异。

考 点 精 讲

考点一

旅行社的发展历史（熟悉）

国际旅行社的发展历史
- 近代旅游时期的旅行代理业
  - 1845年，托马斯·库克开办了商业性的旅行代理业务
  - 1865年，托马斯·库克在伦敦开设了托马斯·库克父子公司
- 大众旅游时期的旅行社业：20世纪50年代以后，国际旅游进入现代大众旅游时期
- 当代发达国家的旅行社业
  - 适应旅游需求变化，不断更新营销战略
  - 旅行社数量不断增加，行业规模不断扩大
  - 产业集中度日渐提高，企业规模稳步扩大

中国旅行社业的发展历史
- 中华人民共和国成立以前的中国旅行社业
  - 中国近代旅行社业的起源与发展
    - 1923年8月15日陈光甫先生创立了上海商业储蓄银行旅行部。1927年6月1日，上海商业储蓄银行旅行部与银行分立，改称中国旅行社
  - 中国近代旅行社业的特征
    - 以国内旅游市场需求为起点
    - 注重服务、产品与市场创新
    - 企业化运作、连锁化发展
- 1949~1978年：行政事业导向的中国旅行社业
  - 旅游接待属于政治接待
  - 旅行社接待人数在改革开放前几年增长很快
  - 形成了总社与各地分支社的外联接待体系
  - 培养和形成了一批思想好、业务强的翻译导游队伍
- 1978~2001年：市场化进程中的中国旅行社业
  - 第一阶段（1978~1984年）：从事业单位到企业组织
  - 第二阶段（1984~1993年）：从垄断走向竞争
  - 第三阶段（1993~2001年）：从不完全竞争走向完全竞争
- 2001~2013年：对外开放影响下的中国旅行社业
- 2013年至今：散客旅游时代的中国旅行社业
  - 规模小型化
  - 服务个性化
  - 要求多样化
  - 产品定制化
  - 游客自由化

考点二

旅行社的主要业务（熟悉）

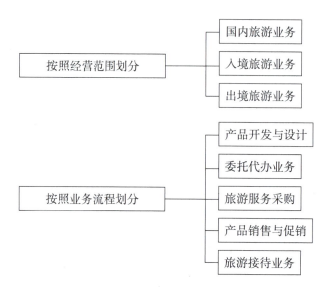

```
                        ┌─ 国内旅游业务
按照经营范围划分 ────────┼─ 入境旅游业务
                        └─ 出境旅游业务

                        ┌─ 产品开发与设计
                        ├─ 委托代办业务
按照业务流程划分 ────────┼─ 旅游服务采购
                        ├─ 产品销售与促销
                        └─ 旅游接待业务
```

考点三

旅行社的产品类型（熟悉）

旅行社产品是旅行社根据市场需求，通过采购景点、交通、住宿、餐饮、购物、娱乐等单项服务产品进行组合，向游客提供的旅游线路产品。

旅行社的产品类型

按计价形式分类
- 团体全包价旅游：由 10 名及以上游客组成，采取一次性预付旅费的方式，有组织地按预定行程计划进行的旅游形式
- 半包价旅游：在全包价的基础上扣除午、晚餐费用的一种包价形式
- 小包价旅游：小包价旅游又称选择性旅游，它由非选择部分和可选择部分组成
- 零包价旅游：参加这种旅游的游客必须随团前往和离开目的地，但在旅游目的地的活动是完全自由的，形同散客
- 组合旅游：旅行社散客部将各地来的散客组成旅游团，按旅行社事先的安排进行旅游活动
- 单项服务：又称委托代办业务

按旅行社服务方式分类
- 预制旅游产品：由旅行社设计提供、事先指定的确定的计划人数、出发日期、线路行程及价格等
- 定制旅游产品：旅行社接受客户或游客的委托，根据客户或游客的需求，单独设计行程、报价并提供服务的专项产品及服务

考点四

旅游饭店星级的划分（了解）

《旅游饭店星级的划分与评定》（GB/T 14308 — 2010）中对旅游饭店的定义是：以间（套）夜为单位出租客房，以住宿服务为主，并提供商务、会议、休闲、度假等相应服务的住宿设施，按不同习惯可能也被称为宾馆、酒店、旅馆、旅社、宾舍、度假村、俱乐部、大厦、中心等。

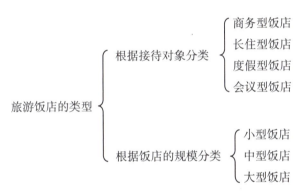

1. 旅游饭店星级评定的总体设计

（1）我国旅游饭店分为五个星级，即一星级、二星级、三星级、四星级、五星级（含白金五星级）。最低为一星级，最高为白金五星级饭店。

（2）星级以镀金五角星为符号。

（3）一星级、二星级、三星级饭店是有限服务饭店，评定星级时应对饭店住宿产品进行重点评价；四星级和五星级（含白金五星级）饭店是完全服务饭店，评定星级时应对饭店产品进行全面评价。

（4）饭店开业一年后可申请评定星级，经相应星级评定机构评定后，星级标识使用有效期为三年。三年期满后应进行重新评定。

（5）评定星级时不因为某一区域所有权或经营权的分离，或因为建筑物的分隔而区别对待，饭店内所有区域应达到同一星级的质量标准和管理要求。

（6）星级划分条件分为必备条件、设施设备、饭店运营质量三个方面，必备条件均达标后，才能进入设施设备、饭店运营质量评价环节。

2. 旅游饭店各星级重点要素差异化对比

要素 星级	客房	设备（总分600分）	供水	服务	总体要求
一星级	15间（套）	不做要求	24小时供应冷水	至少18小时提供接待、问讯、结账服务	结构良好，功能布局基本合理，方便宾客在饭店内活动
二星级	20间（套）	不做要求	24小时供应冷水，至少12小时供应热水	24小时提供接待、问讯、结账和留言等服务	
三星级	30间（套）	最低220分		管理人员及安保人员24小时在岗值班	高标准的建筑物结构，功能布局较为合理，方便宾客在饭店内活动
四星级	4间（套），套房（3个开间），客房面积不少于20平方米	最低320分	24小时供应冷、热水	管理人员24小时在岗值班；18小时提供送餐服务、行李服务	建筑物外观和建筑结构有特色。饭店空间布局合理，方便宾客在饭店内活动
五星级	50间（套）套房（4个开间），客房面积不少于20平方米	最低420分		管理人员24小时在岗值班；24小时提供送餐服务、行李服务	建筑物外观和建筑结构应具有鲜明的豪华饭店的品质，饭店空间布局合理，方便宾客在饭店内活动

考点五

旅游景区质量等级的划分（了解）

我国国家质量技术监督局 2004 年发布的国家标准《旅游景区质量等级的划分与评定》（修订）（GB/T 17775—2003）中对旅游景区的定义为：旅游景区是指具有参观游览、休闲度假、康乐健身等功能，具备相应旅游服务设施并提供相应旅游服务的独立管理区。该管理区应有统一的经营管理机构和明确的地域范围。包括风景区、文博院馆、寺庙观堂、旅游度假区、自然保护区、主题公园、森林公园、地质公园、游乐园、动物园、植物园及工业、农业、经贸、科教、军事、体育、文化艺术等各类旅游景区。

1. 旅游景区的五级管理体系

在旅游景区质量等级的划分与评定（GBT I7775 — 2003）中规定，旅游景区划分为五级，从高到低依次为 5A 级、4A 级、3A 级、2A 级、A 级旅游景区。旅游景区质量等级的标志、标牌、证书由国家旅游行政主管部门统一规定并颁发。

2. 旅游景区等级划分的依据

等级划分的依据是《服务质量与环境质量评分细则》《景观质量评分细则》的评价得分，并结合游客意见、评价细则得分综合进行。其中《服务质量与环境质量评分细则》包括旅游交通、游览、旅游安全、卫生、通信、旅游购物、综合管理、旅游资源与环境保护 8 个评价项目。《景观质量评分细则》包括资源要素与景观市场价值两大评价项目。

《游客意见评分细则》是旅游景区质量等级评定的重要参考依据。

3. 五级旅游景区的审批权限

旅游景区质量等级评定按国家和地方两级进行。由文化和旅游部负责全国旅游景区质量等级评定工作。文化和旅游部设立旅游景区质量等级评定委员会，负责全国旅游景区评定的组织、领导工作，并具体负责评定 5A 级、4A 级和 3A 级旅游景区。由各省、自治区、直辖市旅游主管部门设立地方旅游景区质量等级评定机构，负责本地区旅游景区质量等级评定工作，具体负责本地区 2A 级和 A 级旅游景区的评定和向文化和旅游部推荐本地区符合条件的 5A 级、4A 级和 3A 级旅游景区。

4. 旅游景区质量等级评定的范围和办法

凡在中华人民共和国境内，正式开业接待游客一年以上的旅游景区，均可以申请参加评定。

旅游景区质量等级的产生，按照"自查—申报—初评—评定—审批—公告"的程序进行。

5. 质量等级复核及处理

对已经评定质量等级的旅游景区，每两年至少进行一次全面复核。

6. 旅游景区质量等级划分条件

类别 \ 景区	5A 级景区	4A 级景区	3A 级景区	2A 级景区	A 级景区
旅游交通	可进入性好	可进入性良好	可进入性较好	可进入性较好	有较好的可进入性
游览	游客中心位置合理，规模适度，设施齐全，功能体现充分。导游（讲解员）持证上岗，均应具备大专以上文化程度，其中本科以上不少于30%	游客中心位置合理，规模适度，设施齐全，功能完善。导游（讲解员）均应具备高中以上文化程度，其中大专以上不少于40%	游客中心位置合理，规模适度，设施、功能齐备。导游（讲解员）均应具备高中以上文化程度，其中大专以上不少于20%	有为游客提供咨询服务的游客中心或相应场所；导游（讲解员）均应具备高中以上文化程度	有为游客提供咨询服务的场所，导游（讲解员）均应具备高中以上文化程度
旅游安全	建立完善的安全保卫制度，工作全面落实				安全保卫制度健全，工作落实
卫生	环境整洁			环境比较整洁	
邮电服务	提供邮政及邮政纪念服务；通信设施布局合理				通信设施布局较合理
旅游购物	购物场所布局合理，与环境协调			与环境基本协调	购物场所布局基本合理，材质与环境较协调
经营管理	管理体制健全，经营机制有效。中高级以上管理人员均具备大学以上文化程度	高级管理人员均应具备大学以上文化程度	80%以上中高级管理人员具备大专以上文化程度	70%以上中高级管理人员具备大专以上文化程度	60%以上中高级管理人员具备大专以上文化程度
资源和环境的保护	空气质量达 GB 3095—2012 的一级标准；噪声质量达到 GB 3096—2008 的一类标准；地面水环境质量达到 GB 3838 的规定；污水排放达到 GB 8978 的规定				
旅游资源吸引力	观赏游憩价值极高；或有世界级资源实体；或其中一类价值具世界意义	观赏游憩价值很高；有国家级资源实体；其中一类价值具全国意义	观赏游憩价值较高，其中一类价值具省级意义；有较多珍贵物种，有省级资源实体	观赏游憩价值一般；有地区级资源实体；其中一类价值具地区意义；资源实体体量较大	观赏游憩价值较小；有地区级资源实体；其中一类价值具地区意义；资源实体基本完整

续表

类别＼景区	5A 级景区	4A 级景区	3A 级景区	2A 级景区	A 级景区
市场吸引力	世界知名，美誉度极高；市场辐射力很强；主题鲜明，特色突出，独创性强	全国知名；美誉度高；市场辐射力强；形成特色主题，有一定独创性	周边省市知名；美誉度较高；市场辐射力较强。有一定特色，并初步形成主题	全省知名；有一定美誉度；有一定市场辐射力；有一定特色	本地区知名；有一定美誉度；有一定市场辐射力；有一定特色
接待量	年接待海内外游客 60 万人次以上，其中海外游客 5 万人次以上	年接待海内外游客 50 万人次以上，其中海外游客 3 万人次以上	年接待海内外游客 30 万人次以上	年接待海内外游客 10 万人次以上	年接待海内外游客 3 万人次以上
满意度	满意率很高	满意率高	满意率较高	满意率较高	基本满意

第十五章

入出境知识

1. 考试大纲

　　熟悉我国海关有关出入境物品和人员的规定，掌握旅客出入境应持有的证件和需要办理的手续。

2. 大纲解读

序号	主要内容	考纲要求	考试频率
1	旅客出入境应持有的证件	掌握	★★★★★
2	出入境手续的办理程序	掌握	★★★★★
3	海关对入出境人员的规定	熟悉	★★★★
4	海关对入出境游客所携物品的规定	熟悉	★★★★

3. 2019 年考点分析

　　（1）今年本章内容考纲无变化。

　　（2）2019 年预计考点为游客出入境应持有的证件，出入境手续的办理程序。

考 点 精 讲

考点一

旅客出入境应持有的证件（掌握）

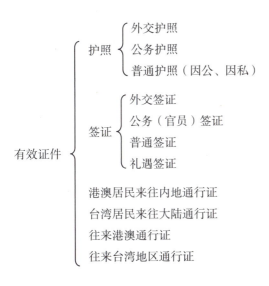

1. 护照

护照是一国主管机关发给本国公民出国或在国外居留的证件，证明其国籍和身份。在中国，外交、公务护照由外事部门颁发，普通护照由公安部门颁发。2007 年 1 月 1 日施行的《中华人民共和国护照法》规定，我国公民护照有效期以 16 周岁为界：16 周岁以下有效期为 5 年，16 周岁以上有效期为 10 年。

2. 签证

（1）签证是一国主管机关在本国或外国公民所持的护照或其他旅行证件上签注、盖印，表示准其出入本国国境或过境的手续。签证可分为入境签证、入出境签证、出入境签证和过境签证。此外，还有移民签证、非移民签证、另纸签证、口岸签证和

ADS 签证。其中，另纸签证是签注在护照以外的一张纸上，它同签在护照内的签注具有相同作用，但必须和护照同时使用；口岸签证是指在前往国的入境口岸办理的签证；ADS 签证是指仅限于在被批准的旅游目的地国家一地旅游的签证，它在旅游目的地国家境内既不可转签，也不可延期，持此种签证的人必须团进团出。

（2）旅游签证属于普通签证，在中国为 L 字签证。签证上规定持证者在中国停留的起止日期。10 人及以上的旅游团可发放团体签证。团体签证一式三份，签发机关留一份，来华旅游团两份，一份用于入境，一份供出境使用。

（3）免办签证的几种情况

序号	免办签证类型	具体内容
1	国家间签订了互免签证协议	截至 2018 年 12 月，有 73 个国家和地区对中国公民实行免签或落地签证政策
2	过境免签	从 2018 年起，北京、天津、河北、辽宁、上海、浙江、江苏、广东等部分城市口岸和厦门、青岛、武汉、成都、昆明实行了 144 小时过境免签
3	广东珠三角地区旅游	持与中国建交国家的普通护照已在香港、澳门的外国人，经在香港、澳门合法注册的旅行社组团进入广东珠江三角洲地区旅游，且停留不超过 6 天
4	赴海南省旅游	经中国文化和旅游部批准在海南注册的国际旅行社组织的外国人旅游团（5 人以上含 5 人）到海南省旅行，且停留不超过 15 天
5	新、文、日三国普通护照	新加坡、文莱、日本三国持普通护照的公民，前来中国大陆旅游、经商、探亲访友或过境不超过 15 天者，从中国对外国人开放口岸入境时

3. 港澳居民来往内地通行证

由广东省公安厅签发，年满 18 周岁的有效期为 10 年，未满 18 周岁的有效期为 5 年。

考点二

出入境手续的办理程序（掌握）

海关检查 → 卫生检疫 → 边防检查 → 安全检查

海关检查	出入境旅客行李物品必须通过设有海关的地点出入境，并接受海关监管。海关检查一般询问是否有需要申报的物品，或填写旅客携带物品出入境申报单，必要时海关有权开箱检查所携带物品。对于海关加封的行李物品，不要擅自拆开或者损毁海关施加的封志
	海关通道分为"红色通道"（标志为红色正方形，亦称"应税通道"）和"绿色通道"（标志为绿色正八角形，亦称"免税通道"）两种
卫生检疫	入境者如实填写健康申明卡，来自疫区的人员还必须出示有效的有关疾病预防接种证明（俗称"黄皮"书），无证者卫生检疫机关可对其施以 6 日的强制留验。旅客若患有传染病而隐瞒不报，一经发现，立刻禁止入境；对已经入境的，则让其提前出境
边防检查	边防检查的内容包括：护照检查、证件检查、签证检查、出入境登记卡检查、行李物品检查、交通运输工具检查等
安全检查	安全检查事关旅客人身安全，所以旅客都必须无一例外地接受检查，不存在任何特殊的免检对象。安全检查的环节主要有：托运行李物品检查、旅客证件检查、手提行李物品检查和旅客身体检查

考点三

海关对入出境人员的规定（熟悉）

不准入境的外国人		1. 未持有效出境入境证件或者拒绝、逃避接受边防检查的
		2. 被处驱逐出境或者被决定遣送出境，未满不准入境规定年限的
		3. 患有严重精神障碍、传染性肺结核病或者有可能对公共卫生造成重大危害的其他传染病的
		4. 可能危害中国国家安全和利益、破坏社会公共秩序或者从事其他违法犯罪活动
		5. 在申请签证过程中弄虚作假或者不能保障在中国境内期间所需费用的
		6. 入境后可能从事与签证种类不符的活动的
		7. 法律、行政法规规定不准入境的其他情形
不准出境	不准出境的中国公民	1. 未持有效出境入境证件或者拒绝、逃避接受边防检查的
		2. 被判处刑罚尚未执行完毕或者属于刑事案件被告人、犯罪嫌疑人的
		3. 有未了结的民事案件，人民法院决定不准出境的
		4. 因妨害国（边）境管理受到刑事处罚或者因非法出境、非法居留、非法就业被其他国家或者地区遣返，未满不准出境规定年限的
		5. 可能危害国家安全和利益，国务院有关主管部门决定不准出境的
		6. 法律、行政法规规定不准出境的其他情形
	不准出境的外国人	1. 被判处刑罚尚未执行完毕或者属于刑事案件被告人、犯罪嫌疑人的，但是按照中国与外国签订的有关协议，移管被判刑人的除外
		2. 有未了结的民事案件，人民法院决定不准出境的
		3. 拖欠劳动者的劳动报酬，经国务院有关部门或者省、自治区、直辖市人民政府决定不准出境的
		4. 法律、行政法规规定不准出境的其他情形

考点四

海关对入出境游客所携物品的规定（熟悉）

<table>
<tr>
<td rowspan="7">部分限制进出境物品</td>
<td>1. 烟酒</td>
<td>（1）来往我国港、澳地区的游客，免税烟草制品限量：香烟 200 支或雪茄 50 支或烟丝 250 克；免税 12 度以上酒精饮料限量：酒 1 瓶（不超过 0.75 升）
（2）当天往返或短期内多次来往港、澳地区的游客，免税烟草制品限量：香烟 40 支或雪茄 5 支或烟丝 40 克；免税 12 度以上酒精饮料限量：不准免税带进
（3）其他入境游客，免税烟草制品限量：香烟 400 支或雪茄 100 支或烟丝 500 克；免税 12 度以上酒精饮料限量：酒 2 瓶（不超过 1.5 升）</td>
</tr>
<tr>
<td>2. 旅行自用物品</td>
<td>（1）携带旅行自用物品照相机、便携式收录音机、小型摄像机、手提式摄像机、手提式文字处理机每种一件。超出范围的或单价超过 5000 元人民币的物品，需向海关如实申报，并办理有关手续
（2）游客在海外购买了音像制品也必须申报和交验</td>
</tr>
<tr>
<td>3. 金、银及其制品</td>
<td>（1）游客携带金、银及其制品入境应以自用合理数量为限，若超过 50 克，应填写申报单证，向海关申报
（2）携带或托运出境在中国境内购买的金、银及其制品，海关凭中国人民银行制发的"特种发货票"放行</td>
</tr>
<tr>
<td>4. 外汇</td>
<td>（1）境外旅客携带外汇、人民币外汇票证、旅行支票、信用证进境，数量不受限制，但是必须向海关如实申报。
（2）旅客携带外币现钞超过等值 5000 美元至 1 万美元出境，海关凭银行出具的"携带外汇出境许可证"放行</td>
</tr>
<tr>
<td>5. 人民币</td>
<td>游客携带人民币现钞进出境，限额 2 万元</td>
</tr>
<tr>
<td>6. 文物、字画</td>
<td>（1）游客携带出境的文物（含已故现代著名书画家的作品），需经中国文化和旅游行政管理部门鉴定
（2）携运文物出境时，必须向海关详细申报</td>
</tr>
<tr>
<td>7. 中药材、中成药</td>
<td>（1）游客携带中药材、中成药出境，前往国外的，总值限人民币 300 元；前往港澳地区的，总值限人民币 150 元
（2）寄往国外的中药材、中成药，总值限人民币 200 元；寄往港澳地区的，总值限人民币 100 元</td>
</tr>
<tr>
<td rowspan="2">禁止入出境物品</td>
<td>禁止入境物品</td>
<td>（1）各种武器、仿真武器、弹药及爆炸物品
（2）伪造的货币及伪造的有价证券
（3）对中国政治、经济、文化、道德有害的存储介质及其物品
（4）各种烈性毒药
（5）鸦片、吗啡、海洛因、大麻以及其他能使人成瘾的麻醉品、精神药物
（6）带有危险性病菌、害虫及其他有害生物的动物、植物及其产品
（7）有碍人畜健康的、来自疫区的以及其他能传播疾病的食品、药物或其他物品</td>
</tr>
<tr>
<td>禁止出境物品</td>
<td>（1）列入禁止进境范围的所有物品
（2）内容涉及国家秘密的存储介质及其物品
（3）珍贵文物及其他禁止出境的文物
（4）濒危的和珍贵的动物、植物（均含标本）及其种子和繁殖材料</td>
</tr>
</table>

第十六章

交通知识

1. 考试大纲

　　熟悉航空机票种类、旅客误机、航班延误或取消、行李赔偿的相关知识，掌握航空、铁路、水运购票、退票和携带物品的规定。

2. 大纲解读

序号	主要内容	考纲要求	考试频率
1	各类交通客运的运营常识	熟悉	★★★★
2	航空、铁路、水运交通客运的购票与退票规定	掌握	★★★★★
3	航空、铁路、水运交通客运携带行李的规定	掌握	★★★★★
4	航空机票种类	熟悉	★★★★
5	旅客误机的相关知识	熟悉	★★★★
6	航班延误或取消的相关知识	熟悉	★★★★
7	行李赔偿的相关知识	熟悉	★★★★

3. 2019 年考点分析

　　（1）今年本部分内容考纲无变化。

　　（2）2019 年预计考点为航空、铁路、水运购票、退票和携带物品的规定，航空机票的种类、游客误机、航班延误等。

考 点 精 讲

考点一

各类交通客运的运营常识（熟悉）

1. 航空客运

（1）民航的运输飞行主要有三种形式：班期飞行、加班飞行、包机飞行。

（2）航班号。目前国内航班的编号是由执行任务的航空公司的二字英语代码和四个阿拉伯数字组成。

我国主要航空公司代码：

中国国际航空公司　　　　代码：CA

中国东方航空公司　　　　代码：MU

中国南方航空（集团）　　代码：CZ

（3）班期时刻表。

我国航空公司根据季节的不同和客货流量和流向的规律每年编制两次班期时刻表，一次为夏季至秋季的班期时刻表，另一次为冬季至第二年春季的班期时刻表。

（4）代码共享。

代码共享（Code-share）是一家航空公司的航班号（即代码）可以用在另一家航空公司的航班上。

2. 铁路列车种类

（1）车次前冠有字母"G"的列车为高铁列车。

（2）车次前冠有字母"C"的列车为城际动车组列车。

（3）车次前冠有字母"D"的列车为动车组。

（4）车次前冠有字母"Z"的列车为直达特快列车。

（5）车次前冠有字母"T"的列车为特快旅客列车。

（6）车次前冠有字母"K"的列车为快速旅客列车。

（7）车次前无字母的为普通旅客列车，按四位阿拉伯数字分为：

普通旅客快车（1×××、2×××、3×××、4×××、5×××）。

普通旅客慢车（6×××、7×××、8×××、9×××）。

3. 水上客运

中国的水路交通分为沿海航运和内河航运两大类。

考点二

航空、铁路、水运交通客运的购票与退票规定（掌握）

1. 航空客运票据

（1）购票。航空运输为实名购票，需要有效证件。乘坐飞机旅行，旅客应购买电子客票。2006 年 10 月 16 日，国际上开始实行电子机票，我国从 2008 年 6 月 1 日起停止发售纸质机票。电子机票可在民航售票处或联网计算机上完成订座、出票、作废、退换、改转签等操作。

（2）购买儿童票、婴儿票。成人票是指年满 12 周岁以上的人应购买的机票。儿童票是指年满 2 周岁但不满 12 周岁的儿童所购买的机票，其价格为成人票价的 50%，提供座位。婴儿票是指不满 2 周岁的婴儿应购买的机票，票价为成人票价的 10%，但不提供座位（如要提供座位，则应购买儿童票）。一个成人旅客若携带婴儿超过一名时，超出的人数应购买儿童票。

（3）退票。按照民航局 2018 年发布的《关于改进民航票务服务工作的通知》（以下简称《通知》），航空公司应明确合理确定客票退改签收费标准，退票费不得高于客票的实际销售价格，不能简单规定特价机票一律不得退改签。

根据《通知》精神，占航空公司总数 70% 的 23 家航空公司先后制定了机票退改签阶梯费率，将此前仅有的起飞前两小时以上及两小时以内两档退改签的规定改为四挡，即航班起飞 30 天（含）之前，航班起飞前 30 天（不含）至 14 天（含）、航班起飞前 14 天（不含）至 4 小时（含）和航班起飞前 4 小时（不含）至航班起飞后。除航班起飞前 30 天不收退票费外，其他三档都要收取退票费。虽然不同航空公司收取的退票费率略有差异，但总体上是，办理退改手续越早，手续费率越低。

2. 铁路客运票据

（1）购票。铁路运输购票为实名购票，需要有效证件。

（2）购买儿童票。身高 1.2 ~ 1.5 米的儿童乘车时应购买儿童票。超过 1.5 米的儿童应买全价票。每一位成人旅客可以免费携带身高不够 1.2 米的儿童一名，超过的人数应买儿童票。

（3）退票。旅客要求退票，应在票面规定开车时间前到车站办理，核收退票费。特殊情况经购票车站或票面乘车站站长同意后也可在开车后 2 小时内办理。网上所订的车票只要未换取纸质车票，可以于不晚于开车前 2 小时登录网站办理退票手续。

3. 水路客运票据

船票分普通船票和加快船票，又分成人票、儿童票（1.2 ~ 1.5 米的儿童）和残障军人优待票。1.2 米以下儿童免费乘船旅行，一个成人只能带一名免费儿童。乘同一船名、航次、起讫港 10 张票以上的团体可凭介绍信购买或预订团体票。根据《水路旅客运输实名制管理规定》规定，自 2017 年 1 月 10 日起，我国部分区域水路旅客运输将实行实名制管理。

考点三

航空、铁路、水运交通客运携带行李的规定（掌握）

规定 ╲ 类型	航空运输	铁路运输	水路运输
重量	头等舱 40 千克 公务舱 30 千克 经济舱 20 千克 婴儿票 0 千克 随身携带不超过 5 千克	儿童 10 千克 外交人员 35 千克 其他旅客 20 千克	乘坐沿海和长江客轮：成人不超过 30 千克，半价或儿童不超过 15 千克 乘坐内河客轮：成人不超过 20 千克，儿童不超过 10 千克
体积或长度	随身携带物品的体积不得超过 20 厘米 ×40 厘米 × 55 厘米	物品外部尺寸长、宽、高之和不超过 160 厘米	随身携带的物品每件物品体积不得超过 0.2 立方米 托运行李长度不能超过 2.5 米，体积不能超过 0.5 立方米

考点四

航空机票种类（熟悉）

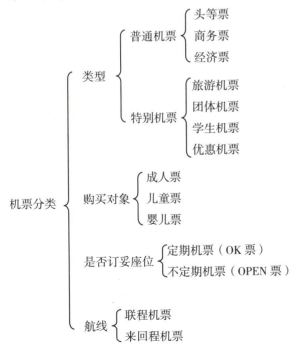

考点五

旅客误机的相关知识（熟悉）

旅客误机的相关知识
- 误机确认：旅客误机后最迟应在该航班离站后的次日中午 12 时（含）以前，到乘机机场的承运人乘机登记处、承运人售票处或承运人地面服务代理人售票处办理误机确认。确认误机后，旅客如要求改乘后续航班，免收误机费
- 未办理误机确认：如果要求继续旅行，应交付客票价 20% 的误机费。旅客误机变更后，如果要求再次改变航班、日期，应交付客票价 50% 的变更手续费。旅客误机或误机变更后，如果要求改变承运人，按自愿退票的规定办理，应交付客票价 50% 的误机费。旅客误机或误机变更后，如果要求退票，也按自愿退票规定办理，应交付客票价 50% 的误机费

考点六

航班延误或取消的相关知识（熟悉）

航班延误或取消的相关知识
- 向旅客提供餐食或住宿服务
  - （1）由于机务维护、航班调配、商务、机组等承运人自身原因，造成航班在始发地出港延误或者取消
  - （2）国内航班在经停地延误或者取消
  - （3）国内航班发生备降三种情况造成航班出港延误
- 费用由旅客自理：由于天气、突发事件、空中交通管制、安检以及旅客等非承运人原因

考点七

行李赔偿的相关知识（熟悉）

托运行李被损坏或丢失，赔偿金额应低于 100 元人民币／千克（2.2 磅）（或等值外币）。如行李价值不足 100 元人民币／千克（2.2 磅）（或等值外币），则根据行李的实际价值赔偿。重要文件和资料、货币、贵重物品、易碎易腐物品等不能夹入行李托运，如果托运行李内夹带上述物品发生遗失或损坏，航空公司按一般托运行李承担责

任，即每千克托运行李赔偿金额不超过 100 元。

向中国民航书面提出索赔要求：

（1）行李损坏，应当在发现损坏时，立即向中国民航提出索赔要求，最迟不得超过从收到行李之日起 7 天以内提出。

（2）行李遗失，最迟不得超过从行李应当交付收件人之日起 21 天以内提出。

（3）行李延误，最迟不得超过从行李交付收件人之日起 21 天以内提出。

第十七章
其他相关知识

1. 考试大纲

　　了解我国货币兑换的相关知识，信用卡知识，高原旅游、冰雪旅游、沙漠旅游、漂流和温泉旅游的安全常识，时差、华氏温度与摄氏温度换算和度量衡换算。熟悉旅游保险的种类及相关知识，晕车（机、船）、中暑等旅游常见疾病和急症的预防与现场处置措施。掌握我国离境退税的相关知识。

2. 大纲解读

序号	主要内容	考纲要求	考试频率
1	我国货币兑换的相关知识	了解	★★★
2	信用卡知识	了解	★★★
3	我国离境退税的相关知识	掌握	★★★★★
4	旅游保险的种类及相关知识	熟悉	★★★★
5	晕车（机、船）、中暑等旅游常见疾病和急症的预防与现场处置措施	熟悉	★★★★
6	高原旅游、冰雪旅游、沙漠旅游、漂流和温泉旅游的安全常识	了解	★★★
7	时差、华氏温度与摄氏温度换算和度量衡换算	了解	★★★

3. 2019 年考点分析

　　（1）今年无新增考点，删减了低空旅游的安全知识，调整部分为将"了解境外旅客离境退税的相关知识"调整为"掌握我国离境退税的相关知识"。

　　（2）2019 年预计考点为我国离境退税的相关知识，晕车（机、船）、中暑等旅游常见疾病和急症的预防与现场处置措施，高原旅游、冰雪旅游、沙漠旅游、漂流和温泉旅游的安全常识，时差、华氏温度与摄氏温度换算和度量衡换算。

考 点 精 讲

考点一

我国货币兑换的相关知识（了解）

1. 外汇的概念

指以外币表示的可用于国际结算的一种支付手段。

2. 我国的外汇政策

实行国家集中管理、统一经营的方针。

3. 货币兑换

中国公民因私出境旅游，可持因私护照、身份证或户口簿到银行办理购汇。境内居民个人年购汇限额为 50000 美元或等值外币。

4. 人民币进入 SDR

2015 年 12 月 1 日，国际货币基金组织（IMF）宣布把人民币纳入 SDR，权重定为 10.92%。SDR 是特别提款权（Special Drawing Right）的英文首字母。

考点二

信用卡知识（了解）

1. 按清偿方式分为贷记卡和借记卡

（1）贷记卡：先消费，后还款。

（2）借记卡：先存款，后消费。

2. 我国目前受理的主要外国信用卡

（1）万事达卡，总部设在美国纽约。

（2）维萨卡，总部设在美国旧金山。

（3）运通卡，由美国运通公司及其世界各地的分公司发行，有金卡和绿卡两种。

（4）大莱卡，是世界上发行最早的信用卡。

（5）JCB 卡，由日本最大的 JCB 信用卡公司发行。

（6）百万卡，由日本东海银行发行。

（7）发达卡，由香港南洋商业银行发行。

考点三

我国离境退税的相关知识（掌握）

退税对象	在我国连续居住不超过 183 天的外国人和港澳台同胞
退税物品	包括服装、鞋帽、化妆品、钟表、首饰、电器、医疗保健及美容器材、厨卫用具、家具、空调、电冰箱、洗衣设备、电视机、摄影（像）设备、计算机、自行车、文具、体育用品等，共 21 个大类 324 种
退税条件	1. 在退税定点商店购买退税物品，购物金额达到起退点（500 元），并且按规定取得退税申请单（凭购买退税物品的增值费普通发票向退税商店索取）等退税凭证 2. 在离境口岸办理离境手续，离境前退税物品尚未启用或消费 3. 离境日距退税物品购买日不超过 90 天 4. 所购退税物品由境外旅客本人随身携带或托运出 5. 所购退税物品经海关验核并在退税申请单上签章 6. 在指定的退税代理机构办理退税
退税率	退税率为 11%，但退税机构要收取 2% 的手续费，旅客应得退税金额为商品价格的 9%
退税币种	退税币种为人民币。退税金额超过 10000 元人民币的，退税代理机构将以银行转账方式退税。退税金额未超过 10000 元人民币的，退税代理机构可采用现金退税或银行转账方式退税，由境外旅客自行选择
退税流程	1. 托运行李包括退税物品：离境退税商店购买商品→索取离境退税申请单→航空公司乘机手续、办理海关退税物品验核并托运行李→联检手续→退税机构退税 2. 随身携带退税物品：离境退税商店购买商品→索取离境退税申请单→航空公司乘机手续办理、联检手续→海关退税物品验核→退税机构退税
享有退税政策的省市	目前被批准实施境外旅客购物离境退税政策的省区市增加至 23 个

考点四

旅游保险的种类及相关知识（熟悉）

1. 旅游保险的概念和特点

（1）概念。旅游保险是指根据合同的约定，投保人向保险人支付保险费，保险人对于合同约定的在旅游活动中可能发生的事故所造成的人身财产损失承担赔偿保险金的责任。目前，游客报名时所涉及的保险通常有三种，分别是旅行社责任保险、旅游意外保险和交通意外伤害保险。

（2）特点。旅游保险具有短期性、强制保险与自愿保险相结合、财产保险与人身保险相结合等特点。

2. 旅游保险的种类

旅行社责任保险

1. 旅行社责任保险是指旅行社根据保险合同的约定，向保险公司支付保险费，保险公司对旅行社在从事旅游业务经营活动中，致使游客人身、财产遭受损害应由旅行社承担的责任，转由承保的保险公司负责赔偿保险金的行为。旅行社责任保险属强制保险

2. 保险期限为一年

3. 旅行社不承担赔偿责任的情形
（1）游客由于自身疾病引起的各种损失或损害
（2）游客个人过错导致的人身伤亡和财物损失
（3）游客自行终止旅游行程后或没有参加旅游活动时发生的损害

旅游意外保险

1. 旅行社在组织团队旅游时，为保护游客的利益，代游客向保险公司支付保险费，一旦游客在旅游期间发生事故，按合同约定由承保保险公司向游客支付保险金的保险行为

旅游意外保险

  2. 保险期限
- （1）旅行社组织的入境旅游，旅游意外保险期限从游客入境后参加旅行社安排的旅游行程时开始，直至该旅游行程结束时为止
- （2）旅行社组织的国内旅游、出境旅游、旅游意外保险期限从游客在约定的时间登上由旅行社安排的交通工具开始，直至该次旅行结束离开旅行社安排的交通工具为止

  3. 不承担赔偿责任的情况
- （1）游客自行终止旅行社安排的旅游行程，其保险期限至其终止旅游行程的时间为止
- （2）游客在中止双方约定的旅游行程后自行旅行的，不在旅游意外保险之列

  4. 旅游意外保险的索赔时效以自事故发生之日起 180 日内为限

交通意外伤害保险

1. 航空旅客意外伤害保险：保险期限自游客持保险合同约定航班的有效机票到达机场通过安全检查时起，至游客抵达目的港走出所乘航班的舱门时止（不包括舷梯与廊桥）

2. 铁路意外伤害保险将保险责任扩展到旅客自持有效乘车凭证实名制验证或检票进站时起，至旅客到达所持乘车凭证载明的到站检票出站时止

3. 旅游保险报案与索赔

（1）及时报案。

（2）收集证据，并妥善保存。

（3）转院需取得保险公司同意。

考点五

晕车（机、船）、中暑等旅游常见疾病和急症的预防与现场处置措施（熟悉）

类型 \ 处理	症状	预防及处理
晕车（机、船）	头昏、恶心、呕吐、出冷汗、心慌、眩晕	勿太饱，忌油腻；尽量坐在靠窗的位置，并闭眼；建议将腰带束紧；备一些防晕物品。将风油精搽于太阳穴或风池穴，用手指按压左手虎口正中的合谷穴
中暑	大汗、口渴、头晕、耳鸣、眼花、胸闷、恶心、发烧，严重者会神志不清甚至昏迷	送入阴凉通风处，平躺并抬高下肢，解开衣领放松裤带；用凉湿毛巾或海绵敷其前额、腋下和大腿，可不时让其饮用含盐饮料，以补充因大量出汗而失去的盐和水分
急性心肌梗死	发作较急，患者自感胸部持续性剧烈疼痛，同时有面色苍白、口唇青紫、大汗淋漓、呼吸困难、脉搏弱、恶心呕吐等特征	忌急着将患者抬或背着去医院，在医务人员到来之前，应让患者平躺休息，将头部垫高，不让其变换体位或挪动，从患者衣袋中寻找备用药物
中风	突然头晕、头痛或晕倒，随后出现口眼歪斜、流口水、说话含混不清或呕吐、一侧肢体瘫痪	不要摇晃或移动患者，冰敷，密切注意患者
骨折	肿胀瘀血明显。四肢骨折，可见受伤部位变形。	（1）止血，包括指压法、加压包扎法以及止血带法；（2）包扎；（3）上夹板
蝎蜂蜇伤蛇咬伤	1. 被蜈蚣刺伤后，伤处发生两个瘀血点，继之周围皮肤出现肿胀，有灼热、剧痛和刺痒感。儿童可危及生命 2. 被蝎子蜇伤后，迅速出现剧烈疼痛，发生局部灼痛、麻木、红肿，出现水疱或出血，重者可出现寒战、发热、恶心呕吐、抽搐及内脏出血、水肿等	1. 被蝎、蜂蜇伤，将毒刺剔出，吸出毒汁，再用肥皂水清洗伤口，也可采用大青叶、薄荷叶、两面针等捣烂外敷 2. 蛇咬伤处若在手臂或腿部，可在咬伤处上方5～10厘米处用一条带子绑住。用肥皂水或清水清洗伤处或用消毒过的刀片在毒牙痕处切一道深约半厘米的切口，切口方向应与肢体纵向平行，推挤伤口 3. 蜈蚣刺伤后用肥皂水冲洗被咬的地方，然后用吸奶器或拔火罐方法尽量吸除毒汁。后可口服蛇药片，将鲜马齿苋或鱼腥草、蒲公英、鲜桑叶捣烂敷于患处。 蝎子蜇在四肢，在蜇伤伤口上部（近心端）3~4厘米处，用止血带或布带、绳子扎紧。用手自伤口周围向伤口处用力挤压，用石灰水上清液、1：500 高锰酸钾液、5% 碳酸氢钠液等任何一种清洗伤口，伤口周围可用冰敷或冷水温敷

续表

类型＼处理	症状	预防及处理
心肺复苏术	患者呼吸终止及心跳停顿，适用于因心脏病、高血压、溺水、车祸、触电、药物中毒、异物堵塞呼吸道等	将患者平卧在平坦的地方；对患者进行人工呼吸；进行胸外心脏按压

考点六

高原旅游、冰雪旅游、沙漠旅游、漂流和温泉旅游的安全常识（了解）

高原旅游安全	症状	1. 头部剧烈疼痛、心慌、气短、胸闷、食欲不振、恶心、呕吐、口唇指甲发绀 2. 意识恍惚，认知能力骤降。主要表现为计算困难 3. 出现幻觉，感到温暖，常常无目标地跟随在他人后面行走
	处理常识	1. 在高原上动作要缓，尤其是刚刚到达的时候要特别注意 2. 不可暴饮暴食，以免加重消化器官负担，不要饮酒和吸烟，多食蔬菜和水果等富含维生素的食品，适量饮水，注意保暖，少洗或不洗澡以避免受凉感冒和消耗体力 3. 进入高原后要不断少量喝水，以预防血栓。一般每天需补充 4000 毫升液体 4. 学会腹式呼吸 5. 尽量避免将皮肤裸露在外 6. 可以适当服用安定保证睡眠，以及时消除疲劳，保证旅游顺利进行 7. 提前服用抗高原反应药，如红景天、高原康、高原安等，反应强烈时，可以通过吸氧来缓解
沙漠旅游安全		1. 行前了解当地情况，规划好旅游线路，制订出安全可行的旅游方案 2. 告知游客在出发前穿上防风沙衣服和戴上纱巾，脸上搽上防晒霜，戴太阳镜和遮阳帽，穿运动鞋防风沙 3. 告知游客在沙漠旅游中不要走散，如遇此情形应在原地等待救援 4. 若在沙漠旅游中遇到沙暴，要带领游客避开风的正面，千万不要到沙丘背风坡躲避，否则有被沙暴掩埋的危险

续表

冰雪旅游安全		1. 在滑雪前，告知游客穿戴好滑雪服，上衣要宽松，颜色最好与白色有较大反差；佩戴好全封闭保护眼镜
		2. 做好必要的防护措施，如检查滑雪板和滑雪杖有无折裂的地方、选用油性和具有防紫外线的护肤用品、对易受冻伤的手脚、耳朵做好保护措施等
		3. 严格遵守管理规定，向滑雪场工作人员了解雪道的高度、坡度、听从教练和雪场工作人员的安排
		4. 告知游客在滑雪过程中，要注意与他人保持一定的距离，不要打闹，以免碰撞，切勿过快过猛
漂流旅游安全		1. 在上船之前，听从工作人员安排，穿好救生衣，根据需要戴好安全帽
		2. 告知不要做危险动作，不要打闹，不要主动去抓水上的漂浮物和岸边的草木石头，不要随便下船
		3. 告知一旦落水，借救生衣的浮力静心等待工作人员前来救援
温泉旅游安全	不适宜泡温泉的情形	1. 癌症、白血病患者，不宜泡温泉
		2. 皮肤有伤口、溃烂或真菌感染如香港脚、湿疹的患者
		3. 女性生理期来时或前后，怀孕的初期和末期
		4. 睡眠不足、熬夜之后、营养不良、大病初愈等身体疲惫状态下
	泡温泉注意事项	1. 高血压和心脑血管疾病患者，在规则服药或经医生允许的前提下泡温泉，每次不超过20分钟为宜
		2. 糖尿病患者在血糖控制较好、体征比较稳定时可以泡
		3. 空腹或太饱时不宜入浴
		4. 入水时，应从低温到高温，每次15~20分钟即可
		5. 泡温泉的时间，应根据泉水温度来定，温度较高时，不可长久浸泡
		6. 泡温泉时，应多喝水
		7. 最好敷上面膜，或用冷毛巾敷面
		8. 如果感觉身体不适，应马上离开，不可勉强继续
	泡后注意事项	1. 泡完温泉后，一般不必再用清水冲洗
		2. 泡温泉后要注意保暖，迅速擦干全身
		3. 泡温泉后，人体水分大量蒸发，应多喝水补充

考点七

时差、华氏温度与摄氏温度换算和度量衡换算（了解）

1. 国际时差

（1）国际标准时间。英国格林尼治天文台每天所报的时间，被称为国际标准时间，即"格林尼治时间"。

（2）地方时。地球每 24 小时自转一周（360°），每小时自转 15°。自 1884 年起国际上将全球划分为 24 个时区，每个时区的范围为 15 个经度，即经度相隔 15°，时间差 1 小时。

（3）北京时间。北京位于东经 116°24′，划在东八区，该区的中央经线为东经 120°，因此，"北京时间"是以东经 120°的地方时作为标准时间。中国为方便起见以北京时间作为标准时间。

2. 度量衡换算

世界上的度量衡有公制和英、美制，中国常用的是市制。

英制 1 海里＝ 6080 英尺

美制 1 海里＝（国际海里）＝ 6076 英尺

1 克拉 =0.2 克，1 盎司黄金 =31.1035 克

1 公顷 =10000 平方米，1 亩 =666.67 平方米

3. 摄氏温度与华氏温度换算

温度的测算标准有两种：摄氏（℃）和华氏（℉）。在我国，习惯于以摄氏测算温度。

二者间的换算公式有两种：

（1）第一种方法

摄氏（℃）＝ 5/9×［华氏（℉）−32］

华氏（℉）＝摄氏（℃）×9/5 ＋ 32

（2）第二种方法

计算摄氏度数＝（华氏度数 −32）÷1.8

计算华氏度数＝（摄氏度数 ×1.8）＋ 32

项目策划：谯　洁
责任编辑：刘志龙　李冉冉
责任印制：闫立中
封面设计：中文天地

图书在版编目（CIP）数据

全国导游资格考试应考冲刺秘籍 . 上册 / 全国导游
资格考试统编教材专家编写组编 . — 北京 : 中国旅游出
版社 , 2019.9
　　ISBN 978-7-5032-6345-3

　　Ⅰ . ①全…　Ⅱ . ①全…　Ⅲ . ①导游 – 资格考试 – 自学
参考资料　Ⅳ . ① F590.63

中国版本图书馆 CIP 数据核字（2019）第 201039 号

书　　　名：全国导游资格考试应考冲刺秘籍（上册）

作　　　者：全国导游资格考试统编教材专家编写组编
出版发行：中国旅游出版社
　　　　　　（北京建国门内大街甲 9 号　邮编：100005）
　　　　　　http://www.cttp.net.cn　E-mail:cttp@mct.gov.cn
　　　　　　营销中心电话：010-85166536
排　　版：北京中文天地文化艺术有限公司
印　　刷：北京工商事务印刷有限公司
版　　次：2019 年 9 月第 1 版　2019 年 9 月第 1 次印刷
开　　本：787 毫米 ×1092 毫米　1/16
印　　张：20.5
字　　数：479 千
定　　价：60.00 元
I S B N　978-7-5032-6345-3